텔레비전 산업의 시장경쟁

-1990년대 초 SBS의 출현에 따른 경쟁환경 분석-

텔레비전 산업_의 시장경쟁

-1990년대 초 SBS의 출현에 따른 경쟁환경 분석-

남궁 협 著

한국학술정보(주)

이 책은 지난 1992년 민간 상업방송인 SBS가 처음 출현하여 기존의 지상파TV 시장에 어떤 영향을 주었는가를 알아보기 위한 연구서다. 1980년 5공화국의 등장과정에서 공영방송 형태로 재편된 KBS와 MBC 두 방송사는 1992년까지 10여 년간 다른 경쟁자 없이 '형님 동생' 식으로 방송시장을 편안하게 장악해 왔다. 하지만 두 방송사와는 성격이 판이하게 다른 SBS가 출현하면서 이러한 동거체제는 어떤 식으로든 영향을 받지 않을 수 없는 상황에 이르게 되었다. 마침내 방송에 '시장경쟁'이라는 익숙지 않은 환경이 설정된 셈이다. 물론 그렇다고 해서 그 전에는 방송사 간 경쟁이 전혀 없었다는 얘기가 아니라, 경쟁의 밀도나 성격이 전과는 달라졌다는 말이다.

DMB다 IPTV다 해서 그야말로 방송과 통신의 개념을 무색하게 하는 신규매체들이 쏟아져 나와 매체 간 채널 간 경쟁이 일상화되고 있는 오늘의 현실에서 보면, 이런 논의가 한가한 옛날 얘기처럼 들릴 수도 있겠다. 하지만 1990년대 초 SBS의 출현을 필두로 지역민방과 케이블TV, 그리고 위성방송 등 방송 산업의 외연이 급속도로 확산되면서 방송이 본격적인 시장경쟁에 돌입하여 오늘에 이르게 되었다는 것은 우리에게 시사하는 바가 크다. 전통적으로 방송에 기대했던 공공성이라든가 공익성 등 방송의 사회적 책임에 대한 요구가 서서히 약화되고, 대신에 '산업경쟁력'이라는 국가와 자본이 연합한 전략적 목표가 방송의 지배적인 이념으로 자리 잡게 된 것이다. 돌아보면, 우리나라 방송은 오랜 정치적 굴레에 묶여 한 번도 스스로 자신을 성찰하고 자신의 운명을 주체적으로 설정해 보지 못한 어두운 과거가 있다. 1980년대 말부터 불어온 사회 민주화의 열기가 방송에 온전히 전해지기도 전에 이번에는 방송이 시장의 찬바람에 맨몸을 드러내야 하는 상황에 직면한 것이다.

요즘 방송과 통신이 융합되는 상황에서 신화처럼 제기되는 주장이 있다. 매체와 채널의 수가 늘어날수록 그만큼 소비자인 시청자에게는 더 많은 이익이 돌아갈 것이라는 믿음이 그것이다. 왜냐하면 매체 수가 늘어난다는 것은 시청자의 호응을 얻기 위한 경쟁이 치열해진다는 것이고 시청자 입장에서는 더 많은 선택권이 보장된다는 것을 의미한다고 볼 때, 이는 결과적으로 시청자에게는 큰 이익이 된다는 얘기이다. 다양한 형태와 장르의 콘텐츠들이 넘쳐나고 있는 현실이 이를 입증하고도 남음이 있지 않느냐는 것이다. 과연 그럴까? 매체의 양적인 증대가 곧바로 시청자의 질적인 만족으로까지 이어지는 것일까? 이 책은 바로 이처럼 소박한 궁금증을 풀어보기 위한 시도이다. 다매체 다채널 현상의 단초가 된 SBS의 출현 이후 방송사들의 구체적인 경쟁행위들을 매체경제학적 관점에서 살펴봄으로써 방송의 시장경쟁이 과연 시청자들에게 어떤 혜택(복지)을 주게 되는지를 알아보기 위한 노력이다.

이 책은 1994년에 집필된 필자의 박사학위논문을 토대로 재구성되었다. 그러다 보니 지금의 눈으로 보면 당시의 낡은 자료들도 눈에 띄고, 지금과는 너무 다른 매체환경을 이야기하고 있는 것 같아서 계면쩍기도 하다. 하지만 지금의 매체현실이 과거에 비해 복잡해지고 있기는 해도, 매체 간 경쟁행위의 본질은 크게 바뀌지 않았다고 생각한다. 이 책에서 다매체 다채널을 상정한 시뮬레이션 결과와 이론을 다룬 점은 지금의 매체현실을 설명하는 데 여전히 유효하다고 본다. 요즘 매체자본의 위력에 휘둘려 매체산업과 정책에 관한 논의가 봇물을 이루고 있지만, 정작 그 바탕에 매체기술과 인간의 진정한 화해의 시도, 즉 매체의 인간화에 대한 진지한 고민을 찾아보기 어렵다. 이 책은 매체의 산업적 논리를 넘어서서 인간의 가치를 실현하는 미디어환경을 꿈꾸기 위한 작은 시작이다. 흔쾌히 출판을 맡아준 한국학술정보(주)에 감사를 드리며, 옆에서 출판 작업을 성심으로 도와주신 권현옥 님에게 특별히 감사를 드린다.

2007년 8월

남궁 협 드림

차 례

제1장 서 론

제1절 문제의 제기

80년대 들어 정치적 신보수주의와 경제적 신자유주의라는 이념적 기틀을 바탕으로 선진 각국은 테크놀로지에 의한 새로운 고부가가치 창출을 도모할 목적으로 정보산업의 육성을 위한 정책적 관심과 제도적 개편을 시도해왔다. 그러한 일환으로 개발된 방송계 뉴미디어들(케이블 TV, 위성방송 등)은 그것의 기술적 특성에서 비롯되는 부가가치성과 기존 미디어와의 기술적, 내용적 중복성은 필연적으로 기존의 공중파방송과의 경쟁을 유발하게 되어 방송의 시장편입을 더욱 촉진하였다.

이러한 텔레비전산업의 세계적인 변화추세를 감안하고, 수용자의 다양한 욕구를 충족시키기 위한 목적으로 우리 정부도 지난 91년에 새로운 民營放送의 설립을 허가하여 종래의 공영방송 체제에서 공민영 혼합체제를 선택함으로써 일단은 텔레비전산업의 시장지배력을 강화하는 쪽으로 정부의 정책방향이 선회한 것으로 평가할 수 있다. 또한 당시 공보처는 94년 1월 13일에 "정부가 고시한 지역 내 1법인 1방송국을 소유하는 MSO(*Multiple System Operator*)개념을 도입하겠다"라고 언급하였다.[1] 이러한 정부의 정책변화는 UR협상의 타결을 계기로 이제 우리 방송도 개방화 국제화에 대비한 경쟁력강화를 더 이상 늦출 수 없다는 정책적 판단에서 비롯된 것으로 이해할 수 있으며, 아울러 근본적으로 방송을 더 이상 통치의 수단이 아니라 국가 경쟁력 차원에서 하나의 부가가치 산업으로 파악하겠다는 개념전환 의지가 내포되어 있다고 할 수 있다.

이러한 방송정책과 환경의 변화를 반영하기라도 하듯, 방송관련 연

---

1) 『한국일보』. 1994년 1월 20일자 19면.

구도 종래에는 방송의 정치사회적 기능에 초점을 맞추어 방송의 이데
올로기적 정교화가 내포하는 문화적 합의와 갈등에 대한 논란이 주된
관심사였다고 한다면, 최근 들어서는 경제적 행위자로서의 '방송이 商
品의 精巧化를 어느 정도 이룩하고 있는가?'라는 데 관심이 모아지고
있다. 이는 연구경향에 있어서 일종의 '解釋的 轉換'(interpretive tur
n)2)이라 할 만큼 방송에 대한 산업적 분석이 다른 어떤 연구분야보
다도 중요한 탐구영역을 구성하고 있다고 볼 수 있다.3) 다시 말해서
의미구성의 문제가 언론학 연구의 중심이라 전제할 때, 텔레비전산업
이 사회의 현실구성에 참여하는 경제적 방식을 탐구하는 것은 당연한
연구방향이라고 볼 수 있는 것이다.4) 이러한 연구경향은 1980년대 이

---

2) C. Geertz(1973), *The Interpretation of Cultures*. (N. Y.: Basic Books). p.38.

3) 미국의 경우 1970년대 들어 케이블TV가 정착되어 공중파 네트워크텔레비
전과 본격적인 시장경쟁을 벌이게 되고, 동족 혹은 이종매체 간 기업합병
과정에서 거액의 자본이 거래되는 등 미디어산업의 경제적 영역이 확대되
었다. 또한 1980년대 이후에는 기존 3대 네트워크텔레비전에 FOX사가 새
로운 제4의 네트워크를 성공적으로 정착시키면서 공중파 네트워크텔레비전
시장의 경쟁이 치열해지고, 뿐만 아니라 전체 영상산업의 매출규모가 날로
증대되면서 미디어의 경제현상에 대한 학문적 관심이 고조되었다. 이러한
배경으로 출범한 '매체경제학'(media economics)은 '개개의 경제주체들은
각자의 경제적인 결정을 합리적으로 하며, 특정한 재화나 서비스의 현재
또는 미래의 소비를 통해 효용, 만족, 그리고 즐거움을 극대화한다. 이때
효용은 자원구매력과 선호도의 영향을 받는다'〈James Owers, Rod Carveth,
and Alison Alexander(1993), *Media Economics: Theory and Practice*,
(Hillsdale, NJ: Lawrence Earlbaum Associates, Publishers), p.4 참조〉라는
기본 가정하에서 '매체산업이 수용자들, 광고주들, 그리고 다른 사회적 주체
들(social instituents)의 욕구를 만족시키기 위해 어떻게 자원을 분배하여
정보와 오락을 창출하는가를 다루는 학문'〈R. Picard(1990), *Media
Economics*, (Beverly Hills, CA: Sage), p.5 참조〉이라고 규정하고 있다.

4) Joseph Turow(1990), "Media industries, media consequencies: Rethinking
mass communication", in James A. Anderson(ed.), *Communication
Yearbook*, vol.13. (Newbury Park, CA: Sage), pp.478−479.

후 국내 방송환경의 변화와 관련하여 국내연구에서도 두드러진 특징으로 나타나고 있다. 80년대 기간 동안 5공화국하의 언론기본법이 발효되고, 언론전반의 구조 조정이 이루어지면서 방송의 통폐합과 공영체제의 도입, 컬러텔레비전의 도입, 그 이후 사회민주화 과정에서 텔레비전방송의 공정성 문제에 대한 사회적 관심이 시청자운동으로 표출되고, 케이블TV와 위성방송 도입의 결정, 그리고 91년 민방의 도입을 통한 공민영 혼합체제로의 방송구조의 변화 등을 들 수 있다. 따라서 이 기간 동안에는 뉴미디어와 방송법제 및 시청자에 관한 연구가 가장 활발히 진행되었으며, 그 밖에 방송편성과 방송조직 등에 관한 연구가 이루어진 것으로 나타났다.[5]

이와 같은 현상은 방송관련 연구만이 새로운 경향을 드러내고 있다기보다는 커뮤니케이션연구의 전반적인 흐름을 반영한다고 볼 수 있다. 첫째는 언론의 설득적, 문화적 행위에 관한 정치사회적 연구에서 언론의 경제적 행위에 관한 연구로, 둘째는 언론인과 수용자의 행태론적 관점의 연구에서 언론조직 간의 구조화된 물질적 행위에 관한 연구로 관심이 모아지고 있다. 다시 말해서 뉴미디어의 등장과 함께 구체적인 언론규제 제도의 변화가 전체 언론구조의 변동을 야기하면서 자연스럽게 이에 대한 학문적 관심이 모아지고 있다고 볼 수 있다.

그런 점에서 최근 들어 텔레비전산업의 경제적 현상이 학문적 관심을 끌고 있는 이유는 다음과 같다.

첫째, 텔레비전산업이 규제를 받는 산업으로서 규제로 인한 經濟地代(*economic rent*)[6]가 발생하고 있다는 점과 또한 방송프로그램의

---

5) 이관열, 박기성(1992), 『방송관련 연구실태 및 경향분석 연구』, 방송개발원 연구보고서.

6) 어떤 생산요소가 다른 용도로 전용되지 않도록 하기 위하여 현재의 용도에 지급하여야 하는 최소한의 지급액을 轉用收入(*transfer earnings*)이라고 하

공공재를 공급하는 데 있어서 규제가 지니고 있는 社會厚生的(*social welfare*) 의미를 들 수 있다. 그런가 하면 방송은 물리적 상품이라 할 수 있는 프로그램을 생산하기도 하지만 궁극적인 이윤을 창출하기 위해 시청자들을 생산하기도 하는 이른바 '二重商品'(dual goods)의 생산구조를 지니고 있다는 점이다.[7]

둘째, 여전히 공중파[8] 텔레비전은 매스미디어의 총아로서 영상산업

는데, 이때 그 생산요소가 실제로 얻고 있는 수입과 전용수입과의 차액을 경제적 지대고 한다. 예를 들어, 유명한 TV탤런트의 월수입이 100만 원이라고 하자. 그 탤런트는 월수입이 90만 원으로 줄어도 탤런트라는 직업을 포기하지 않는다고 하자. 왜냐하면, 그가 다른 직업으로 전직한다 하더라도 90만 원의 월수입을 기대할 수 없기 때문이다. 그러나 그것이 70만 원 이하로 감소하게 되면 이 탤런트는 TV를 버리고 다른 직업(예를 들어 사진모델)으로 옮긴다고 하자. 이 경우 70만 원은 이 탤런트로 하여금 브라운관을 떠나지 않게 하기 위하여 필요한 최소한의 보수가 되므로 이 탤런트의 전용수입이 되며, 나머지 30만 원은 탤런트의 실수입과 전용수입의 차액이므로 일종의 경제지대가 된다.

7) Benjamin J. Bates(1987), "The role of theory in broadcasting economics: A review and development", in Margaret L. McLaughlin(ed.), *Communication Yearbook*, vol.10, (Beverly Hills: Sage), p.146.

8) 흔히 '방송'(broadcasting)이라고 할 때 그것은 '텔레비전'을 지칭할 정도로 텔레비전의 사회문화적 영향력과 산업적 파급력을 인정하고 있다. 따라서 국내외 방송연구 문헌에서는 특별히 라디오와 구별 짓는 경우를 제외하고는 텔레비전과 방송이라는 개념을 혼용하고 있다. 그러나 방송계 뉴미디어인 케이블TV와 기존의 텔레비전방송을 구분할 때는 흔히 '공중파방송'(*over-the-air broadcasting* 혹은 *off-air broadcasting*)이라 표현하며, 위성방송과 구분할 때는 '지상파방송'(*terrestrial broadcasting*)이라고 부르기도 한다. 예를 들면, Wirth는 케이블TV와 구분하기 위해 'over-the-air broadcasting'이라고 표현하고 있고 〈Michael O. Wirth(1990), "Cable's economic impact on over-the-air broadcasting", *Journal of Media Economics*, vol.3, pp.39-54.〉, Dyson과 Humphreys는 'off-air broadcasting' 'terrestrial broadcasting'을 혼용하고 있다〈Kenneth Dyson and Peter Humphreys(eds.: 1988), *Broadcasting and New Media Policies in Western Europe*, (London: Routledge)〉, 따라서 본 논문에서는 다른 미디어와 구분하고 텔레비전방송을

14

의 戰略的 병목(*strategic bottleneck*)[9]의 역할을 담당하고 있어 영상산업에서 가장 강력한 영향력을 지니고 있다는 것이다. 즉, 텔레비전산업은 프로그램의 생산자이자 공급자로서의 역할을 할 뿐만 아니라, 규모의 경제를 통해 프로그램에 막대한 시청자와 광고를 수반함으로써 다른 경쟁미디어들이 텔레비전산업의 附隨市場(*spin-off market*)化되어 이윤의 창구역할을 하도록 한다. 따라서 텔레비전산업은 전체 영상산업에서 일종의 '關門'(*gateway*) 역할을 함으로써 직접적인 이윤발생의 출발점이 된다는 것이다.

셋째, 네트워크텔레비전은 규모의 경제[10]를 실현해주는 경제적인 생산 메커니즘으로서 프로그램 생산이라는 측면에서 生產要素[11]의 시장거래를 기업 내의 내부거래[12]로 전환시킴으로써 요소들이 시장에서 거래되어 발생하는 기회비용과 정보비용[13] 등과 같은 거래비용을 감

특징적으로 나타내기 위해 '공중파텔레비전'이라 칭하고자 한다.

9) Barry R. Litman(1993), "The changing role of the television networks", in Alison Alexander et al., *Op Cit.*, p.225.

10) 방송은 방송제작인력의 전문화와 방송시설의 첨단화를 통한 생산성의 증대를 가져오는 技術的 經濟性(*technological economies of scale*)과 대량의 프로그램을 신속하게 공급하고 널리 전달함으로써 발생하는 金錢的 經濟性(*pecuniary economies of scale*)이라는 두 가지 규모에 대한 성과를 얻게 된다.

11) 생산요소란 기업이 생산과정에서 생산물을 생산하기 위하여 사용하는 모든 것을 말한다. 방송사가 프로그램을 제작할 경우 PD와 제작진, 탤런트, 작가, 카메라, 소품 등이 생산요소가 된다.

12) 내부거래는 방송프로그램의 원활한 수급과 안정적인 이윤을 확보하기 위하여 프로그램의 생산과 공급에 관련된 요인들을 방송사의 내부 조직화하여 효율적으로 통제함을 의미한다. 예를 들어, 지역가맹국들을 내부 조직화하여(수직적 통합화) 전국적인 프로그램공급 시 발생하는 계약비용을 최소화하기도 하며, 또한 방송프로그램의 제작비용을 최소화하기 위해 생산요소라 할 수 있는 탤런트 및 MC들을 전속화하는 경우가 이에 해당된다.

13) *기회비용:* A라는 상품 혹은 경제행위의 기회비용이란 A 때문에 포기해야 하

소시키고, 더 나아가 시장거래의 위험과 불확실성을 감소시키며, 생산에 동원된 가변요소들과 불변요소들의 사용을 계획에 따라 관리적으로 조정함으로써 결과적으로는 생산성 증가와 생산비 감소의 효과를 얻는다.[14] 또한 유통부문에서도 수직적 통합은 프로그램상품의 공공재적 특성을 효율적으로 실현하는 규모의 경제를 발생시킨다. 즉, 프로그램 유통에서 수직적 통합은 프로그램 거래비용과 외주 프로그램 구입가격의 통제를 가능케 하며, 광고비의 자연스런 상승효과를 가져온다.[15] 결국 네트워크텔레비전은 전달의 광역성과 사회적 위광 등에 힘입어 프로그램 생산의 주요 분배부문을 장악하여 프로그램 제작자와 지방방송국 간의 중재자 역할을 함으로써 去來費用(*transaction cost*)[16]을 감소시킬 수 있으며, 나아가서 네트워크텔레비전은 프로그램공급의 관문에 위치하면서 이곳을 통과하는 모든 프로그램들로부터 일종의 통행세(광고료)를 징수할 수 있는 이점을 가지고 있다고 볼 수 있다.

는 여러 가지 대안 중 가장 좋은 대안에서 얻을 수 있었던 소득을 의미한다. *정보비용:* 동일 산업 내에서 기업 간의 상호의존도가 큰 경우에는 불확실성이 존재하게 되는데, 이러한 불확실성을 최소화하기 위하여 관련기업에 관한 각종 정보를 수집하게 된다. 이때 발생되는 비용을 정보비용이라 한다.

14) 장용호(1989), 『한국 TV산업의 시장구조, 행위 및 성과에 관한 연구』, 언론학논문6(서강대언론문화연구소), p.13.

15) 김동규(1994), "지역방송의 활성화를 위한 산업적 분석", 『방송연구』(방송위원회), 통권 38호, p.42.

16) 예를 들어 네트워크사가 지방의 가맹국과 매년 프로그램공급계약 및 이익금 배당계약을 체결하거나, 혹은 매년 제작부문의 전문직원과 개별적인 채용계약을 맺어야 된다면, 그에 따르는 시간과 경제적인 손실이 엄청나 경영의 효율성을 저하시키게 될 것이다. 따라서 네트워크사는 기업규모의 확장을 통한 시장지배력을 이용하여 관련업체들이나 생산요소 시장(지방방송국, 광고주, 프로그램제작사, 탤런트 등)을 내부 시장화하여 통제권을 행사함으로써 시장거래에서 수반되는 비용부담을 절감하게 된다.

이상의 이유에서 출발한 텔레비전산업의 경제적 현상에 관한 기존 연구들은 순수이론에서부터 이론과는 무관한 제한적인 모델에 이르기까지 연구범위가 다양하다. 반면에 아직까지 통합적인 이론이나 방법론을 구축할 수 있는 역량을 모으지는 못하고 있는 실정이다. 외국에서는 텔레비전산업의 경제적 원리에 관한 독립적인 연구저작물들이[17] 일찍이 선을 보이기는 하였지만 그들의 주된 연구관점은 관련이론의 개발이나 통합에 있기보다는 정책적 관심에서 비롯되었다. 마찬가지로 이에 관한 대부분의 국내연구들도 정책적 관심에서 비롯되어 언론현상에 대한 평면적인 기술과 동향분석에 초점을 맞추었을 뿐, 현상을 정확하게 규정하고 체계적으로 접근할 수 있는 이론 방법론적인 논의는 매우 부족한 실정이다.

이처럼 기존의 국내외 연구들이 텔레비전의 경제적 현상을 체계적인 관점과 분석 틀을 활용하지 못한 데는 대체로 방송산업의 특수성과 그에 따른 학문적 관심의 분절성에서 그 이유를 찾을 수 있다. 첫째, 미국의 경우 텔레비전 산업은 다른 나라와는 달리 이미 시장경제에 가까운 규제정책과 다미디어 다채널의 경쟁시장이 정립되어 일반기업과 별다른 차이가 없는 시장행위를 벌이고 있다. 즉 미국에서는 텔레비전을 포함한 전체 영상산업의 시장규모가 광범위하고 산업주체

---

17) TV산업의 경제적 특성에 관한 대표적인 저서들은 다음과 같다.
- ○ H. J. Levin(1980), *Fact and Fantasy in Television Regulation: An Economic Study of Policy Alternatives*, (N. Y.: Russell Sage Foundation).
- ○ R. G. Noll, M. J. Peck, and J. J. McGowan(1973), *Economic Aspects of Television Regulation*, (Washington, DC: Brookings Institution).
- ○ B. M. Owen(1975), *Economics and Freedom of Expression: Media Structure and the First Amendment*, (Cambridge, MA: Ballinger).
- ○ B. M. Owen, J. H. Beebe, and W. G. Manning, Jr.(1974), *Television Economics*, (Lexington, MA: Lexington).

들의 경제적 행위들(예: 기업합병 등)이 다양하게 나타나면서 이에 관한 연구들은 실질적인 경제이윤에 미치는 여러 가지 영향요인들에 대한 검토를 주로 하고 있다.[18] 반면에 우리의 경우에는 미국에 비해 텔레비전시장의 범위가 매우 협소한 데다 각종 공익적 규제와 사회분위기에 의해 텔레비전의 시장행위가 표면적으로 드러나지 않기 때문에 텔레비전산업의 다양한 시장행위를 분석할 만한 동인을 제공해주지 못하고 있다. 따라서 외부적인 방송환경의 변화에 대응한 정책적 연구가 주류를 이루고 있다.

둘째, 텔레비전 상품의 이중성(프로그램과 시청자)에서 비롯된 문제로서 그것의 최종생산물을 프로그램으로 볼 경우에는 경제적인 개념이나 분석 틀을 배제하고 주로 편성전략적 측면에서 접근하는 경향이 있으며, 반면에 시청자들을 최종생산물로 간주할 경우에는 프로그램 편성을 연구대상에서 배제하고 거시적인 관점에서 논의되는 경우가 많다. 따라서 각각의 관점들이 지니고 있는 설명력을 유기적으로 통합하여 얻을 수 있는 연구의 '상승효과'(*synergy effect*)를 약화시키고 있는 셈이다. 특히 우리나라와 같이 방송시장에 관한 구체적인 물증자료가 빈약한 경우에는 연구의 분절화 현상이 더욱 심하게 나타나고

---

18) 이와 관련된 대표적인 연구로는 다음과 같다.

— John R. Woodbury, Stanley M. Besen and Gary M. Fournier( ). "The determinants of network television program prices: Implicit contracts, regulation, and bargaining power", *The Bell Journal of Economics*, pp.351 −364.

— R. W. Crandall(1972), "FCC regulation, monopsony, and network television program costs", *The Bell Journal of Economics and Management Science*, pp.483 −508.

— Robert T. Blau, Rolland C. Johnson and Kenneth J. Ksobiech(1976), "Determinants of TV station economic value", *Journal of Broadcasting*, vol.20. pp.197 −207.

있다고 볼 수 있다. 예를 들면, 텔레비전산업에 관한 국내의 매체경제학 연구들은 시각의 신선함에도 불구하고 자료의 미비와 분석대상의 일관성 부족 등으로 구체적인 현상을 설명해줄 수 있는 엄밀성과 적합성을 갖추지 못하고 있다. 또한 프로그램 편성에 관한 연구들은 그것을 기본적으로 방송사들 간의 경쟁행위로 인식하고 있으면서도 단순히 전략적 효과라는 측면에서 그 유형을 추적할 뿐 그것을 경제적인 개념으로 치환하는 노력이 부족하다.

이러한 기존연구의 한계점을 고려해볼 때, 텔레비전산업의 경제적 행위를 객관적으로 드러내고 설명하기 위해서는 그러한 행위가 가장 첨예하게 결집되어 나타나는 '프로그램 편성' 부문에 대한 경제적 관점의 도입이 필요하다고 생각된다. 프로그램은 거시경제적 관점과 미시경제적 관점이 교차할 수 있는 중요한 분석대상일 뿐 아니라 텔레비전은 물론 전체 영상산업의 이윤출발점이 되기도 한다. 따라서 방송사는 프로그램을 통해서 시장전략을 구성하게 되고, 프로그램선택(편성) 행위를 통해서 구체적인 시장경쟁을 펼치게 된다고 볼 수 있다. 즉 텔레비전산업의 경제행위라는 측면에서 본다면, 프로그램은 한정된 시간자원을 얼마나 효과적으로 배분하여 또 다른 한정자원인 시청자들을 극대화함으로써 궁극적으로 광고수익을 얼마나 증대시키는가라는 점에서 중요하게 인식되는 것이 마땅하다고 생각된다.

따라서 본 연구는 '프로그램 편성'을 기본 분석단위로 설정하여 그것의 경제적 의미들을 규명하는 데 초점을 맞추고자 한다. 92년 이후 전개된 공민영 혼합체제에 대한 사회적 평가의 대부분이 프로그램의 상업성 여부에 초점을 맞추어 시청률 경쟁의 폐단을 비판하는 의견이 비등한 가운데, 이와 관련된 연구들도 방송사의 편성정책이나 편성전략이라는 측면에서 경쟁의 성격을 추론하고자 하였다. 그러나 그러한 경쟁행위들이 궁극적으로는 경제적 이윤전략의 일환으로 전개되고 있음을 전제할 때, 경쟁행위의 논리적 귀결은 경제학적 시각에서 출발하지 않으면 안 된다. 즉 시장환경의 변화에 따라서 나타난 프로그램 편성의 결과는 어떠한 경제적 요인에 의해 영향을 받고 있는지를 설명함으로써 최근 두드러진 경향을 보이고 있는 텔레비전산업의 市場化 현상을 이해하는 데 도움을 줄 수 있을 것이다. 그런 점에서 본 연구는 공민영 방송체제의 출범을 전후하여 나타난 텔레비전프로그램의 특성을 분석하여 각 방송사의 시장전략적 특성과 그 성과들을 평가하고자 한다.

제2절 연구목적 및 의의

이 연구는 텔레비전산업의 시장행위에 초점을 맞추고 92년 공민영 방송체제 이후 나타난 프로그램 편성자료를 구체적인 분석대상으로 삼았다. 즉 시장구조의 변화에 따라서 방송사들의 경쟁행위가 어떤 변화를 보이고 있는지를 프로그램 편성 분석을 통하여 설명하고자 하는 것이 본 연구의 기본입장이다.

이를 위하여 이 연구는 텔레비전산업의 경제적 행위를 '역동적인 흐름'으로 파악하고, 어느 한 단면만을 고찰하는 데 그치지 않고 현상에 대한 일관된 논의와 분석의 整合性을 높이고자 다음과 같은 구체적인 硏究目的을 설정하여 연구를 수행하고자 한다.

첫째, 텔레비전산업이 시장메커니즘에 편입되는 과정에 내재되어 있는 경제적 구성요인은 무엇인가 하는 점을 분석하고자 한다. 이것은 텔레비전산업이 시장화되어 가는 과정에 내재되어 있는 본질적인 요인들을 규명하는 데 목적이 있다. 이를 위하여 전파[19]자원 할당의 경제적 의미와 방송상품의 공공재적 속성, 그리고 방송시장의 환경요인들 간의 관계를 분석하고자 한다.

둘째, 방송시장에서 방송사들 간의 자원의존 정도와 특성은 무엇인가 하는 점을 분석하고자 한다. 이것은 텔레비전산업의 전략적 행위를 분석하기 위한 것으로서 경쟁적 시장구조하에서 프로그램이라는 산출물이 교환가치를 함유할 수 있도록 해주는 원천자원을 '時間'으로 보고 그것의 한정적이고 불변적인 가치에 의해서 야기되는 방송사들 간의 경쟁양태를 분석하는 데 목적이 있다. 이를 위하여 資源依存的 관점에서 한정된 불변자원을 둘러싼 경쟁의 양태에 관한 분석 틀을 이용하여 실증분석을 시도하고자 한다.

셋째, 경쟁구조로 변화된 구체적인 방송시장에서 경제적 이윤극대화를 위한 방송사들의 프로그램 선택행위는 어떤 특성을 보이고 있는가 하는 점을 분석해보고자 한다. 이것은 텔레비전산업의 구체적인 시장경쟁 행위를 분석하기 위한 것으로 시청자극대화를 목적으로 방송사들이 프로그램이라는 상품의 유형과 양에 대한 선택행위를 분석하는 데 목적이 있다. 이를 위하여 프로그램선택의 경제적 관점에서 프로그램의 다양성과 변동의 정도를 분석하고자 한다.

넷째, 방송시장에서의 프로그램 경쟁행위가 시청자복지에는 어떤 효과를 주는가 하는 점을 분석하고자 한다. 이것은 방송시장 구조의 변화에 대한 경제적 평가를 위한 것으로서 방송상품의 소비자라 할 수 있는 시청자의 입장에서 경쟁의 효과를 분석하는 데 목적이 있다. 이

---

19) 주파수대역에 의해서 방송용도의 VHF와 UHF의 전파가 형성된다는 점에서 본 논문에서는 실질적인 방송의 전송자원을 '電波'라고 규정하고 이 용어를 통칭하여 사용하였다.

를 위하여 시청자의 프로그램 선택폭에 대한 분석을 시도하였다.

이상의 연구목적을 가지고 진행하게 될 이 연구는 다음의 세 가지 점에서 연구의 意義가 있을 것으로 기대된다.

첫째, 그동안 우리나라 방송구조나 산업에 관한 체계적인 연구가 미흡했다는 점에서 이 연구가 이 부문에 새로운 인식을 제공해줄 것으로 기대된다. 즉, 그동안 우리나라 방송이 다원적인 의사결정 구조에 의해서 변동을 겪어왔다기보다는 정치적인 변동에 따른 그 영향이 가장 큰 결정요인으로 작용해옴에 따라 방송구조에 대한 학문적 개입여지가 필요치 않을 정도로 현상의 變異性(variance)이 부족하였다. 방송제도의 선택에서부터 방송사의 구체적인 운영에 이르기까지 다양한 사회집단의 참여와 개인의 자율적인 판단영역이 위축되어 온 관계로 방송이 빚어내는 사회현상에 대해서는 굳이 학문적인 접근을 요하지 않았던 것이다. 그러나 1980년대 후반부터 전개되어 온 전체적인 사회민주화에 힘입어 사회 각 부문이 자율성을 확보해가면서 방송도 그러한 맥락에서 예외가 아님을 평가해볼 때, 방송에 대한 접근방식을 새롭게 정립해야 될 시점에 다다른 것으로 생각된다. 그런 점에서 본 연구는 방송연구에 대한 학문적 관심을 촉진하는 데 기여할 것으로 기대된다.

둘째, 텔레비전산업에 대한 기존연구들이 나름대로 현상에 대한 설명력을 제공해주고 있음을 부인할 수는 없지만, 대체로 텔레비전산업의 특정 부문만을 연구대상으로 삼아 접근관점의 적합성에서 한계를 노출하였다. 또한 텔레비전산업의 경제적 행위가 내포하고 있는 본질적인 요인들에 대한 진지한 고찰이 부족하였다. 그러나 본 연구는 「시장요인→시장전략→시장행위→효과」라는 일련의 역동적 과정을 체계적으로 접근함으로써 텔레비전산업의 경제적 행위에 대한 설명력을 높일 것으로 기대된다.

셋째, 구체적인 프로그램을 분석대상으로 설정함으로써 텔레비전산업의 시장행위에 대한 설명력을 높일 수 있을 뿐만 아니라, 이에 대한 다양한 경제적 시각을 적용할 수 있을 것으로 기대된다. 시장경쟁에 대한 기본 분석단위는 상품임을 전제할 때 텔레비전산업의 경우에는 각 프로그램이 곧 하나의 상품이며 각 장르는 상품유형이라 할 수 있는 것이다. 따라서 프로그램은 시장경쟁의 구체적인 증거이며, 또한 그것의 성과를 평가하는 척도가 되기도 하는 것이다.

제3절 연구의 기본관점

텔레비전산업의 경제적 현상을 보다 역동적인 과정으로 파악하기 위하여 이 연구는 다음과 같은 대안적인 시각을 제시하고 연구의 기본방향을 설정하고자 한다.

① 기존연구에서 텔레비전산업의 시장화를 논의할 때 제도적 측면, 규제완화의 측면에서 출발하고 있으나, 그 이전에 텔레비전이 시장화되는 과정에서 내재적으로 작용하는 시장구성 요인은 무엇인가라는 근본적인 의문을 제기할 수 있다.

② 기존연구에서는 텔레비전의 시장경쟁을 논할 때 흔히 광고시장이나 시청률 경쟁과 같은 가시적인 경쟁행위에만 초점을 맞추었다. 그러나 근본적으로 텔레비전산업은 제도화된 사회조직으로서 여타의 사회조직과 마찬가지로 생존에 필요한 독특한 源泉資源을 확보하지 않으면 안 된다는 점을 주목할 필요가 있다. 따라서 방송시장의 환경변

화에 대응하여 텔레비전산업은 어떠한 자원에 의존하고 있으며, 또한 그것을 획득하기 위한 경쟁의 양상을 어떻게 객관적으로 지형화할 수 있는가라는 문제를 제기할 수 있다.

③ 텔레비전시장의 기본구조인 〈수요-공급〉의 접점이라 할 수 있는 프로그램에 대한 경제적 논의가 필요하다. 프로그램은 본질적으로 그것을 실제로 방송하기 이전에는 성공여부를 미리 판가름할 수 없는 시장정보의 불확실성 때문에 구조적으로 방송사 간의 담합행위와 같은 은밀한 행위가 이루어지지 못한다. 따라서 텔레비전프로그램은 텔레비전시장에서 가장 구체적이고 명백하게 드러나는 경쟁행위의 한 척도라고 할 수 있다.

④ 따라서 구체적인 방송프로그램에 대한 경제적인 분석은 텔레비전산업의 시장행위를 가장 근접하게 설명해줄 수 있다. 이는 기존연구의 거시적인 추상적 논의를 분석적 차원으로 끌어내려 논의의 엄밀성을 보완해줄 것이다.

이상과 같은 대안적 시각을 실제분석에 적용시키기 위해 이 연구는 다음과 같은 기본전제를 설정하여 한국 텔레비전산업의 특성에 대한 분석과 논의를 전개하고자 한다.

먼저 이 연구는 다음과 같은 基本前提에서 출발하고자 한다.

첫째, 현재의 텔레비전시장 구조를 과점적 경쟁시장 구조로 본다.

그 이유는 크게 세 가지 점에서 설명할 수 있다. 첫째, 방송사 간의 상호의존 관계를 들 수 있다. 현재 방송사는 3개이며 채널은 4개(교육채널은 논의에서 제외)로서 다른 산업에 비해 비교적 소수이기 때문에 이들 중 어느 한 방송사가 프로그램의 제작비용이나 프로그램 편성을 변경시켰을 때 다른 방송사에 현저한 영향을 미칠 수 있다는 점이다.

따라서 각 방송사는 프로그램을 편성할 때 다른 경쟁사가 어떠한 반응을 보일 것인가를 신중히 고려하지 않으면 안 된다. 둘째, 담합 또는 기타 공동행위와 같은 비경쟁행위(*non-competitive practices*)를 하려는 경향이 강하다는 점이다. 가격경쟁을 하지 않는 것이 상호이익이라는 것을 인식하는 소수 방송사들은 그들 공동의 이윤을 극대화하기 위하여 가격을 협정하고 나아가 여러 가지 공동행위를 취하는 경우가 있다.(예를 들면, 텔런트와 가수들의 출연료 등급별 책정) 셋째, 새로운 방송사의 시장진입에 상당한 장벽이 존재한다는 것이다. 즉, 방송사의 신규설립을 위해서는 상당한 규모의 경제가 요구되며, 방송에 관한 노하우와 생산요소 자원들을 기존의 방송사들이 이미 독점하고 있으며, 그리고 텔레비전은 전파자원의 한계성 때문에 정부의 까다로운 인허가 과정을 거쳐야 하는 등의 進入障壁(*barriers to entry*)이 존재하기 때문에 기존의 방송사들은 안정적인 생산활동을 전개할 수 있는 것이다.

둘째, 텔레비전산업은 생태학적인 원천자원으로서 유한한 '時間資源'에 의존하고 있다.

신문과는 달리 텔레비전은 한정된 방송시간 내에서 효율적으로 프로그램을 할당해야 되며, 시청자들도 하루 24시간의 한정된 시간 속에서 텔레비전 시청시간을 할당하게 된다. 따라서 시간이라는 자원은 인위적으로 무한정 증대하거나 축소할 수 없는 것이어서 조직이나 개인이 제도화되어 있는 일상적인 활동을 수행하는 데는 일정한 시간만을 할당하게 되는 것이다. 그런 점에서 방송사 간의 경쟁은 시청시간을 급진적으로 증대시키기보다는 불변적인 시청시간량을 놓고 점유율을 극대화하기 위한 행위라고 할 수 있다. 특히 방송전파는 공간적 거리를 시간적 차원으로 재배열(텔레비전프로그램은 시간적 순서로 배열되어 모든 곳의 수용자들에게 전달된다. 반면에 신문은 기사내용을 지면이라는 공간적 순서에 의해 동시에 전달한다.)한다는 점에서 텔레비전시장에서 구체적인 경쟁적 한정자원을 '시간'으로 규정할 수 있는 것이다.

셋째, 방송사의 경쟁양태는 프로그램의 편성과 내용에서 직접적으로 현시된다.

일반적으로 기업활동을 분석하기 위해서는 먼저 그 기업의 상품단위를 규정하여야만 그 상품과 관련된 시장가격과 수요공급을 분석할 수 있다. 그런 점에서 텔레비전산업의 상품을 무엇으로 할 것인가라고 했을 때, 다른 제조산업과는 달리 이중 상품구조를 특징으로 하고 있다. 즉, 텔레비전은 광고주와 시청자의 이원적 관계 속에서 프로그램을 생산하고 있음을 감안할 때, 먼저 방송상품을 광고주와의 관계에서 고찰할 때는 시청자가 텔레비전의 상품이 될 수 있다. 반면에, 시청자와의 관계 속에서 고찰할 때는 프로그램이 곧 텔레비전의 상품이라고 할 수 있다. 그러나 우리나라 상황에서는 방송사가 직접적으로 광고주를 유치하기 위한 경쟁을 하지 않고 텔레비전광고에 대해서는 〈한국방송광고공사〉가 일률적으로 광고가격을 설정하여 각 방송사에 광고주를 중재해주고 있기 때문에 텔레비전상품을 논의하는 데 있어서 방송사와 광고주의 직접적인 관계를 고려할 필요는 없다. 따라서 여기서는 방송사와 시청자와의 관계만을 상정하여 이때의 텔레비전상품을 '방송프로그램'이라고 규정하였다. 특정의 방송이념을 담보하는 방송제도는 물론 방송사 간의 경쟁은 프로그램이라는 상품을 매개로 구체성을 띤다고 볼 수 있다.[20] 이는 곧 방송시간이 시청시간과 일종의 교환가치를 발생시키는 접점이 방송프로그램이며, 한정된 시간 내에 할당된 프로그램의 비율은 곧 시장경쟁의 척도로 활용될 수 있다는 것이다.

---

20) 강대인(1993), 『한국 텔레비전편성의 특성과 전략에 관한 연구』, 고려대학교 박사학위논문, p.7.

26

그 이유를 좀더 구체적으로 살펴보면, 앞에서 밝혔다시피 방송사가 가격이나 생산량에 있어서는 상호담합이 가능하지만 프로그램 질(혹은 편성)의 부문에서는 담합을 이루기가 거의 불가능하다. 왜냐하면 성공적인 텔레비전프로그램의 요소들을 예측하기란 매우 불확실하기 때문이다. 또한 네트워크사들 간에 시장비율을 체계적으로 할당하는 것도 불가능한데, 왜냐하면 고정수용자와 수용자에 대한 직접적인 경쟁과 수용자의 흐름(*audience flow*) 때문이다.[21] 따라서 텔레비전네트워크의 경쟁은 프로그램 부문에서 발생하며 이 부문에서 상대적으로 높은 수준의 비용지출과 이윤의 감소를 초래하고 있음을 예상할 수 있다.

넷째, 방송상품(프로그램)에 대한 소비자(시청자)의 직접적인 반응은 시청시간량이며 그것의 집합적이고 평면적인 분포도는 시청률이다.

특정 미디어 이용행위에 대한 수용자의 시간할당은 개인이 지출하는 일종의 자원(*resource*)으로서 개인의 여러 행위들 중 상대적인 가치를 평가할 수 있는 지표로 개인에 한정되어 있는 '時間豫算'(*time budget*)을 고려할 수 있다.[22] 일반 상품의 소비행위는 직접적인 지불에 의한 구매행위라고 할 수 있는 데 비해, 텔레비전상품의 소비는 무료이기 때문에 소비자의 구체적인 소비행위는 지불의사(*willingness to pay*)를 시청시간으로 환산하여 평가할 수 있으며 그것의 집합적 산정은 시청률이라고 할 수 있다.

따라서 이 연구는 오늘날 텔레비전매체가 문화적 담론의 구성체로서의 정치사회적 역할 못지않게 經濟的 市場力(*market power*)에 커다란 영향을 받고 있다는 점에 주목하고, 의도적 혹은 비의도적인 언

---

21) Bruce M. Owen, Jack H. Beebe, and Willard G. Manning(1974), *Op Cit.*, pp.104-105 참조.

22) F. Gerald Kline(1977), "Time in communication research", *Strategies for Communication Research*, (Beverly Hills, CA: Sage), p.188.

론의 설득 현상 중심의 논의에서 탈피하여 이처럼 텔레비전산업이 경제적 특성에 관해 경제적 패러다임과 개념으로 분석하고자 한다. 구체적으로 「이 연구는 텔레비전산업이 시장원리에 수렴되는 과정에 내재되어 있는 구성요인들은 무엇인지를 규명해보고, 아울러 우리나라 방송체제가 공영방송 체제에서 공민영의 寡占的 競爭構造로 변모되면서 나타나는 텔레비전산업의 변용과정을 텔레비전산업주체들의 競爭行爲에 초점을 맞추어 탐구하고자 한다.」

제4절 연구문제의 설정

앞의 2절에서 밝힌 연구목적을 구체적으로 분석하기 위하여 다음과 같은 연구문제를 설정하여 연구를 수행하고자 한다.

> **연구문제-1:** 텔레비전산업의 구성적 요소가 내포하고 있는 경제적 의미는 무엇인가?
> 1) 전파자원 할당의 경제적 의미는 무엇인가?
> 2) 방송상품의 공공재적 성격이 내포하고 있는 경제적 의미는 무엇인가?

그동안 텔레비전산업의 시장화에 대한 논의는 주로 '방송의 규제완화'의 일반적인 경향분석을 토대로 정치경제적 의미만을 고찰했을 뿐 정작 텔레비전산업이 내포하고 있는 시장구성 요인에 대한 진지한 검토가 뒤따르지 못하였다. 따라서 〈연구문제-1〉에서는 텔레비전산업의 시장화에 작용하는 요인들에 대한 경제적 의미를 고찰하는 데 초점을 맞추고, 구체적으로는 ⅰ) 텔레비전의 희소한 전달자원인 전파자원의 배분적 할당구조를 비판적으로 분석해보고, ⅱ) 텔레비전 산출물인 프로그램의 공공재적 특성이 함축하고 있는 경제적 의미를 비판적으로 분석하고자 한다. 텔레비전에 있어서 전파자원의 희소성과 생산물의 공공재적 특성은 텔레비전에 대한 사회적 규제와 동시에 방송사의 초과이윤을 창출하는 독특한 메커니즘을 제공해준다는 점에서 이미 텔레비전은 본질적으로 경제적 요인들을 내재하고 있음을 추론할 수 있다. 아울러 ⅲ) 오늘날 텔레비전시장의 환경적 요인들이 텔레비전의 시장화를 더욱 가속화시킨다고 보고, 그러한 요인들은 무엇이며 그것이 텔레비전산업의 시장화에 어떤 영향을 미치고 있는지를 분석하고자 한다.

연구문제 - 2: 공영체제에서 공민영의 혼합체제로의 변화가 텔레비전 시장전략에 어떤 변화를 가져왔는가?

1) 적소시장의 폭은 어떤 변화를 나타내고 있는가?

2) 적소시장의 중복은 어떤 변화를 나타내고 있는가?

앞의 〈연구문제 - 1〉이 텔레비전산업의 시장기반을 파악하는 데 초점을 맞추었다고 한다면, 〈연구문제 - 2〉에서는 텔레비전산업이 구체적으로 그것의 생명력을 유지하고 확장하는 데 어떤 자원에 의존하고, 또한 그 자원을 지속적으로 조달하기 위한 각 텔레비전방송사의 노력이 결과적으로 어떤 경쟁의 특성을 보이게 되는가라는 점에 초점을 맞추고자 한다.

텔레비전산업이 하나의 제도화된 사회조직이라고 한다면 그것은 다른 사회조직과 마찬가지로 생존을 유지하는 데 필요한 자원을 전략적으로 선택하고 획득하지 않으면 안 된다. 이때 텔레비전의 주요자원을 경제적인 측면에서 볼 때 본 연구에서는 '時間'이라 규정하고 방송사들이 방송시간과 시청시간이라는 한정된 자원 간의 의존관계에 초점을 맞추었다. 시청자의 수와 시청시간은 무한히 증대되는 것이 아닌 한정된 자원이기 때문에 방송사는 방송사가 가지고 있는 자신의 한정자원인 프로그램과 방송시간을 시장에서 시청자와 교환함으로써 광고주와 시청자 모두에게 일종의 交換價値를 창출하여 이윤을 확보할 수 있는 것이다. 따라서 〈연구문제-2〉에서는 한정된 시간자원의 분포 속에서 텔레비전이 시장에서 어떠한 전략적 위치를 선택하고 있는지를 분석하기 위해 生態學的인 측정개념인 '適所幅'(*niche breadth*)과 '適所重複'(*niche overlap*)을 이용하였다.

> **연구문제-3: 공영체제에서 공민영 혼합체제로의 변화가 프로그램경쟁의 특성에 어떤 변화를 가져왔는가?**
>   1) **편성의 다양성은 어떤 특성을 보이고 있는가?**
>   2) **채널 간 편성의 다양성은 어떤 특성을 보이고 있는가?**
>   3) **프로그램 변동은 어떤 특성을 보이고 있는가?**
>   4) **채널증가 이후 시청자의 프로그램 선택폭에는 어떤 변화가 있는가?**

〈연구문제-2〉에서 살펴본 텔레비전의 자원의존에 대한 관점이 텔레비전의 경쟁행위를 평면적 공간 속에서 평가하는 데 초점을 맞추고 있다고 한다면, 〈연구문제-3〉에서는 구체적으로 텔레비전산업이 시장구조라는 제도적 경쟁환경 속에서 경제적 이윤을 극대화하기 위해 어떠한 프로그램을 선택하게 되는지를 살펴보는 데 초점을 맞추고 있다.

구체적으로 채널증가 이후 프로그램 편성상에서 나타난 경쟁의 특성을 프로그램의 多樣性과 프로그램의 變動이라는 측면에서 살펴보고자 한다. 방송사의 프로그램 선택행위가 내포하고 있는 경제적 의미를 이론적으로 살펴보고, 그것의 논리적 구성력을 검증하기 위해 구체적으로 방송사들이 프로그램 편성상에서 어떤 특성을 보이고 있는가 하는 점을 분석하고자 한다. 프로그램 선택에 관한 기존의 논의들은 시장구조와 재원조달 방식이라는 두 가지 요인들을 조합하여 각각의 요인방식에 따라서 경제적 행위주체로서 방송사들이 프로그램을 선택하는 데 있어서 어떠한 결정을 하게 되는가에 관한 모델링을 해줌으로써 경쟁시장에서의 구체적인 프로그램의 편성특성을 이해하는 데 도움을 준다. 이러한 기존연구의 논거들을 바탕으로 방송사들의 구체적인 경쟁행위를 프로그램 편성상에 나타난 특성들을 통해 평가하고자 한다.

구체적으로 〈연구문제-3〉에서는 ⅰ) 시기별/장르별/시간대별 각 방송사의 편성특성을 살펴보고, ⅱ) 시장구조의 변화가 채널 내 프로그램의 다양성과 채널 간 프로그램의 다양성을 증대시켰는지를 검토하고, ⅲ) 비정기적인 프로그램 편성의 변경행위가 어떤 특성을 보이고 있는지를 분석하였다. 아울러 이러한 시장경쟁이 과연 시청자들에게 어떤 이익을 제공해주고 있는가 하는 점을 분석하고자 한다. 이를 위하여 視聽者福祉(*viewer's welfare*)를 시청자의 프로그램 선택폭이라고 조작적으로 정의하고 선택폭의 측정을 통해 텔레비전산업의 시장경쟁 행위가 시청자복지에 어떤 영향을 주었는지를 평가하고자 한다.

제5절 연구방법

1. 연구관점

이 연구가 「시장요인→시장전략→시장행위→효과」라는 일련의 논리적인 연속성에서 이론적 검토와 분석을 목적으로 하고 있으며, 이를 위한 적합한 기본관점으로 '매체경제학적 관점'을 채택하였다. 따라서 공영독점적 시장구조에서 공민영의 과점적 시장구조로의 변모과정에서 한국 텔레비전산업의 경제적 행위 특성을 파악하고자 하는 이 연구는 텔레비전산업의 경제적 원리와 특성에서 경제적인 기본가정들을 추출하고 경험적인 자료의 첨부와 실증적인 분석을 병행하고자 한다. 구체적으로 이 연구는 텔레비전산업의 과점적 시장구조, 텔레비전상품의 공공재적 성격, 전파자원의 희소성, 시간자원 의존성과 프로그램 선택행위 등과 같은 텔레비전산업의 일반적 특성을 관통할 수 있도록 實證經濟學(*positive economics*)과 規範經濟學(*normative economics*)의 개념과 관점들을 활용하였다. 예컨대 독점시장에서 방송사의 프로그램 선택행위의 경제적 원리는 전자의 입장에서 사실적으로 설명하기도 하며, 또한 그것이 과연 누구에게 경제적 이익을 제공하는가라는 점에서 시장행위의 결과를 평가할 수 있다.

2. 분석자료의 수집 및 처리

2.1 실증적 자료의 수집

실증적 분석에 적합한 자료에 접근하기 위해서 SBS출현을 전후로

한 1991년 봄-1994년 기간을 분석시기로 설정하고 이 기간에 포함되는 모든 채널의 프로그램 편성자료와 시청률 자료, 그리고 결산자료를 분석대상으로 삼았다. 이에 관한 구체적인 내용은 다음과 같다.

1 분석대상: '91~'94년 기간 편성된 텔레비전프로그램의 편성자료와 시청률 자료, 각 방송사의 결산자료

2 **자료의 수집**
① 프로그램 편성자료: 춘계/추동계 편성되는 정규프로그램 중 편성된 지 1개월 이상이 지난 시점을 기준으로 하되, 정규편성에 영향을 미치지 않는(선거, 올림픽, 빅 스포츠행사 등과 같은 historical events가 없는) 시기를 선택하여 무작위로 각각 1주간의 편성자료를 표집하여, 분석유목에 맞게 코딩을 하였다.
② 시청률 자료: 표집한 프로그램 편성자료에 해당되는 시청률 자료는 방송위원회의 정기적인 시청률조사 자료를 활용하였다.
③ 결산자료: KBS를 제외하고는 MBC와 SBS의 연감에는 결산자료가 포함되어 있지 않아 KBS의 결산자료는 『KBS年誌』와 『KBS통계편람』을 참고하였으며, 다른 방송사의 결산자료는 매일경제신문사刊 『會社年鑑』을 참고하였다. 또한 구체적인 방송제작비 항목에 관한 통계자료에 대해서는 KBS의 자료만을 접근할 수 있어서 KBS만을 분석대상으로 삼아 관련자료를 수집하였다.

2.2 실증적 자료의 처리방법

1 **프로그램의 분류유목 설정**
방송사의 행위를 평가할 수 있는 가장 구체적인 기준이 프로그램

편성이라고 할 때 다양한 프로그램들을 어떤 기준에 의거하여 유목화하느냐 하는 점은 이에 관련된 연구결과의 유용성에 있어서 중요한 관건이 된다. 그럼에도 불구하고 그동안 이에 관한 많은 연구들은 포맷, 장르, 내용, 기능 등의 단일기준을 가지고 분류해오거나 이들 기준을 혼합한 포괄적 기준으로 분류해온 나머지 분석 틀의 불완전성이나 모호성으로 인하여 많은 논란이 야기되어 왔다.[23] 그러나 프로그램의 분류유목을 획일적으로 분류한다는 것은 계속적으로 다양한 프로그램들이 개발되고 있는 현실을 고려해볼 때 불가능하기도 하지만, 그러한 시도는 연구의 성격과 방향을 고려하지 않은 잘못된 시도라고 할 수 있다. 따라서 프로그램분류의 타당성은 과연 그 분류가 연구문제와 어느 정도 적합성을 견지하고 있는가 하는 점을 고려함으로써 가능하다고 할 수 있다.

따라서 이 연구는 연구의 목적과 기존연구들의 문제점을 고려하여 장르구분에 초점을 맞추어 14개의 유목으로 분류하였으며, 3개의 주요 부문으로 대별하였다.(〈부록-1〉참조)

② 자원경쟁의 특성 분석

〈연구문제-2〉를 분석하기 위한 방법으로서, 텔레비전자원의 할당을 '한정된 방송시간을 장르별로 분배하는 비율'이라 정의하고 그것의 구체적인 측정방법으로는 '적소폭'과 '적소중복' 측정방법을 적용하였다. 이러한 적소차원은 공통된 자원에 대한 미디어 간 경쟁 정도를 측정하는 방법으로서 방송시간과 프로그램을 공통의 자원으로 간주하여 각 채널의 특성을 측정하였다. 이에 대한 구체적인 측정방법은 다음과 같다.

---

23) 강대인(1993), *Op Cit.*, p.109.

● 적소폭(*Niche Breadth*)

▶ **조작적 정의**: 적소폭을 '자원차원들이 평면적으로 분포되어 있는 공간상에서 각 채널이 차지하는 범위'라고 정의할 수 있으며, 구체적으로 그것은 프로그램의 각 장르를 자원차원으로 보고 각 채널이 한정된 방송시간 속에서 각 장르의 프로그램들을 얼마나 넓게 분포(배열)시키고 있는가 하는 점을 측정하는 방법이다. 따라서 장르라는 자원차원의 공간에 대한 분포도가 넓다고 한다면 그만큼 시장환경의 변화에 대한 적응력이 높다고 할 수 있다. 예를 들면, 운동경기에서 어떤 종목이 다양한 신체적 능력을 요구하고 있다고 한다면 그 종목의 선수는 다른 종목에 대해서도 적응력이 뛰어나다고 할 수 있는 것이다. 이것은 곧 채널의 전문성의 정도를 의미하는 것으로서 적소폭이 넓다고 하는 것은 전문성보다는 보편성(일반성)이 높다고 할 수 있는 것이다.

▶ **측정방법**

$$\text{적소폭} = \cfrac{1}{\sum_{i=1}^{n} (\qquad 1 \qquad)^2}$$

★ 적소폭의 범위는 $0 \leq B \leq 1$이며, 적소폭이 클수록 환경변화에 따른 적응력이 높음을 의미함.

● 적소중복(*Niche Overlap*)

▶ **조작적 정의**: 적소중복은 '두 모집단이 공통의 자원을 이용하는 정도의 상대적인 거리'라고 규정할 수 있으며, 구체적으로는 각 채널이 프로그램장르에 대한 시간비율을 어느 정도 할당하고 있는가 하는 점을 측정하는 방법이다. 즉 두 채널이 특정장르에 대해서 배분하고

있는 시간량의 차이를 통해서 두 채널이 그 장르에 대해서 어느 정도 경쟁을 하고 있는가 하는 점을 측정하게 된다.

▶ 측정방법

적소중복

$$= \sum_{h=1}^{n} \frac{1}{(\text{채널}_i\text{의 프로그램장르}_h\text{의 방송시간 점유율} - \text{채널}_j\text{의 프로그램장르}_h\text{의 방송시간 점유율})^2}$$

★중복점수가 높을수록 채널 간 경쟁의 정도가 높음을 의미함

③ 프로그램경쟁의 측정

〈연구문제-3〉을 분석하기 위한 방법으로서 채널 내/채널 간 프로그램의 다양성을 측정하였다.

먼저 프로그램 다양성에 관한 기존연구[24]에서는 프로그램 다양성을 측정하기 위해서 주로 시장에서 특정산업이나 기업의 집중률을 측정하는 집중지수 공식인 Herfindal지수를 이용하였다. 이 집중지수 산정공식이 프로그램의 편성비율에 제곱을 함으로써 각 장르의 편성비율에 가중치를 부여하게 되어 모든 장르의 편성점유율을 가중평균치로서 나타내게 되어 상위 장르의 편성점유율에 상대적으로 더 많은 비중을 두게 된다. 그러나 이러한 측정이 프로그램 편성의 불균등도를 설명하는 데 어느 정도 설명력을 가지고 있기는 하지만, 한 방송사의 편성내용이 특정장르에 대해서는 편중하고 다른 일부 장르에 대해서는 전혀 편성을

---

24) — 강대인(1993), *Ibid.*
    — 한진만(1989), 『한국 텔레비전내용의 다양화에 대한 연구: 프로그램 편성표 분석중심으로』, 고려대학교대학원 박사학위논문.
    — 한진만(1992), 『텔레비전 편성의 다양화 분석』, '92방송문화진흥회 연구보고서.

하지 않을 경우 측정결과는 다르게 나타날 수가 있다. 다시 말해서 한 방송사가 편성하고 있는 장르의 수에 따라서 산정결과가 다르게 나타날 수가 있다는 것이다. 이러한 현상은 특히 짧은 방송시간대를 가지고 있는 주시청시간대나 주말시간대에는 편성장르가 한정되어 있기 때문에 다른 시간대와 평면적으로 비교하는 것이 무리일 수가 있는 것이다. 또한 최근에 안정임과 송현경은 방송위원회의 다양성에 관한 한 분석보고서[25]에서 산업의 집중도를 계측하는 '엔트로피지수'를 이용하여 프로그램의 다양성을 분석하였다. 이 지수는 원래 물리학의 열역학법칙에서 원용한 것으로 경제학에서 산업의 집중률을 측정하는 데 활용되고 있다. 그러나 이 지수는 새로운 기업의 진입에 따라 그 값이 증가할 수도 감소할 수도 있는 특징을 나타낸다. 따라서 시장 내의 기존기업의 규모가 변하지 않고 새로운 기업이 진입한다면 이 시장의 집중도는 낮아져야 하는 원칙에 비추어 지수로서의 안정성이 떨어지는 것으로 평가되고 있다. Finkelstein & Friedberg는 엔트로피지수의 역수는 앞에서 살펴본 허핀달지수의 역수와 마찬가지로 동등규모 기업체수를 나타낸다는 점을 입증하기도 하였다.[26]

따라서 여기서는 기업의 상대적 집중률 대신에 경제학에서 다루고 있는 시장경쟁에서 상품의 다양성을 측정하는 지수공식을 이용하여 프로그램의 다양성을 측정하였다. 즉 특정 제품유형에 대한 상품이 집중적으로 시장에 공급될수록 그만큼 상품의 다양성이 감소하듯이 방송사들이 특정장르에 편중하여 프로그램을 제공하게 되면 그만큼 프

---

25) 안정임, 송현경, 전경란(1994), 『'94 텔레비전 편성의 다양성 분석보고서（Ⅰ）』. (방송위원회)

26) M. O. Finkelstein and R. M. Friedberg(1967), "The application of an entropy theory of concentration to the Calypton Act", *Yale Law Journal*, pp.72-95.

로그램의 다양성의 정도는 낮다고 할 수가 있다. 구체적으로는 각 장르의 방송시간을 30분 단위로 환산하여 얻은 빈도수의 분포도에 따라서 가중치를 부여하기 위해서 순위를 부여하여 그 순위와 빈도수를 곱하도록 하였다. 이때 분포도 순위는 더 많은 빈도수에 더 큰 가중치를 부여하기 위해 역순의 순위를 매겼다. 예를 들어 A, B, C의 세 장르에 대한 방송시간의 빈도수가 각각 50, 30, 20으로 분포되어 있다면, A, B, C의 분포도 순위는 역순으로 3, 2, 1로 나타나게 된다. 따라서 각 장르의 '빈도수×순위'들을 합산한 총점수가 전체 프로그램의 방송시간량 중에서 어느 정도 비율을 지니고 있는가를 구하기 위해 전체 프로그램방송시간 빈도수로 나누었다. 이렇게 하여 얻은 점수로 1을 나눔으로써 프로그램집중률의 극한치를 설정하였다. 즉 최대집중률은 1이며 최소집중률은 0이 되도록 하였다. 따라서 특정장르에 대한 편성의 집중이 높을수록 분모의 값이 커지게 되어 1에 가까운 점수가 산정된다. 즉 다양성 지수가 낮을수록 프로그램의 집중도가 낮아 다양성이 높다고 할 수 있으며, 다양성의 지수가 높을수록 프로그램의 집중도가 높아 다양성이 낮다고 할 수 있는 것이다.

이러한 측정방법에 의거하여 여기서는 전체 방송시간을 대상으로 시기별 각 채널의 다양성의 정도를 평가한 후 다시 주시청시간대에는 다양성이 어떤 특성을 보이고 있는지를 차례로 분석하였다.

$$\boxed{1}\ \text{채널 내 프로그램장르의 다양성} = \cfrac{1}{\cfrac{\sum(\text{점유율순위} * \text{프로그램수})}{\sum \text{전체 프로그램수}}}$$

★프로그램 수는 30분을 한 단위로 계산
★점수가 낮을수록 다양성의 정도가 높고, 중복성이 낮음을 의미함

② **채널 간 프로그램장르의 다양성**

$$= \frac{(\text{채널수} * \text{채널간 유형별 중복률})}{\sum \text{각 채널의 장르별 방송시간}} * 100$$

★방송시간은 分으로 계산
★점수가 높을수록 다양성의 정도가 낮음(중복률이 높음)

④ **시청자복지 측정**

시청자복지에 관한 기존의 논의는 규범적 관점과 경제적 관점, 그리고 이 두 가지 입장을 접합하는 통합적 관점의 세 가지 관점으로 대별되고 있다.

먼저 규범적 관점에서 보면, McQuail은 언론행위의 성과(*media performance*)에 관한 규범적 논의에서 '公益'(*public interest*)을 사회전체의 복지(*general welfare*)와 동일개념으로 파악함으로써 수용자복지를 개인 및 집단뿐만 아니라 제도적인 차원에 이르기까지 매우 포괄적인 개념으로 인식하고 있다. 또한 그는 수용자복지의 구성요소를 '자유'(*freedom*), '평등'(*equality*), 그리고 '질서'(*order*)라는 3개의 거시차원으로 나누고 다시 각각에 해당되는 미시적 구성요소들을 제시하고 있다. 이 중에서 특히 언론자유는 언론의 독립성과 채널에 대한 접근가능성, 그리고 메시지공급의 다양성의 측면에서 평가할 수 있는 것으로서 다른 두 요소에 대한 구조적 영향요인으로 작용하게 된다는 것이다. 자유의 터전에서 정립된 언론은 구체적으로 사회적 평등의 차원에서 행동하게 되며, 평가받게 된다. 이때 McQuail은 언론이 수용자복지를 증진하는 데 어느 정도 기여하고 있는가를 평가할 수 있는 척도로 '多樣性'을 제시하고 있다. 즉, 언론의 다양성으로는 미디어유형의 다양성(신문, 방송, 뉴미디어 등), 미디어의 기능 및 메시지유형의 다양성(정보, 오락, 교양 등), 미디어 운영범위의 다양성(전국적, 지역적 등), 대상 시청자의 다양성(소득, 연령, 직업, 성별 등), 언어 및 문화의 다양성, 그리고 정치적 이데올로기의 다양성 등이 있다는 것이다.[27] 따라서 McQuail은 수용자복지는 언론내부와 외부환경의 다양성에 의해서 이룩된다는 점을 전제하고 있다.

반면에 元佑鉉은 정보사회로의 변동과정에서 언론의 역할과 새로운 사회적 위상을 '福祉言論'(*welfare-oriented journalism*)이라는 개념으로 설명하면서 복지언론은 구체적인 역사성 속에서 역동적인 모습을 평가받을 때 가능하게 된다고 보고, 복지의 대상이 언론이 아니라 수용자라는 점을 밝히고 있다. 즉 현대사회에서 복지권이 인간생존의 포괄적 기본권이듯이 언론자유는 인간생존에 필요한 의식과 행동의 傳流라는 점에서 과소평가할 수는 없는 것이지만, 오늘날 언론이 과거와 같이 복지수혜의 대상이 아닌 제공자로서 손색이 없을 만큼 언론의 사회적, 정치적, 경제적 영향력이 크다는 점에서 복지의 수혜자는 수용자들이어야 한다는 것이다. 그런 점에서 언론이 수용자복지를 실현하기 위한 조건으로는 첫째, 외부적 다원성(채널의 다원성)과 내부적 다원성(프로그램의 다원성)을 확보해야 하며, 둘째는 언론이 제공하는 내용이 개인의 實益을 구현해줄 수 있는 구체적이고 전문적인 정보가치를 함유하고 있어야 하며, 셋째는 그러한 정보의 유통이 건전하고 공정하게 유통될 수 있도록 언론시장의 문화성과 공익성을 실질적으로 보장할 수 있는 언론사와 언론인의 책임성과 윤리성에 대한 객관적인 평가시스템이 확보되어야 한다는 것이다. 따라서 원우현에 따르면, 복지언론은 정보의 구체성, 다양성, 독립성, 전문성, 책임성, 윤리

---

27) Dennis McQuail(1991), "Mass media in the public interest: Towards a framework of norms for media performance", in James Curran and Michael Gurevitch(eds.), *Mass Media and Society*, (London: Edward Arnold), pp.68-81.

성, 평가성 등이 복합적으로 작용하는 개념으로 파악하고 있다.[28]

둘째로 경제적 관점에서 시청자복지에 대한 논의를 살펴보면, Owen은 수용자복지를 철저하게 경제적인 소비자수요의 측면에서 설명하고 있다. 그런 점에서 그는 프로그램의 다양성 논의가 담고 있는 허점을 지적하고 있다. 그에 따르면, 프로그램의 다양성이 곧바로 표현의 자유와 관계가 있는 것은 아니며, 단지 프로그램자원 혹은 미디어접근권의 다양성은 자유와 밀접한 관련은 있겠지만 이는 프로그램 다양성을 의미하지는 않는다는 것이다.[29] 그럼에도 불구하고 그동안의 방송정책은 다양한 공익프로그램을 제공할 수 있도록 하기 위하여 경쟁의 촉진을 통해 방송사의 이윤을 보장해주고 있으며, 또한 프라임타임 접근규칙이라는 미명하에 값싼 게임쇼를 제공하고 있으며, 지역 활성화라는 미명하에 네트워크의 질 높은 프로그램에 대한 시청자의 이용 권리를 박탈하기도 한다는 것이다.[30] 따라서 Owen은 규제기관

---

28) 원우현, 남궁 협(1993), "복지언론의 위상과 전망", 『복지언론의 위상과 전망』, 고려대학교 신문방송연구소 주최 국제학술 심포지엄, pp.96-131.

29) Brucc Owen(1978), "The economic view of programming", *Journal of Communication*, vol.28, pp.43-47.

30) 이를테면 지역활성화의 명목으로 FCC가 행하고 있는 프로그램 다양화 정책을 보면, 그것은 이용 가능한 채널의 수를 줄이는 대신 지역에서 제작한 프로그램의 양과 질에 대해서는 고려치 않음으로써 수용자에게 실제적인 비용을 전가하고 있다는 것이다.〈Bruce Owen(1975), *Economics and Freedom of Expression: Media Structure and the First Amendment.* (Cambridge, Mass.: Ballinger Publishing), pp.67-83.〉따라서 Owen은 미디어의 경제적 조직이 언론자유에 미치는 영향을 평가하기 위해서 구체적으로 매스미디어 메시지의 생산과 배급에 있어서 수직적 통합이 제1수정헌법에 심대한 제약을 가하고 있다는 점에 논점을 맞추고 있다. 즉, 미국의 사법부와 FCC가 언론자유에 대한 장벽을 강화하고 있는데, 그들은 오늘날 언론자유에 대한 제약은 커뮤니케이션 기술의 혁명적인 발달에 따른 불가피한 결과라는 점을 웅변하고 있는 듯하다.

의 아무런 제약이 없는 경쟁상황 속에서 시청자들의 욕구를 가장 적합하게 반영할 수 있게 되어 프로그램의 진정한 다양성을 구현할 수 있으며, 이는 곧 시청자의 복지를 향상시키는 결과를 가져온다고 보았다. 이러한 Owen의 주장은 미디어경제학자들이 주장하는 수용자복지의 기본전제가 되고 있다. 반면에 장용호는 프로그램의 가치(질)와 프로그램의 가격이라는 경제적인 요소에 의해서 시청자복지 개념을 규정하고 이를 情報福祉라는 개념으로 대체하여 사용하면서 그것의 프로그램 편성상의 특징으로는 프로그램의 공익성, 공공성, 다양성이라는 점을 언급하고 있다. 이러한 시청자의 정보복지에 영향을 미치는 요인으로는 방송의 소유구조 및 재원충당 방식, 채널운영 방식, 그리고 상업적 공영제도의 성격 등을 꼽고 있다.[31]

셋째, 위의 두 관점을 통합적으로 제시하고 있는 입장은 구체적인 방송프로그램을 근거로 시청자복지에 대한 구체적인 측정을 염두에 두고 전개되어 왔다. 대표적으로 Blumler는 방송 시청자의 복지를 다양성이라는 개념을 통해 파악하고, 시청자복지를 증진시키기 위한 프로그램의 다양성을 구현할 수 있는 방안으로 다음의 일곱 가지를 열거하고 있다.

① 내용의 다양성(*substantive diversity*)으로서 이것은 프로그램에 반영되는 의견의 다양성(*opinion-oriented diversity*), 집단의 다양성(*group-oriented diversity*), 가치의 다양성(*value-oriented diversity*) 등을 포함한다는 것이다.

② 유형의 다양성(*programme type diversity*)으로서 정보, 오락, 문

---

31) 장용호(1989), 『한국TV산업의 시장구조, 행위 및 성과에 관한 연구』, (언론학논선6: 서강대언론문화연구소), pp.37-45.

화, 교육 등 프로그램 유형 및 포맷의 다양성을 포함한다.

③ 편성의 다양성(*scheduling diversity*)으로 이는 좁은 의미의 프로그램 편성에 관한 문제로서 채널 내 또는 채널 간의 다양성을 통해 수용자들의 선택폭을 확대해주는 문제와 직결된다.

④ 양식의 다양성(*stylistic diversity*)으로서 같은 뉴스 또는 오락 프로그램이라는 각 프로그램들은 그 분야에 정형화된 형식을 답습하거나 타 프로그램을 모방하기보다는 각각의 프로그램들이 고유한 양식이나 제작원칙을 적극적으로 개발함으로써 얻어지는 다양성을 의미한다.

⑤ 자원의 공정한 배분(*fair allocation of resources*)으로서 이는 각 프로그램의 시장성 또는 수익성의 기준에 의해서가 아니라 각 프로그램들이 최선의 질을 유지할 수 있도록 적정한 돈, 제작인력, 기자재, 시간 등을 배정하여야 한다는 것이다.

⑥ 수용자의 다양성(*audience diversity*)으로서 모든 프로그램이 무작정 최대 다수의 수용자를 목표로 할 것이 아니라 다양한 계층에 적절한 다양한 종류의 프로그램의 개발을 뜻한다.

⑦ 질적 다양성(*qualitative diversity*)으로서 프로그램이 지닐 수 있는 다양한 성격의 질을 의미한다. 즉, 질적 다양성이란 방송 프로그램이 지닐 수 있는 질의 범위(*range*)와 종류(*kinds*)의 다양성을 의미한다.[32]

한편 최양수는 시청자복지 개념을 첫째는 방송산업의 경제적 효율성이라는 측면, 둘째는 방송프로그램의 다양성이라는 측면, 그리고 셋째는 시청자의 총체적 만족도의 극대화라는 세 가지 측면에서 정의하고 있다.[33]

---

32) J. G. Blumler(1991), "In pursuit of programme range and quality", *Studies of Broadcasting*, No.27, pp.78−81.

33) 최양수(1993), "방송다채널시대의 시청자복지 문제", 『'92 방송편성 · 정책연구위원회종합보고서』, 방송위원회, pp.139−141.

먼저 방송산업의 경제적 효율성에 대해서 방송프로그램은 거래의 대상이 되는 일종의 경제적 재화로서 이것에 시청자는 직접적(유료) 혹은 간접적(광고)으로 비용을 지불하게 됨으로 방송산업의 구조와 운영은 동일한 상품에 대하여 시청자가 지불하는 비용을 최소화할 때 시청자복지는 향상될 수 있다는 것이다. 둘째, 방송프로그램의 다양성에 대해서는 먼저 프로그램을 제작하는 주체(방송사)가 다양하면 그만큼 사회의 다양한 의견을 반영하고 전달할 수 있다는 점에서 시청자복지에 긍정적인 기여를 하게 되며, 또한 채널 내에서 프로그램의 다양한 편성은 그만큼 시청자의 선택의 다양성을 보장해주기 때문에 궁극적으로는 시청자복지에 이바지하게 된다는 것이다. 셋째, 시청자의 총체적 만족도의 극대화에 대해서는 프로그램에 대한 시청자의 반응을 계량적으로 나타내는 시청률에 해당 프로그램에 대한 시청자들의 심리적인 만족도를 곱한 값으로 평가하며, 이는 시청률과 상관없이 제공되는 소수취향의 프로그램에 대한 평가에 도움이 된다는 것이다. 이처럼 시청자복지의 한 차원으로서 분석을 시도한 바 있는 최양수는 시청자의 프로그램 선택폭을 '한 프로그램이 끝난 후 선택할 수 있는 프로그램 수의 합/주시청시간대의 전체 프로그램의 수'로 측정하였다. 즉 이 방법은 한 프로그램을 시청한 후 다른 프로그램을 처음부터 선택할 수 있는 프로그램의 수가 전체 주시청시간대에 편성되어 있는 프로그램 중에서 몇 개인가를 측정함으로써 채널경쟁이 시청자의 프로그램 선택폭에 어떤 영향을 주고 있는가를 평가하고 있다. 따라서 본 연구에서는 채널증가와 경쟁이 시청자복지에 어떤 효과를 주는지를 알아보기 위한 한 방법으로 시청자의 선택폭을 측정하였다. 그러나 이 연구에서는 이러한 프로그램 선택폭의 측정을 확장하여 시청자의 선택폭을 프로그램선택뿐만 아니라 다른 장르의 선택폭과 다른 채널

44

의 선택폭의 세 가지 차원에서 측정하였다.

$$\text{시청자의 프로그램 선택지수} = \frac{\text{한 프로그램이 끝난 후 선택할 수 있는 프로그램(장르/채널)의 수}}{\text{주 시청시간대 프로그램수}} * 100$$

한 프로그램3이 끝난 후 선택할 수 있는 프로그램(장르/채널)의 수/주시청시간대 프로그램 수*100

제6절 책의 구성

이 책은 2~4장까지는 각 장별로 해당 연구문제의 분석에 초점을 맞추어 기존의 이론적 논의와 분석을 전개하고, 이어서 5장에서는 각 연구문제에 대한 논의 및 분석결과를 종합적으로 제시하는 순서로 구성하였다. 각 장별 구성내용을 정리하면 다음과 같다.

제2장에서는 〈연구문제-1〉에 대한 해답을 구하기 위해서 텔레비전이 시장화되는 과성에서 드러나는 내재적인 경제적 구성요인에 관한 기존연구들을 정리하였다. 여기서 텔레비전산업화의 내부적 요인으로는 전파자원 배분의 경제적 의미와 텔레비전상품의 공공재적 특성을 설정하였으며, 외부적 환경요인으로는 경쟁미디어 수의 증가, 수용자의 불안정성, 시청자 경쟁, 프로그램 제작비용의 증대를 주요 요인으로 설정하여 각각에 대해서 이론적 논의를 시도하였다.

제3장에서는 〈연구문제-2〉에 대한 논의로서 텔레비전산업이 생존하기 위한 전략적 선택으로서 어떠한 한정자원에 의존하여 그것을 경제적 가치로 전환시키는가 하는 점을 살펴보기 위해 '자원에 대한 불

변적 관점'의 이론적 논의들을 검토하는 한편, 적소차원의 분석 틀을 이용하여 실증적인 분석결과를 제시하였다.

제4장에서는 〈연구문제-3〉에 대한 논의로서 텔레비전산업의 구체적인 시장행위로서 방송사의 프로그램 선택행위가 경제적 논리에 의거할 때 어떤 결과로 귀착되는지를 기존연구들을 토대로 살펴보았다. 즉 시장환경과 조건의 변화에 따른 방송사의 프로그램 선택행위들을 살펴보았다. 아울러 이러한 이론적 논의들이 우리나라 텔레비전시장에서 어느 정도 적합성을 지니고 있는지를 규명하기 위한 실증적 분석으로 구성되었다. 즉 현재의 과점적 시장구조가 프로그램 편성상에 어떤 특성을 나타내고 있으며, 구체적으로는 프로그램의 다양성과 시청자의 프로그램 선택폭에 어떤 영향을 미치고 있는가 하는 점을 살펴보았다.

제5장은 〈요약 및 결론〉부분으로서 이상의 논의와 분석결과를 종합하고, 한국 텔레비전산업의 특성을 결론적으로 제시하였다.

이상에서 살펴본 이 연구의 체계와 범위를 도식화하면 다음의 〈그림-1〉과 같다.

〈그림-1〉 연구의 체계와 범위

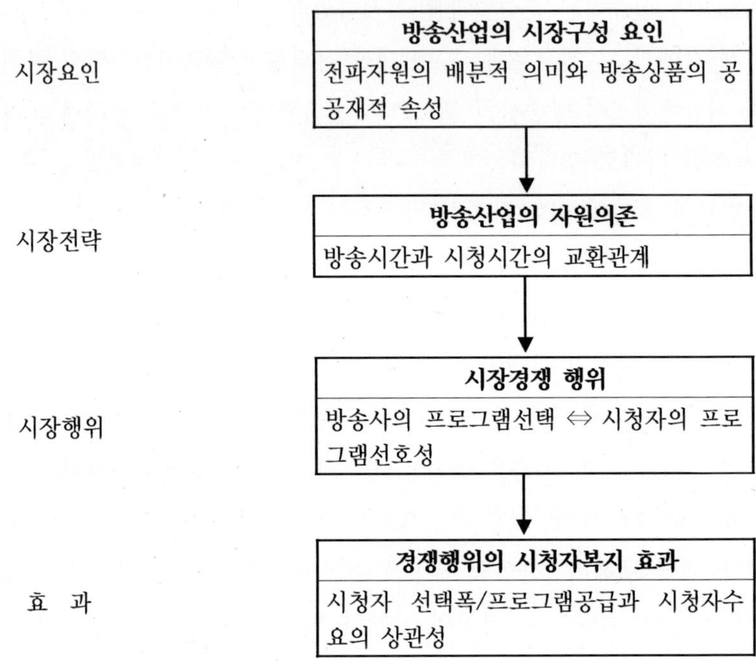

제2장 텔레비전시장의 구성요인과 공익적 규제의 경제적 효과

텔레비전은 사회구성원들이 사회질서와 권력관계를 이해하고 내재화하는 데 있어서 사회문화적 의미의 매개자로서 역할을 할 뿐만 아니라, 사회의 範型的인 생산구조 틀 내에서 조직적인 생산방식을 통해 그러한 의미와 정보를 경제적 가치를 지닌 지속적인 상품으로 변환시킴으로써 이윤을 창출하기도 한다. 이처럼 텔레비전은 다른 커뮤니케이션 미디어와 마찬가지로 규범성과 기업성을 동시에 추구하게 된다. 그러나 텔레비전은 電波라는 희소한 사회적 자원을 이용하고 있다는 점과 그것의 기술적 특성에 따른 메시지의 사회적 확산성과 영향력이 뛰어나다는 점에서 항상 기업성보다는 '公益'이라는 규범성에 커다란 구속을 받아왔다. 그러나 오늘날 텔레비전이 여전히 규범성이라는 틀 속에서 견인되고는 있지만, 그 틀의 구성요소들이 과거에는 정치적 판단요소들(예: 이익갈등의 조정 등)과 사회문화적인 규범적 가치 요소들(예: 언론자유, 공정성 등)에 의해 지배를 받아왔다고 한다면 오늘날에는 경제적 가치요소들(예: 생산성, 효율성 등)에 의해 잠식되고 있다는 점을 주목할 필요가 있다. 이러한 현상을 단순히 역사적으로 자연스런 결과라고 해석할 수 있는가? 아니면 방송 외적인 환경요인들(시장의 국제화, 기술의 발달, 정치적 탈이데올로기화 등)이 빚어낸 인과적인 현상이라고 설명할 수 있는가?

그러나 이 책에서는 오히려 텔레비전이 가지고 있는 내재적인 요인들이 텔레비전의 기업적 메커니즘을 작동시키는 강력한 원동력이 되었으며, 다만 여기에 텔레비전 외적인 환경요인들이 촉진제의 역할을 한 것으로 가정해보고자 한다. 그런 전제하에서 여기서는 텔레비전의 독특한 속성이라 할 수 있는 텔레비전 전송자원인 電波의 經濟的 意味와 텔레비전商品의 公共財的 屬性, 그리고 그에 따른 規制의 經濟的 結果들을 중심으로 논의를 전개하고자 한다.

제1절 전파자원에 대한 공익적 규제의 경제적 효과

 텔레비전이 전파라는 희소자원을 이용한다는 점에서 경제적 측면의 분석이 요구된다. 따라서 이러한 희소자원의 문제는 일차적으로 텔레비전에 대한 자원할당 체계의 필요성을 야기하기도 하며, 또한 텔레비전 내에서도 다양한 프로그램 유형에 대한 자원의 할당을 수반하게 되는 것이다. 그런 점에서 전파라는 희소자원을 가장 효율적으로 또는 공익목적에 맞게 사용할 수 있는 텔레비전산업의 적격 사업자를 선정하는 방법으로 정부는 텔레비전시장에 대한 進入規制를 실시하게 된다. 이러한 희소자원을 개발 또는 사용할 수 있는 권리를 규제하는 까닭은 그것이 과다하게 사용 또는 개발될 때 필연적으로 공익을 저해하게 된다는 데 근거를 두고 있다. 예를 들면, 방송전파의 이용에 있어서 가용전파가 한정되어 있는바 이 한계를 초과하여 전파가 경쟁적으로 사용될 경우 전파의 간섭현상이 일어나기 때문이다. 그런 점에서 전통적으로 텔레비전에 대한 진입규제는 희소한 전파자원을 공익목적에 맞게 사용할 수 있는 최적의 사업자를 선정하는 '公益的 基準'(*public interest standard*)[1]에 의거하고 있다. 그러나 전파이용권을 허가하는 것과 그것을 누구에게 허가하느냐를 결정하는 기준은 별개이어야 함에도 불구하고 이것을 구별하여 적용할 수 없기 때문에 이때의 허가결정은 대단히 정치적인 성격을 띠지 않을 수 없다. 그 결과 공익기준에 의한 전파자원의 배분결정은 불가피하게 불공평의 문제를

---

1) 희소자원을 개발하고 이용할 적격 사업자를 선정하는 방법에는 ⅰ) 공익기준에 의한 방법, ⅱ) 경쟁입찰에 의한 방법, ⅲ) 추첨에 의한 방법 등이 있다. 이에 관한 자세한 내용은 다음의 책 〈崔炳善(1992), 『政府規制論: 規制와 規制緩和의 政治經濟』, (서울: 법문사), pp.292-299〉를 참조할 것.

50

야기할 소지가 크다. 즉 규제기관이 아무리 객관적으로 합리적인 판단을 내렸다고 할지라도 여기에서 탈락하는 신청자는 규제기관이 특정인을 부당하게 선호한 결과라고 공격할 수 있다.2) 또한 일정한 기간이 경과하여 다시 전파자원의 이용권한을 갱신해야 할 시점에 이르게 되는 경우 규제기관이 어떤 기준으로 기존업체와 신규 신청업체를 평가할 것이냐의 문제이다. 이 경우에 흔히 문제가 되는 것은 규제기관이 특별한 결격사유가 없는 한 대개 기존업체를 선호하는 現狀維持的 偏向性3)을 강하게 드러내는 경향이 있다는 것이다. 규제기관이 이러한 편향성을 갖게 되는 것은 첫째, 규제기관의 입장에서 기존업체가 가지기 마련인 재허가에 대한 합리적 기대(*rational expectation*)를 무시할 수가 없기 때문인데, 그 이유로는 기존업체의 입장에서 볼 때 계속적인 허가에 대한 기대 가능성이 불확실한 상황에서는 장기적인 투자나 기술개발 등을 추진하기 어렵기 때문이다. 둘째, 규제기관의 입장에서 신규 신청업체가 과연 어떤 성과를 보여주게 될지에 대한 판단은 상당한 모험을 수반하는 한편 기존업체가 별다른 과오 없이 평

---

2) 우리의 경우 지난 1990년 민방도입 시 정치적인 특혜시비와 관련하여 사회적으로 큰 논란이 빚어졌던 점과 그 이후 지역민방의 사업자 선정에서도 그러한 과정의 공정성보다는 그 기준이 과연 최적의 사업자를 선정할 수 있는 척도가 될 수 있는가 하는 점에 대해서 논란이 되었던 점은 희소자원 배분의 한계라고 할 수 있을 것이다.

3) 미국 FCC가 지난 40여 년 동안 Carroll원칙을 적용하여 기존 방송사의 면허갱신을 기각한 적이 단지 두 번밖에 없었다고 한다. 그러나 그것도 실제로는 인종차별 때문에 기각된 것이지 FCC의 규정에 대한 명백한 위배 때문에 기각된 것은 아니라는 것이다. 〈Mark S. Fowler and Daniel L. Brenner(1983), "A marketplace approach to broadcast regulation", in Ellen Wartella and D. Charles Whitney(eds.), *Mass Communication Review Yearbook*, vol.4, p.647,(각주10) 참조〉 그런 점에서 실질적으로 Carroll원칙에 입각하여 면허갱신이 기각된 경우는 전무하다고 볼 수 있다.

균 이상의 성과를 보여주었다고 한다면 다시 허가를 갱신하는 편이 보다 안전한 선택이라고 판단할 수 있기 때문이다.[4] 그 결과, 텔레비전에 대한 규제는 가격이라는 시장신호를 이용하지 않고 전파라는 경제재를 강제적으로 할당함으로써 방송국을 운영하는 데 따르는 이윤보다도 큰 초과이윤을 피면허권자에게 제공하는 일종의 經濟地代를 낳게 된다.[5] 이러한 경제적 혜택은 경제적 노력에 의해 발생된 과실이 아니라 희소성이 발생시킨 불로소득의 형식이다. 따라서 채널의 희소성은 경제재로서 사회적 성격을 띠는 데에 필요조건으로 작용한다.[6] 이와 관련하여 영국의 신문재벌인 Thompson경은 텔레비전방송국은 "돈을 찍어내는 면허"라고 혹평한 바 있으며, 우리 사회에서도 방송허가를 가리켜 '황금 알을 낳는 거위'라고 부르는 것도 바로 텔레비전에 대한 규제 자체가 이미 경제적 이윤을 담보해준다는 점을 의미하기 때문이다. 즉, 일반적으로 경쟁적인 산업에서 새로운 기업의 시장진입은 초과이윤이 0이 될 때까지 계속되어 결국에는 자본을 비롯한 다른 투자비용에 대한 시장가격을 환수할 수 있을 정도에 그치는 이윤만을 얻게 되는 데 비해, 텔레비전 규제정책의 기저에는 공익적 차원에서 방송사가 이윤을 안정적으로 확보하여 공익적 서비스에 충실하도록 하기 위하여 추가 시장진입자를 규제한다는 논리를 바탕으로 하고 있다. 그런 점에서 美 FCC의 중요한 정책 중의 하나인

---

4) Stephen Breyer(1982), *Regulation and Its Reform*, (Cambridge, Mass.: Harvard University press), pp.89−94 참조.

5) 이러한 연구결과를 발표한 논문은 다음과 같다. ① E. Greenberg(1969), "Television station profitability and FCC regulatory policy", *Journal of Industrial Economics*, vol.10, pp.210−238. ② D. W. Webbink(1973), "Regulation, profits, and entry in the television broadcasting industry", *Journal of Industrial Economics*, vol.21, pp.167−176.

6) 장용호(1993), 『매체경제와 산업정책』, 〈미간행물〉, p.160.

52

Carroll Doctrine은 기존 방송국을 새로운 경쟁의 위험으로부터 보호해주는 대신에 수익성이 낮지만 공익적인 프로그램을 제공하도록 하려는 FCC의 의도를 담고 있다.[7] 그러나 이러한 규제의 결과는 역설적으로 제한된 방송허가는 필연적으로 독점에 따른 초과이윤을 보장해주기 때문에 그것은 하나의 경제적 자산으로서 가치를 함유하게 되어, 방송사들은 허가권을 보존하기 위해 규제기구가 규정하고 있는 일정부분의 공익성 요구를 수용하게 되는 것이다. 따라서 방송을 추상적인 공익적 관점에서 접근하게 될 경우 오늘날 실제적으로 진행되고 있는 방송의 경제적 이윤동기들을 은폐하는 결과를 초래할 수 있을 뿐만 아니라, 효과적인 방송정책을 수립하는 데도 커다란 제약을 가져오게 될 것이다. 다시 말해서 오늘날 공중파텔레비전사들은 그들의 이윤을 보장해주는 다양한 보호주의 정책들을 보존하기 위한 방편으로 공익이라는 神話를 적절히 이용하고 있는지도 모른다.[8]

이처럼 전파자원에 대한 공익적 규제가 결과적으로 방송사업자의 초과이윤을 발생하게 하는 토대가 된다는 점에 주목하고, 이하에서는 전파자원이 지니고 있는 財産權的 意味를 고찰함으로써 전파라는 희소한 사회적 자원이 배타적 권리의 차용을 통해 경제재로 환원되는 과정을 파악하고자 한다. 구체적으로 전파자원의 희소성이라는 특성이 본질적으로 타인의 전용을 불허하는 독점권을 초래하게 되며, 또한 그것의 거래에 수반되는 협상비용의 효율적인 관리를 위한 재산권 규정

---

7) Carroll Broadcasting Co. vs. FCC 사건에서 Carroll방송사는 인접지역에 새로운 라디오방송국을 허가하는 것은 Carroll방송국이 공익에 봉사할 수 있는 경제적 능력을 상실하게 된다는 점을 우려한다는 논지의 신규허가 반대소송을 FCC를 상대로 제기하였다.(Carroll Broadcasting Co. vs. FCC(1958), 258F, 2d 440)

8) B. M. Owen, H. Beebe, and W. G. Manning(1974), *Television Economics*, (Lexington. Mass.: Lexington Books, D. C. Heath), p.12.

의 확실성과 경직성이 야기되며, 그리고 전파는 그것의 기술적 특성상 無賃乘車(*free ride*)의 문제를 야기하게 되어 이에 대응한 재산권 보호규정이 채택될 수밖에 없다는 점들을 살펴봄으로써 전파자원이 경제재로서 그것의 독점적 사용자에게 경제지대를 제공하게 된다는 점을 추론해보고자 한다.

1. 전파자원의 재산권원리의 경제적 함의

여기서는 전파자원에 대한 재산권 규정원리가 경제적 가치의 극대화를 근간으로 하고 있음을 밝힘으로써 결과적으로 그것은 전파자원에 대한 소유권이 없이 단지 이용권만을 가지고 있는 방송사에게 경제적 가치증식에 기여하고 있음을 추론하고자 한다.

1.1 독점적 이용 권리

일반적으로 자원은 그것의 이용권한이 배타적일 때 가장 큰 가치가 있게 마련이다. 특히 희소한 전파자원의 경우에는 그것에 대한 독점적 이용권한을 부여하지 않을 경우 자원의 고갈문제를 야기하게 된다. 이때 자원고갈 문제를 해결하는 방안은 두 가지가 있다. 첫째는 각 개인이 사용할 수 있는 자원의 양을 제한하는 방법으로서 그 역할은 대개 정부가 하게 된다. 두 번째 방법은 오히려 그 자원 전체에 대한 독점적 사용권을 한 개인에게 부여하는 것이다. 따라서 개인은 현재의 자원 가치는 물론 미래의 가치까지도 자신의 이익과 연결시키기 때문에 다른 사람의 자원이용이 그에게 기대했던 보상을 제공해주지 못할 것으로

54

판단될 때는 다른 사람들의 자원이용을 거부하게 된다. 마찬가지로 초기에는 전파자원에 대해서 독점권을 부여하지 않았기 때문에 많은 사람들이 난립하여 그것을 임의로 이용한 나머지 混信(interference)의 문제를 초래하자 나중에는 면허의 형태로 특정인에게 독점권을 부여하는 방식으로 전파자원에 대한 재산권을 정립하였던 것이다.

1.2 교환비용의 차단효과

일반적으로 권리는 그것의 가치에 비해 상대적으로 낮은 비용으로 자유롭게 교환할 수 있고 분할할 수 있을 때 가장 큰 가치를 지니게 된다. 교환의 권리는 비용이 요구되는 과정으로서 상호이익을 극대화할 수 있는 기회를 찾고, 협상하고, 그리고 시행하기 위해서는 구매자와 판매자 간에 비용이 발생하게 마련이다. 따라서 특정 자원의 교환과 활용에 대한 사법적인 제한은 그 자원의 소유자들이 그것을 훨씬 더 생산적이고 효율적으로 이용하는 데 제약을 가하는 셈이 된다. 그런 점에서 전파자원에 대한 정부의 면허제도에 따르면, 특정의 전파는 전국적인 보편적 서비스에 국한되어 활용되도록 제약을 가함으로써 다양한 개인이나 집단들 간에 전파 사용면허를 교환할 수 없게 만든다. 이 점은 재산권이 규정되는 방식에 의해서 영향을 받을 수 있다. 예를 들면, 재산권에 대한 모호한 규정은 더 많은 협상비용을 요구함으로써 해당 자원에 대한 교환자체를 억제하게 된다.[9] 특히 거래에 참여하는 당사자들의 수가 많을수록 비용은 증대될 수밖에 없다. 따라

---

9) Carl J. Dahlman(1988), "The problem of externality", in Tyler Cowen (ed.), *The Theory of Market Failure*, (Fairfax, Virginia: George Mason University Press), pp.212-214.

서 그것의 가치가 교환에 드는 비용을 초과하지 못할 경우에는 자원의 교환이 발생하지 않는다. 따라서 효율적인 재산권 개념은 재산권을 교환하고 시행하는 비용이 그 권리에 대한 가치보다 훨씬 큰 경우를 일컫는다. 그런 점에서 시장중심적인 전파 운영은 전파의 실질가치보다 커지게 되는데, 그 이유는 일부 주파수대역에서의 교환권의 어려움 때문에 전파의 재산권을 협상하고 시행하는 것이 훨씬 많은 비용을 유발할 수 있기 때문이다. 그러나 일반 공중에게 방송을 저렴하게 제공해야 된다는 전제하에서 전파자원의 교환과 협상비용을 정부가 차단하고 일부 허가자에게만 독점권을 제공하는 것은 결과적으로 전파자원의 효율적 활용과 함께 거꾸로 전파자원에 대한 수요를 더욱 증대하게 되었다. 이것은 바로 오늘날 텔레비전을 가리켜 金鑛에 비유되는 점이기도 하다. 즉, 오늘날 적용하고 있는 정치적인 판단에 의한 허가를 통한 전파자원의 분배방식은 전파자원의 활용을 비효율적으로 만들었으며, 전파의 부족현상을 더욱 악화시키는 결과를 가져왔는데, 그 이유는 시장체제에 의한 자연스런 수요공급의 균형점을 찾지 못하기 때문이다. 또한 현 제도는 정치적 동질성을 가진 사람들에게만 허가권을 발행하여 항상 방송을 정치적 독립과는 무관하게 만들었는데, 이는 자원 분배방식이 당사자 간의 게임원리에 위탁되지 않기 때문이다.[10] 따라서 현재의 규제된 허가체제(*regulated licensing system*)하에서는 방송이 정부의 목표를 추구하는 데 이용될 수밖에 없으며, 그 대가로 방송사는 독점적 이윤을 통한 정치적 예속을 영위할 수밖에 없는 구조적 한계를 드러내게 되는 것이다.

---

10) 元佑鉉(역, 1985), 『**자유언론의 테크놀로지**』, (서울: 전예원), pp.191–192. Ithiel de Sola Pool, *Technologies of Freedom.*

1.3 외부효과의 내부화

비록 한 자원에 대한 권리가 명백하고 독점적으로 할당될 수 있다
할지라도, 그리고 그것이 법적으로 타당할지라도 그 권리의 소유자는
다른 사람들의 그 자원의 이용에 대해서는 物理的인 逆效果(*adverse
physical effect*)를 미치도록 자원을 이용할 수가 있다.[11] 그러한 부정
적인 외부효과의 경우에 해당되는 단적인 예는 하류의 농부들과 아무
런 상의도 없이 상류에 세워진 공장이 강물을 오염시키는 경우를 들
수 있다. 반면에 양봉업자가 이웃 과수원 근처에서 더 많은 꿀을 생산
하는 경우는 긍정적인 외부효과의 예이다.[12] 따라서 각 경우에 있어
서 재산권 소유자의 재산권행사 의도와는 다른 사회적 비용이나 이익

---

11) R. Coase(1960), "The problem of social cost", *Journal of Law and
Economics*, vol.3, pp.2 − 19.

12) 이러한 두 가지 예는 한 사람의 권리사용이 다른 사람의 재산의 물리적 성
질에 변화를 야기하는 '물리적' 외부효과에 속한다. 그러나 그러한 효과는
한 사람의 행동이 금전적인 가치(*pecuniary value*)에는 영향을 미치지만 상
대방 재산의 물리적 성질에는 영향을 주지 않는 소위 '가치화의 외부효
과'(*valuation external effect*)와는 구별이 된다. 〈Arthur S. De Vany, Ross
D. Eckert, Charles J. Meyers, Donald J. O'Hara, Richard C. Scott(1969),
"A property system for market allocation of the electromagnetic
spectrum: A legal −economic −engineering study", *Stanford Law Review*,
vol.21, p.1508.〉
이 경우 동일한 시간대를 이용하고 동일한 지역을 대상으로 하지만, 다른
주파수대를 이용하고 있는 경쟁적인 두 방송국을 가정해보자, 이때 A라는
방송국의 B방송국의 주파수대에 대한 전파월경은 물리적인 외부효과를 빚
게 되는 반면에, B방송국의 시청자들과 광고주들을 유인하기 위한 목적으
로 A방송국이 프로그램을 제작 편성하는 경우는 가치화의 외부효과라 할
수 있을 것이다. 그러나 이 두 경우 모두 궁극적으로는 B방송국의 재산권
가치에 영향을 줄 것이기 때문에 외부성 개념에 대한 구분 자체가 큰 의미
를 지니지 못하게 된다.

을 창출하게 되는 것을 외부효과라 할 수 있다. 그런 점에서 전파사용의 외부성은 특정의 전파를 특정의 지역과 해당 주파수대로 국한시키기가 매우 어렵다는 이유에서 발생하게 된다.

특히 이러한 외부효과는 그것의 발생을 방지하기 위한 사법적 규칙이 부재하거나 혹은 그러한 규칙이 존재하더라도 규칙의 시행비용 즉 교환비용이 과도하게 소요될 경우 발생하게 된다. 따라서 자원을 효율적으로 할당하는 데는 외부성에 관한 권리당사자들 간의 계약이 실효성을 지녀야 한다. 즉 외부성을 해소하는 가치에 비해 그런 계약을 맺고 이행하는 비용이 적을수록 자원에 대한 권리가 가장 큰 가치를 창출하게 되고, 또한 권리보유자가 그 권리를 사용하는 데 따르는 총비용을 부담할 가능성이 높아지는 것이다. 그런 점에서 전파의 부정적 외부효과를 법적으로 규제하는 것은 방송사가 그러한 외부효과를 해소하기 위해 드는 協商費用을 절감시켜 주는 경제적 효과를 야기하게 된다.

1.4 융통성과 확실성

재산권을 규정하는 데는 재산권행사의 허용부분과 금지부분이 명확하게 규정되어야 한다. 그러한 행위규정은 i) 완전한 금지 ii) 완전한 허용 iii) 당사자의 합의에 의한 허용의 세 가지 차원에서 논의될 수 있다.[13] 예를 들어, 공장의 폐수방출을 완전히 금지하는 경우에는 i)의 유형에 속하게 되며, ii)의 유형에 속할 경우에는 강물에 폐수를 방류할 수가 있으며, iii)의 경우에는 인근농부들 각 개인이 자신의 재산권에 악영향을 가져올 폐수방류를 금지할 수 있는 권리를 가지게 된다.

---

13) H. Demesetz(1966), "Some aspects of property rights", *Journal of Law and Economics*, vol.61, p.66.

이러한 분류기준은 다음의 두 가지 점에서 경제적 함의를 지니고 있다. 첫째, 총 교환비용이 권리교환을 어렵게 할 정도로 영향을 받는 당사자들의 수가 너무 많지 않다면 그 권리행사는 유형 i)에 포함시키지 않는 것이 마땅하다. 둘째, 만약 권리이양이 유형 ii)와 iii)에서 동일한 교환비용을 발생하게 된다면 최적의 자원할당은 ii)와 iii)의 유형 중 어느 한 유형에서 발생하게 될 것이다. 그런데 만약 교환비용이 다르다면 권리행위는 상대적으로 낮은 비용이 드는 유형에서 이루어지게 될 것이다. 따라서 재산권을 행사할 수 있는 시장체계를 구성하는 데 있어서 중요한 문제는 권리행위가 유형 i)과 ii)에서 이루어져야 하는지 여부가 아니라 유형 ii)와 iii) 중에서 어느 한 유형에서 권리행사가 이루어지도록 경제적으로 유인할 수 있는 재산권을 규정하는 것이라 하겠다.

이러한 맥락에서 볼 때 전파자원은 본질적으로 용도의 유사성과 동시에 권리와 책임의 유사성을 지니고 있다. 이러한 특수한 상황은 그것을 각기 달리 이용하는 집단들에게 전파 사용권리를 적절하게 분배하는 것보다는 오히려 더 많은 사용권리를 가지고자 하는 욕구를 낳게 된다. 예를 들면, 유형 ii)에서 전파자원에 대한 재산권행사는 그것과 관련하여 아무런 제약이 없기 때문에 자원활용에 있어서 매우 높은 융통성을 지니게 된다. 그러나 다른 사람들도 그러한 융통성을 공유하고 있기 때문에 자신의 재산권행사를 통해 얻는 이익보다는 다른 사람들의 권리행사에 의해 더 많은 손실을 입게 된다. 마찬가지로 전파자원의 권리행사가 유형 iii)에서 이루어지게 될 경우에는 개인의 권리가 다른 사람으로부터 물리적인 영향을 거의 받지 않는 확실성을 제공해주기는 하지만, 각 개인은 새로운 기술을 채택하거나 다른 용도로 자원을 활용할 수 있는 융통성은 약화되게 된다.

2. 전파규제의 경제적 의미

2.1 외부성과 공공재

일반적으로 전파가 공공재라는 것을 당연하게 인정하고 있다. 그러나 이 같은 판단은 전파가 외부성을 가지고 있는지 또는 공공재인지에 대한 정확한 분석을 기반으로 한 것이 아니라는 것에서 문제의식을 전개하면 다음과 같다. 전파가 공공재이기 때문에 정부의 규제가 필요하다는 것이 또한 일반적인 주장이다. 즉 전파가 한정된 자원으로서 희귀하다는 것을 전제로 공적인 소유나 관리가 타당하다는 것이다. 그러나 이와 같은 논리는 전파를 특정인이 사용할 경우 그 외의 타인의 사용은 전적으로 배제된다는 점에서 일단 배정된 전파는 공공재라기보다는 사유재로서의 성질을 가지고 있다고 보아야 한다.

전파가 한정된 자원이라는 설명은 전파가 공공재임을 정당화하지는 못한다. 우리 주위에 전파 이외에 한정된 자원은 대표적으로 토지를 들 수 있다. 그러나 자본주의 국가에서 토지가 전적으로 공유되는 것은 결코 아니어서 토지에 대한 소유권은 매우 배타적으로 행사되는 것이 일반적이므로 아주 특수한 경우를 제외하고는 공공재로서의 토지의 특성은 존재하지 않는다. 그런가 하면, 희귀한 자원이기 때문에 정부의 규제가 있어야 한다는 논리도 별로 설득력이 없다. 예를 들면, 희귀자원인 다이아몬드의 경우 정부의 규제를 전혀 받지 않는다.

그러나 일률적으로 전파가 공공재가 아니라고 단정 지을 수는 없다. 토지를 예로 든다면 사용하는 용도에 따라 때때로 공공재일 수도 있고 사유재일 수도 있기 때문이다. 일반적으로 개인이 자신의 집을 짓기 위해서 또는 농사를 짓기 위해서라면 응당 그러한 토지는 사유재이지만 어떤 토지가 도로를 건설하기 위한 것이라면 그러한 용도의 토지는 공공재라고 보아야 할 것이다. 그러므로 전파도 사용하는 용도에 따라 공공재 여부가 결정되는 것이다. 그런 점에서 일반 국민을 위한 방송전파는 결코 사유재가 아니며 공공재의 성격을 가지고 있다고 인식되고 있는 것이다.

그러나 이는 잘못된 지적이다. 왜냐하면 전파의 사용권을 정부로부터 부여받는다는 점에서 보면 결코 공공재라고 볼 수 없기 때문이다. 즉 특정 방송사업자에게 배정된 전파를 매개로 하여 일반 국민에게 제공되는 텔레비전프로그램 자체는 공공재이지만 그러한 텔레비전을 일반인에게 방송할 수 있도록 특정 전파 대역을 확보하는 정책 행위의 측면에서 본다면 전파는 배타적인 사용권이 보장된 사유재에 가깝다고 할 것이다.[14] 즉 배정받은 전파에 대해서는 타 방송사업자가 결코 방송을 송신할 수 없기 때문에 전파를 배정받은 특정 방송사업자는 그 전파 대역에 대해서 사유재에 준하는 소유권을 보유한 것으로 간주되어야 한다.

이상의 논의를 통하여 전파는 결코 외부경제를 유발하지도 않으며 공공재도 아니다. 텔레비전전파가 공적인 서비스에 사용되며 그리고 이를 이유로 공공재가 될 수는 있겠으나 결코 경제학직인 의미의 공공재는 아니다. 공공재는 공적인 재화이지만 공적인 재화가 반드시 공공재인 것은 아니다. 그러므로 텔레비전전파에 대한 정부의 규제나 개입이 외부성 또는 공공재이기 때문이라는 논거는 희박하다고 할 수 있다. 따라서 공공재에 대한 논의에서 수반되는 무임승차 문제나 이를 해소하기 위한 수익자 부담의 원칙 등의 논의는 전파의 경우 경제학적으로 고려의 대상이 되지 않는다.

---

14) 이민호, 송윤섭(1993), 『무선정책에 관한 연구: 미국과 유럽사례를 중심으로』, 한국이동통신주식회사, p.32.

2.2 규모 수익의 체증

규모 수익이 체증되어 새로운 진입이나 과도한 경쟁이 오히려 사회
적 후생의 수준을 하락시킨다고 판단될 경우 시장의 원리보다 진입규
제를 통한 정부의 개입이 정당화된다. 물론 이러한 자연독점과 같은
상황에서 독점 기업으로 인한 사회후생 손실을 축소시키기 위한 정부
의 개입도 가능하다.

일반적으로 전파가 관련된 산업의 경우 과도한 사업자의 지정을 피
하고 있다. 이 같은 것은 전파 자체가 수요에 비하여 공급이 부족한
것도 이유가 되나 또 다른 측면에서 보면 기술적으로 단일 사업자에
의한 서비스 제공이 오히려 효율적이기 때문인 점도 있다. 동일한 전
파 대역폭으로 제공할 수 있는 서비스의 능력은 두 사업자가 반으로
나누어 제공하는 것보다 단일 사업자일 경우 유리하다는 사실이 '待期
理論'(*queuing theory*)에 의하여 쉽게 증명된다.15) 이 점은 은행의 예
에서 쉽게 이해될 수 있다. 은행의 창구에서 서비스를 받을 경우 다음
의 〈그림 −2〉와 같은 두 가지 서비스형태가 있다고 가정해보자.

〈그림 −2〉 은행창구의 서비스형태

---

15) Arthur S. De Vany, *Op Cit.*, p.1508.

〈그림-2〉에서 두 서비스형태 모두 3개의 창구가 있지만 3개의 대기행렬로 나누어서 서비스를 제공하는 (A)보다 (B)와 같이 대기행렬을 하나로 하고 서비스를 제공받는 것이 훨씬 고객들의 기다리는 시간을 감소시킨다. 이 같은 원리는 전파에서도 마찬가지이다. 텔레비전 전파의 경우 동일한 전파 대역을 두 사업자가 나누어 서비스를 제공하는 것보다 단일 사업자가 할당된 전파를 모두 활용하는 것이 전파의 활용도를 더욱 높여준다.

이상의 예에서 전파는 가능한 단일 사업자가 통합적으로 관리하는 것이 효율적이며 사회적 후생을 증진시키는 것으로 간주할 수 있다. 그러므로 전파 분야에서 규모 수익의 체증으로 인한 정부의 진입규제가 타당하며 전파 배정과 관련된 정부의 인허가권은 정당하다고 볼 수 있다. 그리고 이러한 특정 전파 대역에서 독점적 사업자가 사회적 후생을 훼손시키는 경제행위상의 횡포에 대해서는 정부의 개입이 인정된다. 결국 이러한 점에서 전파에 대한 시장의 원리가 정당화되기 어렵다.

2.3 분배적 형평성

현실적으로 전파에 대한 수요가 공급을 초과하는 것이 일반적이다. 이 같은 이유는 방송에 필요한 수단으로 전파를 사용하는 것이 다른 어떤 수단보다도 편리하고 저렴하기 때문이다. 그러므로 특정 방송사업자에게 전파사용을 허용할 경우 이미 상당한 이익을 배분한 것과 동일하다. 이를 다음의 〈그림-3〉과 같이 나타낼 수 있다.

〈그림 - 3〉 전파할당의 초과잉여

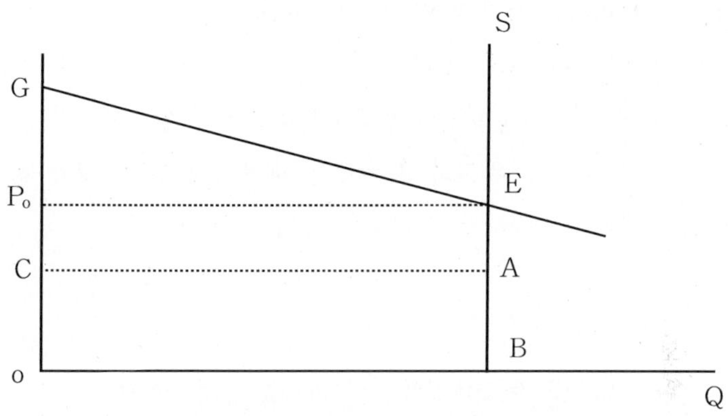

자연계에 존재하는 전파의 가용량은 이미 일정하게 정해져 있으므로 전파의 공급곡선은 S라는 수직의 형태로 될 것이다. 이에 비하여 수요곡선은 일반적으로 우하향하는 D라 하자. 이때 전파의 수요와 공급의 균형점은 E가 되며 그때 균형가격은 P_0가 된다. 그런데 그러한 전파를 사용할 때 필요한 비용은 C라 하자. 그러한 전파를 배정받은 사용자가 획득하는 잉여의 총량은 $P_0EB0-CAB_0=P_0EAC$가 된다. 전파의 경우 C가 충분히 작은 수준이라면 전파를 배정받은 방송사업자의 잉여는 더욱 커질 수밖에 없을 것이다. 그런데 이같이 C가 작아지는 것은 무선의 경우 유선에 비하여 전송에서 추가적인 비용이 들지 않기 때문이다. 그러한 관점에서 특정인에게 특정 전파의 사용에 대한 권리를 부여하는 것은 명백히 특혜라고 할 수 있다. 바로 이 점에서 분배적 형평성의 문제가 발생하게 된다.

흔히 전파에 대한 정부개입이 필요하다는 기존논거로 크게 세 가지 점이 일반적으로 제시되어 왔다. 첫째, 전파는 공공재이며, 둘째, 전파는 유한한 자원이고, 셋째, 일정한 원칙 없이 사용될 경우 혼신이 발생하여 사회 전체적인 후생이 저하됨이 그것들이다. 그러나 이미 지적한 바와 같이 전파는 타인에 대한 배타적인 사용이 인정되기 때문에 공공재라 할 수 없다. 또한 전파가 유한한 것은 사실이지만 그것이 정부의 규제나 개입을 정당화하는 필요충분조건이라 할 수는 없다. 이는 유한한 자원인 토지가 완전히 사유재를 배제하지 않는 것과 동일한 이치이다.

제2절 텔레비전상품의 경제적 특성

1. 텔레비전상품의 개념과 일반특성

텔레비전의 경제적 현상에 접근하는 데 있어서 텔레비전상품이란 무엇인가 하는 상품에 대한 정확한 규정이 선행되어야만 생산과 소비의 결정메커니즘을 올바로 파악할 수 있다. 텔레비전을 포함한 문화산업과 사회적 생산영역은 소비재 부문에서는 서로 중첩적인 경제적 공통현상을 찾을 수 있기도 하지만, 또한 문화산업이 가지고 있는 독특한 특징들을 간과해서는 안 된다. 따라서 텔레비전상품이 내포하고 있는 경제적인 본질을 정확하게 이해하는 것은 다음의 세 가지 측면에서 텔레비전의 경제현상을 이해하는 데 도움을 줄 것으로 생각된다. 첫째는 방송 자체의 특성은 물론 다른 문화산업과의 변별 점을 찾을 수가 있다. 둘째는 오늘날 경제적, 기술적 공통요인에 의해서 텔레비전의 기능과 상품이 하나의 공통된 다미디어 상품과 서비스 및 제도 속에 융합되어 가는 상황[16]에서는 텔레비전을 둘러싸고 있는 거시적인 경제현상을 이해함으로써 텔레비전이 당면하고 있는 경제적인 문제들과 그것의 잠재적인 성장가능성을 탐색할 수 있다. 셋째로, 이처럼 텔레비전의 경제현상을 이해함으로써 산업정책적인 관점에서 텔레비전 규제제도의 변화양상을 분석할 수 있을 것이다.

언론산업에 관한 초기연구에서 Landau & Davenport는 그들의 논문[17]에서 언론산업에 관한 경제적 모델들이 적절한 이론의 개발이 없이 이루어지고 있다는 비판을 내세우고 있으면서도 정작 그들은 언론상품이 무엇인지에 대해서는 정확한 개념규정을 간과하였다. 즉 그들은 언론산업에 있어서 광고의 역할을 간과함으로써 경제적 분석의 논점들이 방향성을 잃고 말았다. 이처럼 초기의 언론산업에 관한 연구들이 가지고 있는 기본시각은 텔레비전산업의 상품을 '방송신호'와 '프로그램'으로 간주하고, 또한 그 상품을 소비하는 소비자는 일반 수용자들만으로 국한하여 인식하고 있었던 것이다. 마찬가지로 경제학 분야에서도 초기에는 프로그램을 텔레비전상품으로 간주하였는데, 즉, Samuelson은 텔레비전상품을 프로그램으로 간주하여 그것을 순수 공공재로 규정하였다.[18]

한편 사회후생의 관점에서 프로그램의 다양성에 초점을 맞추어 텔레비전산업을 분석하였던 경제학 이론들도 프로그램을 텔레비전상품으로 간주하였다.[19] 이들 프로그램다양성에 관한 연구들은 주로 텔레

---

16) Jora R. Minasian(1964), "Television pricing and the theory of public goods", *Journal of Law and Economics*, vol.71, pp.71－72.

17) E. Landau and J. S. Davenport(1959), "Price anomalies of the mass media", *Journalism Quarterly*, vol.36, pp.291－294.

18) P. Samuelson(1958), "Aspects of public expenditure theories", *Review of Economics and Statistics*, vol.40, pp.332－338.

19) 이에 해당되는 주요 연구들은 다음과 같다.

 ○ J. H. Beebe(1977), "Institutional structure and program choices in

비전산업 구조와 프로그램선택의 다양성 간의 관계에 초점을 맞추었다. 즉, 이윤극대화를 추구하는 방송사로서는 다양한 시장구조의 제약조건하에서 가능한 한 많은 수용자들을 확보하기 위한 프로그램들을 편성하게 된다는 것이다. 따라서 그러한 텔레비전산업의 사회적 후생은 소수취향의 프로그램과 같은 다양한 프로그램들의 이용 가능성의 정도에 따라 프로그램의 다양성을 평가함으로써 가능하게 된다.

반면에 텔레비전산업의 구조가 텔레비전정책의 형성에 미치는 영향에 대해서 연구한 Coase는 텔레비전산업이 광고주에 의해 재원을 충당하고 있기 때문에 어떤 유형의 프로그램을 얼마나 많이 제공해야 되는가라는 결정과정에 프로그램 소비자들의 직접적인 참여가 배제된다고 주장함으로써 텔레비전상품을 광고라고 암시한 바 있다.[20] 이러

television markets", *Quarterly Journal of Economics*, vol.91, pp.15-38.

○ Y. M. Braunstein(1979), "The potential for increased competition in television broadcasting: Can the market work?", in *Canadian-U. S. Conference on Communications Policy, Culture in collision: the Interaction of Canadian and U. S. Broadcast Television Policies.* (N. Y.: Praeger)

○ E. Greenberg and H. J. Barnet(1971), "TV program diversity: New evidence and old theories", *American Economic Review*, vol.61, pp.89-93.

○ W. C. Hall and R. B. Batlivala(1971), "Market structure and duplication in TV broadcasting", *Land Economics*, vol.47, pp.405-410.

○ H. J. Levin(1971), "Program duplication, diversity, and effective viewer choices: Some empirical findings", *American Economic Review*, vol.61, pp.81-88.

○ B. R. Litman(1979), "The television networks, competition and program diversity", *Journal of Broadcasting*, vol.23, pp.393-409.

○ P. O. Steiner(1952), "Program patterns and preferences, and the workability of competition in radio broadcasting", *Quarterly Journal of Economics*, vol.66, pp.194-222.

○ M. Spence and B. M. Owen(1977), "Television programming, monopolistic competition, and welfare", *Quarterly Journal of Economics*, vol.91, pp.103-126.

한 입장은 '텔레비전산업이 프로그램을 생산하는 것이 아니라 수용자들을 생산하는 경제적 활동을 수행하고 있다는 점에서 텔레비전의 상품은 수용자의 수와 방송시간이라는 관점에서 측정되어야 마땅하다'[21]는 논점에 바탕을 두고 있다. 최근의 연구들에서도 텔레비전시장의 직접적인 참여자들을 방송사와 광고주들이라고 규정함으로써 그러한 입장을 대변하고 있다.[22] 그러나 이처럼 방송상품에 대한 정의가 변모해오고 있음에도 불구하고 여전히 방송상품을 프로그램으로 간주하려는 경향이 있음을 배제할 수 없다. 이를테면, Levin은 '텔레비전 프로그램은 새로운 종류의 상품으로서 또 다른 상품인 광고를 위한 단순한 전달체'라는 주장을 한 바 있는 Wiles의 연구[23]에서 시사를

---

20) R. H. Coase(1966), "The economics of Broadcasting and government policy", *American Economic Review*, vol.56, pp.440 – 447.

21) 그러한 논점은 W. Melody(1973), *Children's Television: The Economics of Exploitation*, (New Haven: Yale University Press). p.12와 Owen, Beebe, and Manning(1974), *Op Cit.*, p.4에서 각각 연구관점으로 언급하고 있음.

22) 그러한 입장을 표명하고 있는 대표적인 연구로는 다음과 같다.
  ○ T. L. Larson(1980), "The U. S. television industry: Concentration and the question of network divestiture of owned and operated stations", *Communication Research*, vol.7, pp.23 – 44.
  ○ S. L. Long(1979), *The Development of the Television Network Oligopoly*(N. Y.: Arno)
  ○ A. M. Parkman(1982), "The effect of television station ownership on local news ratings", *Review of Economics and Statistics*, vol.64, pp.289 – 295.
   특히 Harwood는 그의 최근 연구에서 광고수익을 기준으로 라디오와 TV 산업의 생산성을 비교 평가한 바 있다. 〈K. Harwood(1984), "Productivity of labor and capital in radio and television broadcasting in the United States", *Journal of Broadcasting*, vol.28, pp.225 – 235.〉

23) P. Wiles(1963), "Pilkington and the theory of value", *The Economic Journal*, vol.73, p.189.

얻어 텔레비전네트워크사들의 주요 기능은 프로그램상품과 시청자들을 교환하는 중개자라는 점을 강조하면서 방송상품이 프로그램임을 암시하고 있다.[24]

그러나 우리가 텔레비전의 경제적 행위에 관심을 갖는 한 연구에서 고려해야 될 최종적인 상품은 광고주들에게 제공되는 수용자들이라고 할 수 있으며, 더욱 구체적으로는 수용자들이 방송프로그램에 투여하는 관심과 시청시간량이라 할 수 있을 것이다. 따라서 방송프로그램은 '수용자들을 유인하기 위한 미끼(bait)'[25]라는 점에서 수용자들을 생산하는 仲介商品이라 할 수 있다.

이상의 논거들을 토대로 방송상품을 광의로 정의한다면, 수용자의 욕구와 방송이 그것의 임무를 완수하기 위하여 이용하는 생산자원 간의 상호작용에서 비롯된 모든 산출물이라고 할 수 있다. 그러나 좀더 구체적으로 텔레비전의 상품을 규정하고자 할 때는 관점에 따라 다소 차이점을 느낄 수가 있다. 즉, 프로그램 제작자는 텔레비전상품을 개별 프로그램으로 정의할 것이고, 반면에 방송사는 한 시즌 동안의 전체 프로그램의 편성을 상품이라고 규정할 것이기 때문이다. 그런가 하면 광고주는 시청자를 주된 텔레비전상품으로 간주할 것이다. 이와 관련하여 Fiske는 문화적 상품으로서 텔레비전이 지니고 있는 경제적 특징에 대해서 다음의 두 가지 경제학으로 설명하고 있다.[26]

즉 텔레비전프로그램과 같은 문화적 상품들은 財政的 經濟(financial economy)와 文化的 經濟(cultural economy)라는 두 가지 영역에서 상

---

24) H. J. Levin(1980), *Op Cit.*

25) W. Melody(1973), *Op Cit,* p.12.

26) J. Fiske(1989), *Understanding Popular Culture,* (London, Unwin: Hyman), p.26, 조병량(1990), "방송에 있어서 광고의 기능에 관한 고찰", 『방송문화연구』, KBS, pp.106-107에서 재인용.

품의 생산과 유통을 파악해야 한다는 것이다. 먼저 재정적 경제부문을 중심으로 보면, 생산자인 프로덕션 스튜디오가 프로그램이라는 상품을 생산하여 방송국이나 케이블 네트워크와 같은 유통업자에게 판매함으로써 이익을 획득한다. 이 단계에서는 이 유통업자가 소비자가 되는 것으로서, 모든 상품들의 생산과 유통에 나타나는 단순한 재정적 교환과정과 동일하다. 그러나 문화적 상품의 경우는 이 과정에서 끝나지 않고 재정적 경제의 두 번째 단계로 넘어간다. 두 번째 단계에서는 방송국이나 케이블 네트워크가 구매하여 방송하는 프로그램이 생산자가 되며, 그 프로그램은 수용자라는 상품을 광고주라는 소비자에게 판매하는 과정이 된다. 여기에서 수용자는 프로그램이라는 생산자가 광고주에게 팔기 위해 만들어내는 일종의 상품이 된다는 것이다. 이 과정이 바로 텔레비전프로그램과 같은 문화적 상품의 재정적 경제학 부문에 해당된다.

반면에 문화적 경제학 부문을 보면, 프로그램의 수용자들이 생산자가 되어 특정 의미와 쾌락(*meanings/pleasures*)이라는 상품을 만들고 그 자체가 소비자가 되는 과정을 거치게 된다. 이때 방송프로그램은 수용자에게 있어서 재생산을 위한 여가상품으로 간주된다.[27] 따라서 문화적 상품은 일반상품과는 다른 생산과 유통, 소비의 교환과정을 거치게 되며, 그 결과 문화산업의 가장 중요한 제품은 광고주에게 팔리기 위한 상품화된 수용자 (*commodified audience*)라는 것이다. 즉, 방송사는 프로그램을 생산해서 시청자에게 제공하고, 여기서 생산된 시청자시장을 광고주에게 다시 파는 이중적 구조로 되어 있다는 것이다.[28] 이러한 관점에서는 텔레비전 그 자체가 광고주를 목표로 한 메

---

27) Sut Jhally and Bill Livaut(1986), "Watching as working: The volarization of audience consciousness", *Journal of Communication*, vol.36, pp.124-143.

커니즘이라는 논리도 가능하게 된다.

이상과 같은 텔레비전상품의 생산과 유통과정을 도식화하면 다음과
같다.

〈표-1〉 텔레비전상품의 생산과 유통

경제구분 유통단계	재정적 경제학		문화적 경제학
	I	II	
생산자	프로덕션	프로그램	수 용 자
상 품	프로그램	수 용 자	의미/쾌락
소비자	방 송 국	광 고 주	그 자체(itself)

텔레비전상품에 대한 정의가 연구자들에 따라서 다양한 관점으로
혼재되어 있는 것은 텔레비전시장에서 가격이라는 공통된 신호체계가
존재하지 않고 그것의 적용이 생산과 유통단계에 따라 다르기 때문이
라고 할 수 있다. 따라서 방송의 기본적인 분석단위인 상품을 단일한
개념으로는 규정할 수 없으며 다만 연구범위와 분석수준을 고려하여
그것에 적합한 텔레비전상품의 개념을 규정하는 것이 바람직할 것으
로 생각된다. 예를 들면, 텔레비전의 시장구조를 분석하고자 할 때는
텔레비전의 재원조달 방식에 따라 분석단위를 탄력적으로 설정해야

---

28) 이를 가리켜 '수용자상품론'(audience commodity)이라 칭한다. 이와 관련
된 자세한 논의는 다음의 문헌을 참조할 것.
— Dallas Smythe(1977), "Communications: Blindspot of western marxism",
Canadian Journal of Political and Social Theory, vol.1, pp.1-27.
— Graham Murdock(1978), "Blindspots about western marxism: A reply to
Dallas Smythe", *Canadian Journal of Political and Social Theory*, vol.2,
pp.109-119.
— Bill Livaut(1979), "Audience commodity: On the blindspot 'debate'",
Canadian Journal of Political and Social Theory, vol.3, pp.91-106.

되는데, 광고주 후원의 공중파텔레비전의 경우에는 광고시장을 고려해야 되기 때문에 광고의 소비자인 수용자들을 상품으로 규정하는 것이 적합하지만 유료텔레비전과 같이 시청자 직접지불방식의 재원조달 미디어산업에 있어서는 프로그램이 곧 최종적인 소비상품이기 때문에 이때의 분석단위는 프로그램이라 할 수 있다. 또한 특정의 시장구조하에서 방송사 간의 경쟁의 행위들을 분석할 때는 경쟁행위가 가장 현시되는 지점이 프로그램이고 그것의 소비자는 수용자들이라는 점에서 이때의 분석단위는 텔레비전프로그램이라 할 수 있다. 그런 점에서 본 연구가 텔레비전산업 내에서 방송사들 간의 경쟁행위에 초점을 맞추고 있는 만큼 최종적인 텔레비전상품을 프로그램이라 규정하고 그것의 소비자인 시청자들의 수요를 극대화하기 위한 프로그램 편성을 분석대상으로 삼았다. 따라서 이하에서는 텔레비전프로그램의 상품적 속성을 문화상품의 일반적 속성과 관련하여 고찰해보고자 한다.

먼저, 방송상품으로서 방송프로그램은 다른 문화상품과 마찬가지로 그것의 사용가치가 비물질적이며, 상징적 의미만으로 표상된다는 점이다. 즉 소비자에게 가치를 제공해주는 것은 물질적인 매체가 아니라 메시지라는 점이며, 그 메시지는 불가시적이고 비물질적이라는 점이다.[29] 또한 이러한 의미생산의 특성으로부터 문화적 교환의 가치를 추론할 수가 있다. 즉, 문화상품으로서 방송의 메시지는 일종의 정보적 가치를 지니고 있기 때문에 만약 우리가 어떤 정보를 이미 알고 있다면 다시는 그 정보를 필요로 하지 않게 되듯이 새로운 가치는 단지 새로운 상품으로부터 얻을 수 있는 것이다. 그러나 일반 제조상품은 그것에 대한 수요가 지속되는 한 그것의 가치는 반복적인 물질적

---

29) Richard Collins, Nicholas Garnham, and Gareth Locksley(1988), *The Economics of Television: The UK Case*, (London: SAGE Publications), p.7.

소비의 과정을 통해 지속적으로 획득할 수 있는 것이다. 이는 곧 방송 상품의 摩耗性(*perishability*)을 의미하는 것으로서 특정 시간의 프로그램과 그것의 수용자들은 마모재의 전형으로서 일단 시간이 지나면 수용자들의 가치는 존재하지 않을 뿐 아니라 시간이 지난 후에 그들이 다른 미디어시장으로 전환되지도 않는다.[30] 이러한 점은 텔레비전 광고라는 것이 본질적으로 수용자와 시간이라는 고정된 요소로 구성되어 있어 매우 비탄력적이라고 볼 때, 방송상품의 마모성은 방송프로그램에 대한 광고주의 수요에도 영향을 미치게 된다. 특히 수용자들에 대한 접근채널이 다양할 경우 경쟁방송국과 대안적인 미디어들이 모두 완전한 대체관계에 있는 것은 아니지만 그것들이 수용자들에게 접근하는 데 있어서 나름대로 갖고 있는 독특한 효율성은 광고수요에 영향을 미치게 되는 것이다. 즉, 특정 상품에 대한 대체제가 많을수록 그 상품의 가격탄력성이 큰 것처럼 방송시간에 대한 수요탄력성이 매우 큰 것으로 이해할 수 있다. 이와 관련하여 McCombs는 광고비지출의 상대적 불변성을 전제하고 그러한 불변적 시장에서 다양한 미디어들이 광고시장 점유를 위해 경쟁을 하고 있음[31]을 밝힌 바 있으며, 또한 광고에 대한 경제학적 연구에서도 Ehrlich & Fisher는 전체 광고에 대한 수요는 이용하는 미디어와는 무관한 요인들에 의해 결정된다[32]는 점을 밝힌 바 있다. 따라서 텔레비전상품은 신기하고 새로움에 대한 수요를 창출하지 않고서는 이미 그것은 상품으로서의 가치를

---

30) W. A. French and J. T. McBrayer(1979), "Arriving at television advertising rates", *Journal of Advertising*, vol.8, pp.15−18.

31) M. E. McCombs(1972), "Mass media in the marketplace", *Journalism Monographs*, vol.24.

32) I. Ehrlich and L. Fisher(1982), "The derived demand for advertising: A theoretical and empirical investigation", *American Economic Review*, vol.72, pp.366−388.

상실하게 된다. 이처럼 항상 신기함을 함유해야 되는 텔레비전상품은 다른 제조상품에 비해 상품의 생애주기(*life-cycle*)가 매우 짧을 수밖에 없기 때문에 다른 상품에 비해 단위당 생산비용이 많이 들고, 조직적이고 전문적인 생산라인을 갖추지 않으면 안 된다. 이러한 특성에서 오늘날 텔레비전산업의 규모의 경제성을 추론할 수 있는 것이다. 그렇다면 그처럼 막대한 생산비용이 투여되는데도 불구하고 광고의 후원만으로도 이윤을 안정적으로 확보할 수 있는가라는 의문을 제기할 수 있다. 그것이 가능한 이유는 다음에서 살펴볼 텔레비전상품의 공공재적 속성을 통해 이해할 수 있다.

2. 텔레비전상품의 공공재론에 대한 경제적 비판

2.1 텔레비전상품의 공공재적 속성

신후생경제학의 일반균형론적 분석방법에 따라 公共財(*public goods*)[33]를 재정식화한 Samuelson은 1954년 그의 논문에서 공공재를 '集合消費財'(*collective consumption goods*)란 용어로 표현하였다. 집합소비재는 '개인의 소비가 다른 개인에 의한 해당 재의 소비감소를 초래하지 않고 모든 사람이 공통으로 향유하는 재'[34]라는 것이 Samuelson의 공

---

33) 공공재의 논의는 후생경제학적 분석의 두 가지의 약점인 ⅰ) 효용의 개인 간의 비교가능성을 전제로 삼고, ⅱ) 조세의 부담배분만을 문제대상으로 삼고 있다는 데 대한 반성에서 등장하였다. 즉 그것은 ⅰ) 주관적 가치론을 전제로 하고, ⅱ) 경제활동의 규모와 내용, 비용의 부담배분을 동시적으로 결정하는 기준을 규명할 것을 목적으로 한 것이었다.

34) Paul A. Samuelson(1954), "The pure theory public expenditures", *The Review of Economics and Statistics*, vol.36, pp.387-389.

공재 개념이었다. 그런가 하면 Buchanan은 공공당국이 공급하는 것이 공공재라고 상식적인 정의를 내리고 있다. 즉 그는 "우리들의 목적에 비추어 보면 어떠한 이유에서이든 간에 그룹 혹은 모든 개인의 공동체가 集合組織(*collective organization*)을 통하여 공급하도록 결정하는 어·떠한 재화와 용역도 공공적이라고 부를 수 있다"[35]라는 것이다.

한편 이처럼 재화 자체의 물리적 분할불가능성에 근거하여 공공재와 私的 財를 구분하는 것은 합당치 못하다고 반박한 Musgrave는 財의 측면에서가 아니라 욕구라는 측면에서 社會的 欲求(*social wants*)라는 개념을 통하여 공공재를 정의하고 있다. 즉 그는 "모든 사람에 의해서 등량 소비될 서비스에 의하여 충족되는 욕구가 사회적 욕구이며, 서비스에 대가를 지급하지 않는 사람도 거기에서 생긴 이익에서 배제되지 않는 '非排除原則'(*non-exclusion principle*)이 적용되는 것이 공공재이다"[36]라고 주장하였다.

이상에서 짐작할 수 있듯이, 공공재의 현저한 특색은 ⅰ) 등량소비, ⅱ) 다수의 소비자에게 동시 공급된다는 결합공급, ⅲ) 특정소비자의

Samuelson이 위의 논문에서 처음으로 재화의 유형을 세 가지—순수 사유재(blue-chip private goods), 순수 공공재(pure public goods), 그리고 비순수재(impure goods)—로 구분하였다. 여기서 순수 공공재라는 것은 '그 재화에 대한 각 개인의 소비가 다른 개인의 소비로 인해 그 재화가 전혀 감소되지 않고 공동으로 이용할 수 있는 재화'를 의미하였다. 이러한 논거하에서 Samuelson은 공공재에 관한 다음의 두 번째 논문에서 TV방송을 복잡한 '집합적 소비'(collective expenditures)를 내포하고 있는 순수 공공재로 분류하였다.

〈Paul A. Samuelson(1958), "Aspects of public expenditure theories", *Review of Economics and Statistics*, vol.40, p.332.〉

35) James M. Buchanan(1967), *Public Finance in Democratic Process*, (Chapel, Hill), p.36.

36) R. A. Musgrave(1969), "Provisions for social goods", in J. Margolis and H. Gitton(eds.), *Public Economics*, (London: Macmillan), pp.75-78.

소비는 그 대가를 치르지 않는다고 하여 배제할 수 없다는 비배제성에서 구해야 된다는 점이라 하겠다. 그러나 이러한 주장은 재의 물리적 속성만을 강조한 데 불과하다고 할 수 있다.[37] 따라서 공공재를 단지 물리적 속성에서만 규정할 것이 아니라, 그 공급에 있어서 민간이 모든 책임을 지는 재가 사적 재이고, 그 공급에 있어서 정부가 어떠한 형태로든 책임을 지는 재가 공공재가 되도록 규정하는 제도적 정의가 오히려 설득력이 있을 것 같다. 그렇다면 민간부문에 있어서 자원배분의 최적상태가 이루어지자면 민간재에 대한 개인의 선호상태는 시장에서 수요자로서 참가하고 가격을 지불함으로써 민간재에 대한 수요를 현시해야만 한다. 개인은 시장에 수요자로서 참가하고 가격을 지급하지 않으면 민간재의 급부를 얻을 수 없다는 배타원칙에 의하여 민간재에 대한 선호상태를 정확히 반영하여 각 시장에 있어서 균형가격이 성립되는데, 이것이야말로 최적 자원배분을 일으키는 과정이라고 보아야 한다. 그런데 공공욕구를 충족하는 공공재는 外部性(externalities)[38]을 가지면 그 급부의 이익은 시장에 참가하는 특정의 개인에 한정되는 것이 아니라 國防과 같이 모든 사람에게 미치는 것이다. 이러한 공공욕구 내지 순수 공공재의 특질은 집합적 소비에 있는 것이므로 배타원칙은 적용되지 않으며 가격을 지불하지 않더라도

---

37) 예를 들면, 公園은 Samuelson에 따르면 등량소비이고, Buchanan에 따르면 결합공급이 된다는 뜻에서 공공재가 되나 정부나 민간도 이를 조성, 유지, 관리할 수 있는데, 후자가 할 때 과연 공공재라 할 수 있느냐가 문제이다. 또한 배제불가능성도 공원의 경우 물리적으로(요금을 받아) 배제가능하므로 공공재라 할 수 없다는 결론에 이르게 된다.

38) 소비가 동시적, 집단적으로 이루어지면 소비자는 서로 경쟁자가 아닌 것을 말한다. 가령 공공재인 다리를 건너가는 개인이 이익을 얻을 뿐만 아니라 이것을 이용하는 소비서비스는 사회 전반에 이익을 주는데 이것을 소비의 외부성이라 한다.

76

그의 이익을 향유 할 수 있다는 소위 無賃乘車(*free ride*)[39] 문제가
발생한다. 이상과 같은 공공재의 개념과 특성을 텔레비전상품의 특성
에서도 적용시킬 수가 있을 것이다.

공중파를 이용하여 프로그램을 전달하고 텔레비전수상기를 소유하고
있는 사람은 누구나 쉽게 이용할 수 있는 경우는 공공재의 완벽한 예이
다. 또한 문화재로서의 텔레비전상품이 비물질적이라는 특징은 곧 소비
에 의해서 파괴되지 않는다는 것도 공공재의 속성을 반영한다고 할 수
있다. 어떤 개인이 특정의 텔레비전프로그램을 시청한다고 해서 다른
사람의 그 프로그램에 대한 시청기회를 감소시키지는 않는다. 이는
공공재의 주요한 특징 중의 하나인 '소비의 비경합성'(*non-rivalry*)
을 의미한다고 할 수 있다. 또한 텔레비전상품은 '비배제성'(*non-
exclusion*)을 특징으로 하고 있는데, 즉 특정의 텔레비전프로그램을 한
가정에 방송할 때 그것은 그 방송전파를 수신할 수 있는 지역에 텔레비
전수상기를 가지고 있는 모든 가정에도 동시에 방송하게 된다는 것이
다. 이때 물론 기술적으로 방송신호에 스크램블을 걸어서 특정 시청자
들을 배제할 수는 있지만 그러한 배제는 가격을 설정할 수 있을 때에만
합당한 목적을 실현할 수 있는 것이다. 즉 그러한 기술적인 배제는 기
대수입이 배제비용을 초과할 때에만 가치가 있는 것이기 때문에 오늘
날 공중파텔레비전이 무료로 프로그램을 제공하는 것은 바로 그러한
비용상의 문제가 내재되어 있다고 볼 수 있다. 그렇다고 해서 그것의

---

39) 모든 소비자가 정보를 필요로 하지만 개별 소비자는 모두 다른 누군가가
    그러한 소비자정보를 획득하여 제공해주기만을 원할 뿐, 그 스스로는 시
    간과 비용을 들이려 하지 않는 성향을 가진다. 그 결과, 다른 사람들의 부
    담에 의해서 생산된 공공재를 무료로 소비하는 것을 무임승차라 한다. 이
    같은 상황에서 시장에 공공재의 공급을 맡길 때 아무도 공공재에 대한 진
    실한 선호를 표시하지 않기 때문에 사회적으로 필요한 양만큼의 공급이
    불가능하게 되어 市場의 失敗가 발생하게 된다.

본질을 방송사가 불특정 다수의 시청자들에 대한 서비스 제공을 거부할 수 없다는 사실에서 찾는 것은 잘못이다. 왜냐하면 이런 경우 기술적으로 방송사는 스크램블을 걸어서 특정 수용자들의 특정 프로그램에 대한 접근을 통제할 수 있기 때문이다. 따라서 스크램블을 이용하여 공공재를 사유재로 전환시킬 수 있다고 생각하는 것은 잘못된 것이다. 공공재의 소비를 통제할 수 있다고 해서 공공재를 사유재로 간주할 수는 없는 것이다. 왜냐하면 시청자 한 명을 추가하는 데 드는 한계비용은 실제로 0이기 때문이다. 일반적으로 재화는 한계비용에 의거하여 가격이 책정되어야 한다는 최적원리를 방송의 유료화에 그대로 적용할 수는 없는 것이다. 방송은 그것의 속성상 규모에 대한 報酬不變40)(constant returns to scale)을 가져오지 않기 때문이다. 오히려 방송은 수용자의 증대에 따라서 비용의 감소를 가져온다. 따라서 방송에 있어서 수용자의 증가가 보수의 증대를 가져오는 한 완전경쟁은 본질적인 것이 아니며, 시장행위는 최적을 이룰 수가 없을 것이다.41) 그런 점에서 일반적으로 텔레비전상품의 공공재적 속성은 시장실패의 주요한 이유가 되는 것이다.

이러한 특징들과 함께 방송의 공공재적 특성은 추가적인 시청자에게 도달하는 비용, 즉 한계비용이 거의 0에 가깝다는 사실에서 더욱 분명해진다. 사회적 후생을 극대화하기 위해서는 가격이 생산비용을 반영해야만 하기 때문에 프로그램 전달비용이 0이라는 사실은 시청요금이 0이라는 점과 같은 맥락이다. 특히 모든 소비재 산업은 규모의 경제를 이용하는 체계이기 때문에 대량으로 복사본을 제작할 경우에

---

40) 규모에 대한 보수는 모든 생산요소를 똑같은 비율로 변동시킬 때 산출량이 어떻게 변하는가를 나타내는 것으로서, 규모에 대한 보수불변은 모든 생산요소의 투입량을 n배로 증가할 때 생산량이 n배로 증가하는 경우를 말한다.

41) Paul A. Samuelson(1958), *Op Cit.*, p.335.

는 단위당 복사비용(생산비용)은 줄어들게 마련이다. 따라서 규모의 경제에 대한 잠재적인 報酬가 지속적으로 증대되기 때문에 텔레비전산업은 수용자의 크기를 독점적인 수준에 이르기까지 계속해서 확대하고자 하는 동기를 가지게 되는 것이다.

이상에서 살펴본 바와 같이 텔레비전상품의 공공재적 속성에 비추어 볼 때, 텔레비전산업은 추가적인 시청자에 프로그램을 공급하는 데 따른 한계비용이 0이기 때문에 무료일 수밖에 없으며, 따라서 유료 TV는 한계비용으로 재화의 가격을 책정하여야 한다는 최적의 원리에서 벗어나게 된다고 할 수 있을 것이다. 따라서 오늘날 공중파텔레비전은 무료가격에 의한 시장실패를 극복하기 위하여 프로그램상품에 광고를 첨가하여 광고시장을 통해 시청가격을 간접적으로 설정하고 있다. 이러한 점은 실제로 규모에 대한 보수증가가 가장 분명하게 드러나는 텔레비전산업의 특성을 고려할 때 오히려 텔레비전상품이 표면적으로 드러내는 공공재적 속성이 사실은 방송사의 초과이윤을 제공해준다는 점을 은폐하는 구실을 하고 있다고 볼 수 있다. 그런 점에서 다음의 〈2.2〉에서는 이러한 방송의 공공재론이 가지고 있는 경제적 불합리성을 비판적으로 검토하고자 한다.

2.2 공공재 이론에 대한 비판적 검토

① 최적조건의 본질

이상의 논거에 따르면 방송되는 프로그램은 그것의 전달비용이 0이기 때문에 파레토 최적조건[42]에 따라 가격이 0이 되어야 한다는 논리

---

42) 이탈리아의 경제학자 Vilfredo Pareto(1848~1923)에 의해 수립된 후생경

이다. 이러한 논리가 일면 타당한 것이긴 하지만, 우리가 프로그램의 질과 양을 주어진 것으로 간주한다면 어떤 차별성도 부여하지 않고 모든 프로그램들을 최적의 것으로 규정해야 되는 문제를 안게 된다. 즉, 일단 프로그램이 방송되면, 그 프로그램의 특성과 관계없이 무료 시청의 조건하에서는 그 프로그램의 가치는 최적인 것으로 규정된다는 것이다. 따라서 이러한 주장은 한 지역(혹은 한 국가)에 복수의 채널을 가지는 것이 경제적인 것인지를 규명할 수 있는 분석 틀을 제공해주지 못하며, 또한 방송되는 프로그램의 특성에 따른 차별성을 제공해주지도 못하게 된다. 따라서 최적조건의 원리는 특정 시간과 장소에 특정량의 희소한 텔레비전자원을 대안적으로 사용하는 것에 대한 경제적 평가기준을 제공해주지 못하는 단점을 안고 있다.

즉 이러한 주장은 텔레비전서비스의 가치를 극대화할 수 있는 자원활용을 전제한 것이 아니다. 텔레비전프로그램은 불변의 신호이기 때문에 추가적인 시청자에 그것을 전달하는 데 따르는 자원비용이 없지만, 그 프로그램을 시청하는 시청자들은 동일한 텔레비전자원을 이용하여 제작된 훨씬 더 가치 있는 프로그램을 시청할 기회를 상실함으로써 기회비용을 발생시키게 된다. 따라서 텔레비전프로그램의 0가격이 다른 사람들에게 불이익을 가져다주지 않으면서 모든 시청자들에게 최상의 이익을 가져다준다는 논리는 지나친 단순화의 위험성이 있다.

② 생산물의 차별성

광고의 기회를 얻기 위해서 기업은 광고메시지에 피설득성향이 높

제학의 기초원리로서 '더 이상 개선이 불가능한 최적의 자원배분 상태'를 일컫는다. 이는 '적어도 어떤 한 사람에게 손해를 입히지 않고서는 다른 사람에게 이득을 줄 수 없는 상태'를 의미한다.

고 실제로 제품구매를 할 가능성이 높은 시청자들이 선호하는 프로그램을 후원하기 위해 경쟁을 하게 된다. 여기서 수용자의 크기는 총 텔레비전광고 비용과 밀접한 관련이 있으며, 이는 수용자크기가 방송의 특질과 밀접한 함수관계가 있음을 의미한다. 그러나 광고의 생산성(광고메시지에 대한 시청자들의 수용성)은 시청자들의 특성과 무관하지 않다. 따라서 광고주들 간의 경쟁은 다양한 프로그램의 출현을 가능하게 함으로써 각 프로그램이 특정 수용자들의 다양한 욕구에 부응하게 된다. 그러나 광고메시지에 대한 특정 수용자집단의 수용성은 해당 프로그램의 오락적 혹은 교육적 가치와는 무관하다. 즉, 광고주의 관점에서 프로그램의 선택은 그 프로그램이 창출하는 잠재적 수용자의 크기에 따라 결정되는 것이며, 그 프로그램의 가치는 광고에 대한 보수에 의해 평가된다.

다시 말해서 상업방송의 근본속성은 프로그램의 본질과 가치가 광고의 생산성에 의해서 결정된다는 점이다. 그러나 반대로 유료방송은 프로그램의 가치가 프로그램의 수요에 의해서 결정된다. 따라서 두 시스템(광고 상업방송과 시청자 직접지불에 의한 유료방송)이 동일한 자원할당을 가져오려면, 수입과 비용의 양이 시스템과는 무관해야 된다.[43] 이는 곧 특정의 생산비용 단계에서 광고로부터 얻는 순수입은 시청자들이 해당 프로그램을 시청하기 위해 지불할 경우 발생되는 이익과 정확히 일치해야 된다는 것을 의미한다. 그러나 여기서 두 시스템이 기저하고 있는 수요의 본질적인 차이 때문에 다른 결과를 예상할 수 있다.

광고의 후원으로 운영되는 상업방송 체제에서의 수요는 텔레비전메시

---

43) H. Demsetz(1970), "The private production of public goods", *Journal of Law and Economics*, pp.295-297.

지에 대한 반응을 의미하며, 프로그램의 결과는 시청자 아니면 비시청자의 양분적인 수요분포를 나타내게 된다. 이와는 반대로 유료시스템은 프로그램의 유형에 따라 차별적인 가격을 설정하기 때문에 비율적인 수요분포를 나타내게 되며, 또한 프로그램에 대한 수용자의 주관적인 평가를 반영하기도 한다. 그러므로 유료시스템은 광고방송 시스템보다도 훨씬 다양한 프로그램을 제공할 수 있게 되는데, 그 이유는 수용자들이 화폐로 가치를 집중시킬 수 있어 취향의 '비대중성'(*unpopularity*)을 극복할 수 있기 때문이다.

이와 같이 방송시스템의 차이에 따른 텔레비전 생산물의 차별성이라는 측면에서 보면, 방송상품의 공공재적 속성이 내포하고 있는 상품의 균질성은 더 이상 설득력을 발휘하지 못한다. 즉 상업방송에서는 광고의 가치에 의해 프로그램의 질이 평가되지만 유료방송에서는 시청자의 선호에 의해서 프로그램의 가치가 평가되는 것이다. 그런 점에서 방송상품의 공공재론은 가격에 의해서 시청자들을 배제하지 않는다는 점에서만 인정될 뿐 오히려 상업방송에서의 프로그램은 철저히 사유재적 관점에서 제공될 뿐만 아니라 진정한 시청자 이익을 배제한다고 볼 수 있다.

③ 분석적 관점의 적합성

공공재의 개념과 분석 틀로서의 공공재 이론을 구별할 필요가 있다. 사실 공공재라는 개념에 적합한 재화는 순수 공공재 이론의 맥락하에서는 집합적 소비라는 문제를 안게 된다. 이런 상황에서 공공재 개념은 공공재의 생산과 할당을 위한 집합적 행위의 필요성을 잘못 추론하도록 유도된다. 그런 점에서 텔레비전 정책을 수립하는 데 있어서 공공재론의 무비판적 수용은 분석상의 허점을 드러내게 된다. 이를테면, 최적의 가격규칙은 공공재를 0의 가격으로 이용할 수 있음을 전제한다. 그러나 재화는 두 가지의 어느 한 의미에서 무료 재화일 수가 있기 때문에 그 두 가지 의미를 구별할 필요가 있다. 먼저 전통적인 의미에서 공기와 같은 재화는 자연적인 공급이 수요량을 초과할 때 무료일 수 있다. 또한 어떤 재화는 지역사회가 그것의 생산을 조직적으로 관리하고 신호기제로서 명확한 가격제도를 운영하지는 않지만 공공의 목적을 위해 그 재화의 생산에 자원을 소비하는 경우에도 무료일 수가 있다.

따라서 공공재 이론은 대안적인 기술의 선택에 관한 경제적 고려를 간과한 채 한 재화에 대한 기술적 양상만을 다루고 있다. 그러나 실제로 텔레비전방송은 텔레비전프로그램을 시청하는 시청자를 광고주에게 사유재로 판매함으로써 궁극적으로 텔레비전산업은 광고의 도입을 통해 공공재를 사유재화로 전환시키고 있다[44]는 점에서 전통적인 공공재론의 설득력은 감소된다. 또한 소비자 선택이라는 측면에서 텔레비전방송의 중요한 문제는 수용자들이 프로그램을 소비할 수 있는가 하는 점이 아니라 그들에게 대안적인 프로그램이 제공되더라도 그 프로그램을 선호할 것인가 하는 점이다. 그런 점에서 공공재 이론은 집합적으로 제공되는 재화와 개인의 선호에 의존하는 재화를 구별하는 데 거의 도움을 주지 못한다. 특히 케이블TV를 비롯한 각종 뉴미디어들은 그것의 기술적 특성상 공공재를 사유재화하게 되어 집합적 소비가 아닌 선택적 소비를 가능하게 한다는 점에서 텔레비전방송에 대해 전통적인 공공재론을 획일적으로 적용시킬 수 없게 되었다. 그런 점에서 오늘날 텔레비전에 대한 공익적 규제장벽이 완화될 수밖에 없으며, 그 결과로 공중파텔레비전 텔레비전의 市場化가 불가피한 사실로 인정되고 있는 것이다.

---

44) 장용호(1993), **매체정책과 산업정책**, 〈미간행물〉, p.158.

오늘날 텔레비전방송에 적용하고 있는 공익적 규제논거가 전파자원의 희소성과 텔레비전상품의 공공재적 속성에 기저하고 있음을 볼 때 이상에서 살펴본 공공재론의 한계들은 텔레비전시장의 왜곡과 불공정을 야기하는 근원이 되고 있음을 짐작할 수 있다. 그런 점에서 다음 항에서는 텔레비전산업에 대한 그러한 공익적 규제가 결과적으로 어떠한 경제적 효과를 야기하고 있는지를 살펴보고자 한다. 전파자원의 희소성에서 출발하고 있는 규제논거가 텔레비전상품의 공공재적 성격 때문에 야기되는 시장실패의 필연성을 매개로 하여 확장되어 왔음을 주목하여, 먼저 전파자원에 대한 규제원리가 희소자원에 대한 효율적인 분배와 활용이 되지 못하고 오히려 특정 이용자의 불로소득을 담보해주는 경제적 지대의 원인을 제공하고 있음을 전파자원의 재산권적 측면에서 고찰하였다. 이어서 실제 텔레비전시장의 운용에 적용되고 있는 공익적 규제논거가 사실은 텔레비전기술의 변화와 그에 따른 시장환경의 변화에 대한 다분히 경제적 논거일 뿐 보편적인 가치기준으로서의 설득력을 기대할 수 없음을 미국과 우리의 텔레비전 규제정책에 대한 사례분석을 통해 살펴보고자 한다.

제3절 텔레비전 규제정책의 경제적 의미

1. 미국 텔레비전 규제정책의 경제적 의미

1992년 8월에 FCC는 라디오방송국의 소유를 제한하는 다양한 규제조항들을 완화하는 법안을 발표하였으며, 이에 앞서 1992년 6월에 텔레비전방송국 소유제한 규정을 완화하는 데 따르는 이점을 검토하기 위한 법안준비에 착수하였다.

이와 같은 FCC의 일련의 행위는 1990년대 초 방송산업의 수익성이 현저히 약화된 데 따른 반응이었다. 전국방송인연합회는 1990년 현재 전체 라디오방송국 중의 절반 이상이 적자에 허덕이고 있다고 보고하였다.[45] 텔레비전에 대해서는 FCC의 『정책수립위원회』가 1991년 6월에 텔레비전방송사들이 시청자의 수와 수익 면에서 장기적인 감소에 직면하고 있으며, 이러한 현상은 90년대 동안 지속될 것이라고 전망하였다.[46] 따라서 FCC는 매체시장의 경제적 환경변화에 따른 대책으로서 각종 미디어 규제법안들을 완화 혹은 폐지하는 일련의 조치들을 취해왔다.

따라서 여기서는 그러한 FCC의 규제정책 변화가 내포하고 있는 함의가 무엇인지를 경제적 측면에서 살펴보는 데 있어, 구체적인 사례로 최근까지도 논쟁이 되고 있는 네트워크텔레비전과 CATV에 대한 FCC의 규제변화를 중심으로 전개하겠다.

1.1 Carroll원칙과 관련정책

앞서 언급한 것처럼, 미국의 연방규제가 경제적 고려에 의해서 등장하였듯이, 그러한 관점은 FCC가 불가피하게 동일한 방송서비스를 목적으로 하는 방송면허 신청자들 중에서 선택을 할 수밖에 없다는 점에서 더욱 확연히 드러나게 된다. 이러한 관점에서의 고전적인 논의는 1958년 콜롬비아 항소심순회재판소가 판결한 Carroll Broadcasting Co. v.

---

45) NAB(1991), *Radio Financial Report*

46) Office of Plans & Policies Working Paper #26(1991), *Broadcast Television in a Multichannel Marketplace*, 6 FCC Rcd. 3996.

FCC사건에서 비롯되었다. Carroll방송사는 그것의 방송지역인 Georgia 주의 Carrollton지역에서 12마일 떨어진 한 지역에 라디오방송국의 허가를 반대했다. 즉 지리적으로 근접한 지역에 또 다른 방송국을 허가하는 것은 공익에 봉사할 수 있는 능력을 손상하게 된다는 것이 Carroll방송사의 논지였다. 이미 1940년에 대법원이 FCC v. Sanders Radio Station 사건에서 기존 라디오방송국에 대한 경제적 타격이 새로운 방송국의 설립을 반대할 만한 논리적 근거가 되지 못한다는 점을 분명히 하였으나, Carroll방송사는 그러한 경제적 손실은 공중에게서 방송서비스를 박탈할 정도로 심각하게 될 것이라는 점을 주장하였다. 항소심은 이러한 Carroll방송사의 주장에 동의하는 판결을 다음과 같이 내렸다.

> 한 방송국이 $5,000을 벌든 아니면 $10,000을 벌든 방송서비스가 경제적인 문제 때문에 심각하게 영향을 받지 않는 한 그것은 일반 공중에게 중요한 문제는 아니다. 오히려 서비스는 경쟁을 통해서 더욱 향상될 수가 있는 것이다. 그러나 특정 지역에서의 상황이 복수의 방송국의 경쟁으로 좋은 방송서비스를 충당할 만한 재정적인 뒷받침이 이루어질 수 없다면 2개 이상의 방송국보다는 오히려 1개의 방송국이 존재할 때 공중의 이익에 더 도움이 될 수 있다. 따라서 기존 방송국에 대한 경제적 타격은 그것이 방송서비스의 감소 혹은 파괴를 가져오게 될 때 중요한 의미를 가지는 것이다. 그런 점에서 경제적 타격을 순전히 사적인 관심사로 돌릴 수 없는 것이다.[47]

이러한 판결은 그동안 FCC가 새로운 방송면허 허가에 따른 경제적 피해를 평가하기 위한 절차로 이용해왔다.[48] 그러나 최근 들어 FCC

---

47) Carroll Broadcasting vs. FCC, (1958).

48) Carroll원칙하에서, 즉 기존의 방송국이 새로운 방송국의 설립에 따른 경제적 손실이 공중에 대한 서비스의 손실을 초래하게 된다는 명확한 증거를

는 매체시장의 변화가 Carroll원칙을 지지하는 경제이론의 모든 타당성을 약화시켰음을 지적한 바 있다. 예를 들면, 그 원칙이 처음 발효된 이후 라디오방송국의 수는 144%로 증가하였으며, 상업텔레비전 방송국은 152%로 증가하였음에도 불구하고 우려할 정도로 공익서비스가 손실되지 않고 있다는 것이다. 따라서 FCC는 신규 경쟁자의 시장진입에 의해 발생되는 경쟁으로부터 기존 방송사를 보호하려는 것은 비합리적이라는 점을 지적하면서, 방송에 있어서 '경쟁의 증대는 공익에 파괴적일 수 있다'라는 Carroll원칙의 기본가정은 방송부문에서 더 이상 타당하지 않음을 인정하는 경향을 보이고 있다. 그것은 곧 자원에 대한 규제는 시장환경의 변화에 상응해야 되기 때문이다. 그런 점에서 다음 항에서 살펴보게 될 네트워크텔레비전과 CATV에 대한 FCC의 대응자세는 규제의 경제학을 분명하게 해준다.

1.2 공중파방송과 케이블TV 규제의 경제적 의미

FCC의 방송서비스의 경쟁으로부터 기존 방송국을 보호하고자 하는 규제정책은 단지 동일 전송매체에만 국한하지 않고 경쟁미디어 간의 힘의 균형을 유지하기 위해 전송기술이 다른 뉴미디어에 대해서도 확대 적용하였다. 이것이 바로 공중파방송과 케이블 간 관계의 역사이기도 하다. FCC가 처음에는 뉴미디어로부터 공중파방송을 보호하기 위

제출할 때, FCC는 그 문제를 고려해야 되며, 만약 충분한 증거가 있다고 판단될 때는 그 문제에 대한 공청회를 개최하여 관련 사실들을 규명해야 한다. 따라서 이런 경우에 제청자는 FCC가 전체 시장의 수입잠재력을 정확하게 평가할 수 있도록 충분한 통계적 증거를 제공해야만 했다. 그런 통계자료들로는 사업참여자의 수, 소매시장의 총규모, 다른 광고매체 동향 및 특정시장에서 방송경제학과 관련된 자료 등이 해당된다.

해 그러한 규제정책을 채택하였으나, 나중에는 새로운 기술의 향상을 도모하기 위한 일환으로 케이블에 대한 각종 규제를 해제하였다. 공중파방송과 케이블이 모두 텔레비전수상기라는 동일한 전달도구를 이용하기는 하지만 각기 다른 전송매체는 상이한 규제기준에 의거하여 규제를 받는 것이 마땅하다.[49] 그런 점에서 케이블방송은 몇 가지 단파무선의 허가를 제외하고는 FCC로부터 허가를 받지 않고 대신에 지역 프랜차이즈 규정에 의해 규제를 받는다. 그러나 방송과 케이블이 전송기술상의 차이에 따른 규제적용의 상이성에도 불구하고 기본적으로 두 매체가 모두 동일한 수용자들을 대상으로 하는 경쟁관계에 있기 때문에 그러한 경쟁은 단순히 경쟁시장에 국한되지 않고 규제부문에까지 전이되어 나타난다.

FCC가 케이블에 대한 직접적인 규제를 회피해왔었지만 1962년에 들어 지역의 공중파방송국에 대한 부정적인 영향을 우려하여 케이블에 대해서 공중파방송 프로그램의 전달허가를 취소하였다. 이어서 FCC는 케이블업자가 UHF방송에 대해 아무런 피해를 입히지 않는다는 점을 충분히 입증하지 못하는 한 원거리에서 top-100시장에 공중파 프로그램을 재송신하는 것을 금지하는 공식적인 규제규칙을 채택하였다. 이 규칙은 다음의 두 가지 기본관점을 담고 있었다.[50] 첫째,

---

49) 이와 관련하여 Nadel은 미국 수정헌법 제1조의 취지를 현대적 미디어 상황에서 어떻게 해석하여야 되는가 하는 점에 대해서 규제의 융통성을 강조하고 있다. 즉 그는 미디어를 규제하는 데 있어서 기술적으로 유사한 특성보다는 오히려 미디어 시장에서의 경쟁의 중복성에 주목하여 각 미디어의 규제적용을 검토해야 될 것이라는 점을 강조하였는데, 즉 모든 미디어를 고정된 기준에 의해서 획일적으로 규정하기보다는 각 미디어의 기술적 조건과 그에 따른 재산권 구조의 특수성에 따라서 융통성 있는 기준을 제공해야 된다는 것이다. ⟨Marks S. Nadel(1992), "A technology transparent theory of the First Amendment and access to communications media", *Federal Communications Law Journal*, vol.43, pp.157-184 참조.⟩

FCC에서는 원거리 프로그램의 재송신이 지역방송국의 수용자들을 분할하여 결국은 지방방송국의 수입을 잠식하여 지방방송국의 존립에 커다란 위협을 초래하게 될 것이라는 점을 감안하였다는 점이다. 둘째, FCC는 케이블이 무료로 공중파방송 프로그램을 재송신하는 것은 지방방송국들에 비해 불공정한 경쟁의 이점을 가지게 될 것이라는 점을 고려하였다는 것이다.

그러나 새로운 기술이 발달하면서 이러한 경제적 분석의 타당성에 대해서 점차 의문을 갖게 되었다. 더욱이 방송산업 발전에 관한 FCC의 가정이 변화하기 시작하였다. 이를테면, FCC가 맨 처음 '의무전송'(*must-carry*)규칙과 같은 원거리 프로그램의 재송신에 관한 보호규정을 채택하였을 때만 하더라도 FCC는 케이블을 공중파방송의 부속물로 여겼다. 그러나 1975년경에는 FCC가 케이블의 전국적인 네트워크화를 보장할 수 있는 방법을 찾기 시작하였다.

이처럼 미묘하지만 중요한 FCC논점의 변화는 FCC가 경제적 자료들에 대한 평가방법의 변화를 수반하였던 것이다. 더욱이 FCC는 공중파 방송에 미치는 케이블의 경쟁효과에 관한 종래의 직관적인 접근모델에 대해서 점차적으로 회의를 품기 시작하였디. 따라서 1977년에 FCC는 규제를 받지 않는 케이블이 기존의 공중파방송에 대해서 막대한 피해를 입히고 있다는 주장을 재검토하기 위한 [분석반](*Notice of Inquiry*)을 출범시켰다.[51] 이처럼 공중파텔레비전과 케이블 간의 경제적 관계에 대한 광범위한 검토는 어떤 규제규칙이 불필요하고 필요한 것인지를 구별할 수 있게 하는 데 커다란 도움을 주었던 것이다.[52]

---

50) Robert Com-Revere(1992), *Op Cit*, p.82.

51) *Ibid.*, p.83.

52) 분석반의 출범 초기에는 FCC가 새로운 경제적 자료에 대한 체계적인 검토시도에도 불구하고 FCC는 원거리 프로그램 규칙을 수정하기에 앞서 그

한편 방송광고 시장에 대한 정부의 통제가 내포하고 있는 경제적 의미를 살펴보면, 광고시장에 대한 통제는 방송시장을 경쟁체제로 운영하게 될 경우 상업방송국들이 경쟁의 과정에서 거래비용(*transaction cost*)을 광고가격에 포함하여 결국은 그것을 일반 소비자들에게 분산시키게 되어 경제적인 지출비용의 손실과 소수취향 프로그램의 손실이라는 이중적인 후생손실을 수용자들에게 전가할 것이라는 점이 논리적 근거이다. 따라서 정부가 방송광고 시장을 통제함으로써(KOBACO를 통하여) 방송사의 거래비용을 최소화하여 비용절감된 부분만큼 다양한 프로그램의 공급을 꾀하고자 한 것으로 풀이할 수 있다. 이는 방송상품의 생산비용은 수용자의 증감과 관계없이 일정하다고 했을 때 경쟁의 결과에 따른 거래비용의 추가는 프로그램 가격을 인상하게 되고 프로그램의 공급은 제한하게 되어, 결과적으로 시청자의 후생손실을 가져온다고 볼 수 있다. 뿐만 아니라 방송상품에 대한 과도한 소비는 방송전파 자원 및 프로그램 생산요소의 낭비는 물론 소비자들의 기회비용(다른 레저활동이나 생산활동으로 전환하였을 경우 발생하는 이익)도 손실되기 때문에 이러한 후생손실을 방지하는 데도 그 논리가 배어 있다고 할 수 있다.

그러나 한국방송광고공사가 지나친 경쟁으로 인한 광고비의 상승으로 인한 소비자 부담을 최소화할 목적으로 방송광고 시장에서 조정역을 자임하면서 광고가격을 설정하고 광고영업을 대행하는 등 오히려 광고시장의 수급구조를 왜곡시키는 결과를 초래하였다. 예를 들어 1981~1994년의 13년 기간 중 텔레비전광고요금은 39.6% 인상되었으나 신문광고 요금은 461.5% 인상되어 요금격차가 큰 폭으로 확대되었는데 이는 텔레비전과 신문매체 간의 광고효과의 차이가 아닌 방송광고 시장에 대한 규제의 결과라는 점에서 매체 간 광고시장의 불균형과 불공정을 초래하였다. 특히 신문은 1987년 이후 자유경쟁 시장체제로 변모되어 신문매체 수의 폭발적인 증가와 함께 지면증설 경쟁에도 불구하고 4대 일간지의 광고요금은 계속 큰 폭의 증가를 나타내는 기현상을 보이고 있는데, 이들의 시장력만으로는 이러한 현상을 설명할 수 없는 높은 수준이다.(다음 〈표-5〉 참조)

〈표-5〉 방송광고와 신문광고의 요금변화

(단위: 천 원)

연 도	방송광고		신문광고	
	단 가	인상률(%)	단 가	인상률(%)
1981	1,168	−	7,215	−
1982	1,332	14.0	10,175	41.0
1983	1,332	−	10,175	−
1984	1,332	−	11,100	9.1
1985	1,332	−	12,025	8.3
1986	1,332	−	12,025	−
1987	1,452	9.0	12,950	7.7
1988	1,452	−	12,950	−
1989	1,553	7.0	12,950	−
1990	1,553	−	12,950	−
1991	1,553	−	18,500	42.9
1992	1,553	−	22,200	20.0
1993	1,631	5.0	29,600	33.3
1994	1,631	−	33,300	11.4
합 계	−	39.6	−	461.5

* 방송광고 요금은 서울지역 SA스파트(30초) 기준, 신문광고 요금은 중앙 4대 일간지 1면×37㎝ 공식영업 기준

한편 방송광고 요금은 〈표-6〉에서 알 수 있듯이 KOBACO가 결정한 획일적 요금이 방송사별 차이를 무시하고 있기 때문에 방송사별 광고효과의 차이에 따라 시장에서 결정될 수준과는 전혀 무관하다는 문제가 발생하며, 요금구조를 좌우하는 시급구분 또한 방송사별 프로

그램의 특성을 무시한 채 요일별로 SA, A, B, C가 결정되어 시장여건을 고려하지 않고 있다.

〈표-6〉 방송사별 방송광고 요금의 예: SA스파트 광고료 1회 단가

	KBS-2 TV	MBC-TV	SBS-TV
전 국	6,434	6,478	-
서울권	2,691	3,309	-
서 울	1,631	1,631	1,631

* 서울권의 경우 MBC와 KBS-2의 가시청권이 다르기 때문에 요금차이가 발생함

따라서 이상과 같은 방송광고 규제는 경쟁시장 가격이라는 신호체계를 외면함으로써 다음의 〈그림-4〉와 같이 오히려 방송광고에 대한 초과수요를 유발하여 방송사의 재정적 안정성을 보장해주는 결과를 가져오고 있음을 알 수 있다.

〈그림-4〉 방송광고 규제에 따른 방송광고의 초과수요

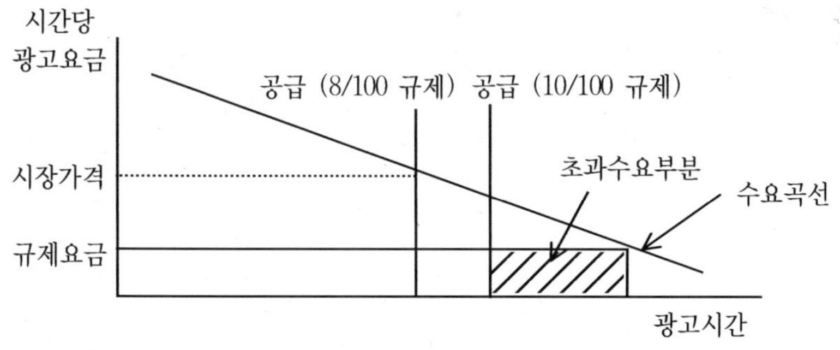

이상에서 살펴본 바와 같이, 광고시장에 대한 정부의 규제가 경쟁이 소비자부담을 유발한다는 논리에서 출발하고는 있지만 실제로는 오히려 공중파 네트워크텔레비전의 시장독점력을 더욱 강화시켜주는 결과

를 초래하고 있다고 할 수 있다. 이러한 결과는 지난 80년도 인위적인 언론통폐합을 통해 KBS와 MBC에 인원과 시설을 흡수케 함으로써 네트워크체제의 완성과 수직적 통합을 강화시켜 줌으로써 궁극적으로는 이 두 요소들이 서로 맞물려 경제적 상승효과를 더욱 가속화시켜 방송이 기업적으로 초과성장을 할 수 있는 기반이 되었다고 할 수 있다.

제4절 텔레비전시장화의 환경적 요인

공중파라는 단일의 전달체계를 이용하고 있는 텔레비전은 소수의 채널로 구성되어 있으며, 비교적 소수의 경쟁자들과 프로그램 경쟁을 해왔다. 또한 그동안 재원구조나 산업조직, 그리고 수용자의 선호도 등에 있어서 텔레비전산업은 안정적인 위치를 견지해왔다. 따라서 텔레비전산업에서 일어났던 수입의 변화와 수용자 선호의 변화, 혹은 규제정책의 변화 등은 체계적인 변화라기보다는 주변적인 변화의 수준에서 충분히 텔레비전산업이 적응해나갈 수 있을 정도로 미미했다. 그러나 지난 1980년대 이후 다양한 뉴미디어들이 기술적 이점에 따른 수용자 접근의 용이성과 비용절감의 효과에 힘입어 기존 텔레비전시장에 커다란 영향을 끼치게 됨으로써 가히 '창조적 파괴'(*gale of creative destruction*)[58]라 부를 만큼 방송산업 구조의 변혁을 예고하고 있다. 1980년대 이후 방송환경 변화의 특징적 국면에 대해서 Kenneth Dyson과 Peter Humphreys는 ⅰ) 채널의 증가와 그에 따른

---

58) Joseph A. Schumpeter(1942), *Capitalism, Socialism amd Democracy.* (N. Y.: Harper)

새로운 방송 수용자시대의 도래, ii) 전통적인 공영방송 영역에 대한 상업방송의 침식과 수용자 및 광고수입을 둘러싼 양자 간의 경쟁 격화, iii) 매체 간 융합과 그 경계영역의 모호화에 따른 방송정책 및 통제의 전통적인 독자적 자율성, iv) 새로운 초국적 방송에 의한 국가의 문화 경제적 주권 침해, v) 특히 다국적 미디어 기업과 그 네트워크에 의한 전통문화의 정체성 위협 등을 들고 있고,[59] 일본 민방연구소의 한 보고서에서는 2000년을 전후한 향후 방송환경의 변화와 관련하여 i) 매체기술 조합의 시대, ii) 다채널시대, iii) 미디어산업의 경쟁시대, iv) 매체 이용자 시대로 이행해나갈 것이라고 전망하고 있다. 그리고 최근 한국방송개발원의 한 보고서에서도 2000년의 한국방송과 관련 i) 방송환경의 국제화와 ii) 방송기술의 고도화에 따라 iii) 방송의 성격이 변화될 것으로 전망하면서 그 구체적인 변화양상으로 i) 방송 자체의 개념변화 ii) 산업으로서 방송 iii) 자율과 경쟁의 방송 iv) 시청자 선택폭의 확대 등을 들고 있다. 또한 강상현 교수도 최근 지역민방에 관한 연구에서 방송환경의 변화가 가져올 예상되는 결과에 대해서 i) 방송의 다매체, 다채널화 ii) 방송매체의 기술적 융합 iii) 방송에 대한 규제곤란 iv) 방송의 국제화와 지방화 v) 매체 간 경쟁의 고조 vi) 방송의 상업화 및 종합정보산업화 vii) 방송매체 및 채널의 전문화와 수용자의 분극화 등이 진전하는 양상을 보여주고 있다는 점을 지적한 바 있다.[60]

---

59) Kenneth Dyson and Peter Humphreys(1988), "The context of new media politics in Western Europe", in Kenneth Dyson and Peter Humphreys(eds.), *Broadcasting and New Media Politics in Western Europe*. (London: Routledge), pp.1－2.

60) 강상현(1994), "방송환경의 변화와 지역방송의 과제: 지역방송의 다중적 위기와 그 해소책을 중심으로", 『방송연구』(방송위원회), 통권38호, p.13.

특히 우리나라 텔레비전방송의 경우, 1994년 현재 KBS의 2개 채널, MBC, SBS, 교육방송 등 지상파 5개 채널에 불과한 것이 1995년에 접어들면 전국 50여 개 지역에서 20개 채널의 종합유선 방송이 그리고 부산, 대구, 광구, 대전 등 4개의 대도시 지역에서는 지역민방이 본격 가동됨에 따라 1995~1996년경에는 적어도 29~34개 채널의 텔레비전방송이 실시되는 대전환기를 맞게 되었다.

이와 같은 방송환경의 변화와 관련하여 다음과 같은 의문을 제기할 수 있다. 공중파텔레비전은 채널의 희소성이라는 조건에서 표준적인 최소공배수적인(대중적) 프로그램 서비스를 다채널 상황에서 견지할 수 있을 것인가? 또한 공중파텔레비전은 프로그램의 유형을 어떻게 구성하며 결과적으로 시청자들이 선호하는 프로그램의 범위와 질을 어떻게 결정하는가?

이상과 같은 문제들은 역사적으로 지속적인 쟁점이 되어온 '多數主義'(majoritarianism)와 '多元主義'(pluralism)라는 두 입장에 따라 그것의 해법이 달라질 수 있다.

먼저 다수주의의 입장은 가능한 많은 시청자들의 욕구를 충족시키는 것이 텔레비전의 임무이기 때문에 텔레비전은 수용자들의 의사결정에 의해서 형성된 일종의 산업적 시장으로서 시민의 자발적인 투표에 의해서 결정되는 대중민주주의와 유사하다는 것이다. 따라서 채널이 증가하면서 텔레비전의 위상은 공중의 수탁자(public trustees)의 개념에서 市場의 競爭者로 변모되었으며, 따라서 공익도 공중의 이익이라는 관점에서 정의된다는 것이다.[61] 따라서 이 모델에서는 경제적 화폐로 환산할 수 없는 사회적 혹은 문화적 재화는 논의에서 제외하고 있으며, 오직 방송시장의 경제적 활동의 결과에 대해서만 평가를

---

61) Mark S. Fowler and David L. Brenner(1983), *Op Cit.* pp.207-257.

하고 있다.

반면에 다원적 모델에서는 방송커뮤니케이션의 본질을 오락적 측면뿐만 아니라 개인의 자아실현과 정보의 전달자로 인식하고 있다는 점이 앞서의 다수주의 관점과 차이를 보이고 있다. 다원적 관점은 또한 의미와 사회적 관계의 정신적 교환에 대해서도 깊은 관심을 가지고 있다. 따라서 이익과 가치관 및 정체성 등에 따라 분화되어 있는 사회의 모든 개인 및 집단들은 텔레비전프로그램을 통해서 그들의 입장을 반영할 수 있어야 한다는 것이다.

이상에서 다수주의 입장이 오늘날 방송의 시장화와 경쟁을 촉진하고 있는 미국 방송제도의 논리적 근거가 되고 있으며, 반면에 다원주의적 입장은 사회의 다양한 이익집단이 참여하여 통제, 운영하는 공영방송 제도를 통해 방송의 시장화를 견제하면서 실질적으로 프로그램의 다양성과 품격을 유지하고자 하는 유럽 방송제도 논거가 되고 있음을 알 수 있다. 그런 점에서 방송제도나 운영방식은 각국의 사회문화적 특수성에 따라 어느 정도 편차를 보이고는 있으나 대체로 위와 같은 두 가지 모형의 연속선상에 위치하고 있다고 볼 수 있다. 그러나 최근 들어 다원주의적 관점을 견지해오던 유럽국가들이 점차적으로 다수주의적(시장적) 모형으로 방송체제의 변모를 시도하고 있다는 점에서 전 세계적으로 나타나고 있는 방송의 경제적 편향을 엿볼 수 있다는 것이다. 그 구체적인 편향요인들을 살펴보면 다음과 같다.

1. 경쟁자 수의 증가

미국의 경우, 1980년대 이전까지만 하더라도 3대 네트워크가 매우 구조화되어 있고 정형화된 방식으로 상호경쟁을 하던 시대에서 이제는 CATV를 비롯한 뉴미디어들의 경쟁이 날로 증대되면서 네트워크사들은 그들이 가지고 있는 이점을 십분 활용하여 자본을 증식하고 경쟁사의 약점을 이용하여 이윤을 증대시키는 등 다매체 간의 수용자 경쟁은 그것의 가능성을 전혀 예측할 수 없을 정도로 매우 복잡하게 진행되고 있다.

먼저 공중파 네트워크텔레비전들은 과거에는 마치 과점적 산업에서 볼 수 있듯이 다른 경쟁사보다 더 많은 시청자들을 유인하여 더 많은 광고수익을 추구하는 한편, 상대적으로 안정되고 심지어는 상호의존적인 경쟁형태를 보였었다. 그러나 지금은 소수취향의 프로그램공급에 국한하지 않고 공중파텔레비전과 같이 대중취향적인 프로그램을 광역적으로 보급하려는 새로운 미디어들(CATV와 위성방송)의 도전에 직면하고 있다. 이처럼 기존의 정태적 균형을 이루었던 시장구조에 경쟁적인 신규 시장진입자들이 증대하면서 마침내 균형상태가 붕괴되고 시장의 불확실성이 한층 고조되고 있는 가운데, 기존 공중파텔레비전은 새로운 시장확보를 위해 내부적(텔레비전산업 내) 긴장관계를 초래하여 비담합적인 시장경쟁을 촉진하게 되었다.

그런 점에서 우리나라에서도 '92년 SBS의 시장진입 이후 안정된 시장구조에 변화를 야기했다고 볼 수 있으며, 특히 '95년에 케이블TV와 지역민방이 추가되어 네트워크텔레비전 중심의 시장질서에 커다란 변화를 야기할 것으로 전망된다. 그 결과 시장의 불확실성 속에서 다양한 형태의 경쟁행위들이 이루어질 것으로 예상된다.

2. 수용자의 불안정성

네트워크텔레비전사들은 외부의 경쟁자들과 치열한 경쟁을 하고 있을 뿐만 아니라 수용자들과의 관계에서도 다음의 세 가지 측면에서 중요한 변화를 겪고 있다. 첫째, 프로그램에 대한 수용자들의 반응을 예측할 수 없다는 점이다. 이와 관련하여 한 방송제작자의 다음과 같은 주장은 시사하는 바가 크다.

> 우리가 확보했다고 생각하고, 지난 10년 동안 관계를 맺어오고 있다고 여겼던 시청자들이 지난 5~6년 동안 다른 곳을 배회하고 있을지도 모른다. 따라서 우리는 시청자들이 어디로 갔으며, 남아 있는 시청자들은 누구인지를 정확히 알 수가 없기 때문에 우리는 도대체 누구와 이야기를 하고 있는지 알 수가 없다.[62]

이처럼 수용자들을 효과적으로 통제할 수 없다는 점은 프로그램을 제작하기에 앞서 표집수용자들(*sample audience*)에 대한 예비조사와 과거에 성공했던 프로그램 포맷에 의존하게 만든다.

둘째, 시청자 경쟁은 시청자들의 비탄력적인 시청시간 때문에 더욱 치열한 양상을 띨 수밖에 없다는 것이다. 예를 들면, 미국의 경우, 미국 가정의 불과 21%만이 15개 이상의 채널을 수용하고 있던 1982년에 일간 평균 매체 이용시간이 6시간 48분이었으나, 전체 가구 중 64%가 15개 이상의 채널을 수용하였던 1988년에는 이들의 매체이용시간이 1982년에 비해 불과 7분이 증가한 6시간 55분이었다는 것이다.[63] 따라서 이처럼 시청자의 크기는 더 이상 증대되지 않기 때문에

---

62) Robert Krulwich(1990), "The television environment in the 1990s'" in Keynote Address to conference on *Exploring Primetime. Public Broadcasting Service and Corporation for Public Broadcasting*, Washington, DC., p.7.

63) Jay G. Blumler(1991), "The new television marketplace: Imperatives, implications, issues", in James Curran and Michael Gurevitch(eds.), *Mass*

방송사들은 다른 경쟁사가 확보하고 있는 시청자들을 유인하지 않을 수 없게 되어, 결국은 零合的 게임($zero-sum\ game$)을 벌일 수밖에 없는 상황에 이르게 된 것이다.[64] 따라서 방송사들은 창의적인 프로그램을 개발하는 위험을 무릅쓰기보다는 가능한 한 대중적인 오락프로그램들을 선호하게 된다.

셋째, 리모콘을 이용하여 수많은 채널을 수시로 옮겨 다니는 '변덕스런' 시청자들이 다채널시대의 새로운 모습으로 정형화되어 감에 따라 이들 시청자들을 붙잡기 위한 전략으로 방송사들은 15초 광고를 선호하며, 각 프로그램 장르를 빠른 속도로 전환시키는 전략을 구사하고 있다.[65]

이와 같은 시청자의 광고기피 현상은 리모컨의 보급과 함께 일반화되고 있어 프로그램의 시청률이 광고노출과 반드시 일치하지 않다고 할 수 있다. 한 예로서, 지난 91년도 『한국갤럽조사연구소』가 오후 9

Media and Society, (N. Y.: Edward Arnold), pp.196-197.

64) 우리나라의 경우 과거 공영독점 체제에서는 KBS-TV의 시청률 감소는 곧 MBC-TV의 시청률 증대로 이어지기 때문에 텔레비전시장 내에서 시청자의 이동만이 있었다. 그러나 SBS의 등장, 그리고 앞으로 CATV가 본격화되면 상황은 달라질 것이다. 즉 KBS-TV의 시청률 감소가 다른 방송사의 시청률 증대로 전이되는 것이 아니라, 텔레비전시장 밖(CATV)으로 시청자가 유실되기 때문에 텔레비전시장 내의 시청자 크기는 상대적으로 줄어들게 되어 한정된 시청자를 놓고 방송사 간의 경쟁이 더욱 치열할 수밖에 없을 것이다.

65) MBC-TV 주철환 PD가 그의 방송체험담에서 '30초 안에 터뜨리지 않으면 시청자는 외면한다'라고 말했는데, 이는 바로 시청자의 불안정성을 잘 표현해주고 있다.
이와 관련하여 李珍暎은 그의 석사논문에서 시청률이 높은 프로그램은 시청자의 안정도도 높다는 점을 밝히고 있다. 〈李珍暎(1992), 『韓國 방송채널증가 이후 視聽行爲 변화과정에 관한 硏究: 서울방송국 개국 이후 시청정보조사자료를 중심으로』, 고려대학교 대학원 석사학위논문〉

시 전후의 KBS와 MBC 시청률을 조사한 결과, 광고가 나가는 시간에는 시청자들의 채널이동이 심해 광고의 시청률은 본 프로그램에 크게 미치지 못하는 것으로 나타났다. 이 조사에서 9시 뉴스 이전 프로그램이 방송 중인 8시 45분에서 8시 49분까지의 시청률은 KBS-1 TV가 24.1%에서 26.3%, MBC-TV는 19.6%에서 19.1%로 비교적 고르게 나타났다. 그러나 MBC에서 광고방송을 시청하던 사람이 같은 시간대에 광고를 하지 않는 KBS-1 TV로 채널을 옮기기 시작, 8시 53분에는 10.8%로 떨어졌으며, 8시 56분에는 9.8%로까지 낮아졌다. 반면에 이 시간에 일일연속극을 방송하는 KBS-1 TV의 시청률은 8시 53분에는 34%, 8시 56분에는 34.9%로 높아졌다.

3. 시청자 경쟁의 증대

채널 수가 증가하고 시청자들은 기존의 시청습관 대신에 자신의 관심이나 선호하는 프로그램을 적극적으로 시청하려는 시청패턴의 변화 등으로 프로그램공급자들은 시청자들의 관심을 유도하기 위해 독특한 특성을 개발해야 하는 어려움을 겪고 있다. 사실 그동안 텔레비전제작자들은 '模倣(imitative)과 '創意'(innovative)라는 양면적인 속성을 지니고 있는데, 즉 다른 경쟁사의 인기 있는 프로그램 포맷을 모방함과 동시에 적절한 시기에 획기적인 포맷을 구성하여 다른 프로그램과의 차별성을 추구하는 방식을 말한다.[66] 그러나 기존의 네트워크텔레비전이 시장을 독점하고 있을 당시에는 프로그램들은 별로 실험적이거나 혁신적인 소재를 개발하지 않았다. 그러나 오늘날 다채널시대에는

---

66) Jay G. Blumler(1986), *The Role of Public Policy in the New Television Marketplace*, (Washington, DC: Benton Foundation), p.95.

시청자들이 동일한 유형의 프로그램을 계속해서 시청할 가능성은 극히 적기 때문에 다른 프로그램과의 차별성을 꾀할 수 있는 소재와 포맷을 개발하지 않으면 안 된다. 그렇다고 그 차별성이라는 것이 급진적이지 않고 매우 주변적인(*marginal*) 수준에 머물러 있는데, 그 이유는 이미 시청자들이 선호하는 프로그램 유형으로부터 멀리 벗어날 경우에는 시청자들의 관심을 유도하는 데 실패하기 때문이다. 따라서 방송사들은 최적의 방송편성과 시청자들에 대한 소구점을 알아내기 위해 흥행자문 회사들에 대한 의존이 높아지게 된다. 특히 방송사들은 홍보전략의 하나로 주요 스포츠게임의 중계권에 대한 독점권을 구매함으로써 다른 채널과의 차별성을 통해 시청자들과 친숙해지는 전략을 구사하기도 한다.[67]

다음은 미국 방송산업의 치열한 시청자경쟁 양상을 적절히 묘사해 주고 있다.

> 80년대부터 시작된 케이블TV의 도전과 방송사끼리의 치열한 경쟁 등으로 미국의 네트워크TV는 지난 10여 년 동안 심한 몸살을 앓아왔다. 방송사들은 경쟁의 우위에 서기 위해 인기 있는 프로경기나 올림픽 경기 등의 독점방영을 위해 엄청난 돈을 쏟아 부었으며, 초일류 배우와 감독이 만드는 자체영화 제작을 위해 호주머니 사정은 고려하지도 않은 채 마구 돈을 써댔다.[68]

이러한 사정은 우리 방송환경에서도 예외가 아닌 것은 지난 SBS출현 이후 지상파방송산업의 경쟁이 날로 치열해지고 있는 가운데 KBS는 경영합리화와 생산의 효율성을 증대하기 위한 일환으로 KBS의 조

---

67) *New York Times*, Oct. 1, 1990, p.D10., *Ibid*, 재인용.
68) 『한겨레신문』, 1994년 11월 9일자(水), 16면.

직구조에서 3개 본부장직제를 없애고 부사장을 제외한 모든 본부장을 젊은 층으로 교체하는 등 조직개편을 단행하는 한편, 프로그램 부문에 대해서도 "방송공사가 새 시대에 맞게끔 크게 변화해야 하고 개혁해야 되겠다. 방송공사는 모든 방송이 독특한 영역을 확보해 특화시키면서 최고의 생산품을 만들어야 한다"[69]며 프로그램의 경쟁력을 강조하였다. 특히 당시 홍두표 KBS사장은 KBS본부장 회의에서 "프로그램의 경쟁력 평가는 시청률을 잣대로 삼겠다"라고 밝힘으로써 같은 시기에 오인환 공보처장관이 청와대 주요업무 보고에서 "공영방송으로서 방송공사의 위상을 강화하여 시청률에 구애받지 않는 국민방송으로 품격을 향상시키겠다"라는 주장을 무색하게 하였다.[70] 이러한 방송경영진의 시청률 경쟁의식은 방송제작자들에게 민감한 반응을 불러일으키기에 충분하다. '92년 당시 MBC의 '일요일 일요일밤에'를 제작하는 주철환 PD는 한 신문과의 인터뷰에서 다음과 같이 털어놓음으로써 방송사들이 시청률에 얼마나 민감하게 반응하고 있는지를 짐작케 한다.

"SBS개국 이후 제작자들은 시청률의 노예가 되다시피 한 것이 사실입니다. 좀더 자극적인 재미를 찾아 채널을 돌리는 시청자들을 붙들어 두기 위해서는 다른 채널의 다른 프로그램들도 비슷한 포맷으로 맞대응하는 수밖에 없는 현실입니다.…… TV의 오락프로그램 제작자들 사이에는 시청자들의 수준을 10대에 고정시킬 것이란 것이 불문률로 정해져 있습니다. 분명 10대 위주의 방송제작 풍토는 대중문화의 발전을 저해하는 요소이기도 하죠. 그러나 10대들이 실질적인 채널선택권을 가지고 있는데다 이들이 주로 투고하는 스포츠신문 등의 인기프로그램 순위가 제작자들의 덜미를 잡고 있는 형편이기 때문에 10대들을 전혀 무시할 수 없습니다"[71]

---

69) 『KBS저널』, 1993년 4월 호.
70) 『한겨레신문』, 1993년 5월 19일자, 12면.

4. 프로그램 제작비용의 증대

1980년대 동안 미국의 네트워크사들은 시청자 1천가구당 광고비를 증액함으로써 시청자의 하락에 따른 수입의 감소를 저지하였다. 그러나 방송시장의 경쟁환경이 더욱 가속화되어 감에 따라 텔레비전방송사들은 경쟁이 가장 첨예하게 벌어지고 있는 프로그램의 제작부문에 대한 투자를 증대시키고 있다. 따라서 프로그램 제작의 생산요소라 할 수 있는 작가와 탤런트 등에 대한 비용이 증대되었다. 예를 들면, 미국의 경우 텔레비전용 영화 1편당 비용이 1980년의 67만 달러에서 1987년에는 무려 두 배 가까이 증가한 136만 달러에 이르고 있다.[72]

우리나라의 경우에도 기구축소 등 경영합리화를 통해 감량경영을 지속적으로 벌이고 있는 방송3사는 자기개혁적인 노력에도 불구하고 상승하는 제작비를 감당하기가 점차 어려운 형편이다. 특히 KBS조차도 주수입원이 광고인 점을 고려할 때 법적으로 주어진 광고시간은 한정되어 있어 광고수입의 한계가 있는 반면에 출연료 인상 등에 따른 제작비 상승은 매년 광고비 인상률을 앞서고 있다는 점이 방송사의 경제적인 압박으로 작용하고 있다. 따라서 1993년에 프로그램제작과 판매에서 8억 9천만 원의 적자를 기록한 MBC가 방송위원회에 『94업무보고』를 하면서 광고시간을 10/100까지 늘려줄 것과 종일방송 여부를 타진한 이후 방송위원회가 법정 광고시간을 10/100으로 상향조정키로 한 것은 방송사의 경영난을 반영하고 있다고 할 수 있다. 지금까지는 생산요소에 대한 독점적 관리(전속제 등)를 통해서 제작비용을 통제할

---

71) 『서울신문』, 1992년 12월 19일자, 11면.

72) D. Waterman(1987), "Electronic media and the economics of the First Sale Doctrine", in R. Thorne and J. D. Viera(eds.), *Entertainment, Publishing, and the Arts Handbook*, (NY: Clark Boardman), p.127.

수 있었으나 SBS의 출현 이후에 생산요소에 대한 수요가 증가하면서 이들에 대한 통제메커니즘이 와해되어 결과적으로 제작비용의 상승을 유발하고 있는 것으로 나타났다. 따라서 인기연예인의 출연료가 인플레 현상을 빚고 있는 가운데 각 방송사는 프로그램 제작비용을 절감하고 프로그램의 신선도를 유도하기 위한 일환으로 신인탤런트를 파격적으로 기용하는 한편 시청자들이 직접 참여하는 프로그램을 제작하려는 움직임을 보이고 있다.73) 특히 각 방송사는 전체 제작비를 인상하지 않고 한정시키고 있기 때문에 인기탤런트에 대한 높은 출연료 지급은 곧바로 다른 생산요소인 엑스트라들을 감축하고 야외촬영 횟수를 줄이게 되어 결과적으로 작품성을 기대할 수 없게 된다.

따라서 제작비용의 상승에 따른 비용부담을 안고 있는 방송사들은 광고시간의 확대를 통한 수입의 증대와 함께 야외녹화나 막대한 출연료가 필요치 않아 몇백만 원의 제작비만으로도 가능한 토크쇼나 퀴즈 프로그램에 대한 편성비율을 높임으로써 비용절감의 효과를 추구하고 있다.

이처럼 새로운 경쟁채널의 시장진입에 대한 대응으로서 기존 방송사들이 프로그램 생산비용을 어떻게 할당하는지를 분석한 결과는 다음의 〈표 -7〉과 〈그림 -5〉와 같다. 1990년 이후 KBS와 MBC는 대체로 총 매출액 중 60% 내외의 범위에서 방송제작비를 할당하고 있으

---

73) 드라마의 경우 한 편 제작비 가운데 출연료와 작가고료가 80% 이상을 차지하고 있는 현실(예를 들어, MBC의 '한명회' 드라마에 출연하고 있는 이덕화는 한 회당 2백만 원, 1백회 계약이라는 높은 출연료를 받고 있다.) 속에서 더 이상 생산요소(인기탤런트) 비용의 폭등을 방관할 수 없는 상황에 이른 것으로 생각된다. 한편 기획 · 특집드라마 1회분을 만드는 데 드는 직접제작비용(출연료, 의상, 소품, 극본료, 진행비 등)은 약 4,000~5,000만 원 정도를 차지하며, 나머지는 야외촬영비, 음악료, 동시녹음료 등에 비용이 든다.〈한국일보, 1994년 3월 8일자, 19면 참조〉

며, 신규사업자인 SBS도 마찬가지로 전체 매출액 가운데 60% 이상을 방송제작 부문에 투입하고 있는 것으로 나타났다. 이는 곧 방송산업의 특성상 단위당 생산비용에 큰 차이가 없음을 짐작케 한다. 그러나 KBS의 경우 SBS가 출현한 시점인 1992년에 방송제작비용이 전체 매출액 중 67.9%를 차지하여 전년대비 16.1%의 신장세를 보였으며, MBC도 1993년 들어 매출액 증가율의 거의 3배가 되는 예산을 방송제작비용으로 투입한 것으로 나타났다. 그러나 SBS의 경우에는 급격한 비용 확대를 보이지 않고 있다. 특히 SBS는 경직성 비용이라 할 수 있는 일반경비를 전체 매출액 중 약 24.9%만을 할당함으로써 이 부문에 30% 이상의 비용을 할당하고 있는 다른 방송사보다 비용효율성을 높이고 있다고 할 수 있다. 즉 SBS는 종업원 1인당 부가가치율이 상대적으로 높다고 할 수 있다. 반면에 MBC의 경우에는 1991년 들어 일반관리비에 대한 비용이 전년대비 94.9%의 증가율을 나타냈으나, 그 이후 비용효율성을 감안하여 이 부문에 대한 증가를 억제하고 있는 것으로 나타났다.

이러한 결과는 현 방송조직의 인력구조에서도 입증할 수 있는데, 다음의 〈표-8〉에서 보는 것처럼 프로그램제작에 직접 참여하는 창의적 집단의 비율이 KBS 42.4%, MBC 50.0%, SBS 61.8%로 신설 SBS를 제외하면 모두 경직성 비용요인을 안고 있는 실정이다. 특히 KBS와 MBC는 행정업무에 종사는 지원집단이 각각 32.8%, 33.3%에 달해 조직 전체에서 제작인력의 비중이 크게 약해져 있다. 그 결과로 조직이 비대화, 경직화되어 고비용 저효율의 구조적인 이윤체감 요인을 안고 있다.

〈표-7〉 프로그램 생산비용의 할당추이

(단위: 백만 원)

연 도	항 목	KBS	증가율[2]	MBC	증가율	SBS	증가율
1990년	매출액	432,949		203,761			
	−방송사업비[1]	280,734(64.8%)		118,129(60.0%)		−	
	−일반관리비/판매비	131,488(30.4%)		40,576(19.9%)			
1991년	매출액	488,204	12.8	243,569	19.5		
	−방송사업비	312,348(64.0%)	11.3	145,352(59.7%)	23.0		
	−일반관리비/판매비	143,735(29.4%)	9.3	79,097(32.5%)	94.9		
1992년	매출액	533,926	9.4	260,494	6.9	177,732	
	−방송사업비	362,563(67.9%)	16.1	161,937(62.2%)	11.4	112,647(63.4%)	
	−일반관리비/판매비	162,077(30.4%)	12.8	80,230(30.8%)	1.4	48,963(27.5%)	
1993년	매출액	580,203	8.7	277,940	6.7	200,788	13.0
	−방송사업비	387,443(66.8%)	6.9	192,036(69.1%)	18.6	125,527(62.5%)	11.4
	−일반관리비/판매비	181,475(31.3%)	12.0	86,796(31.2%)	8.2	49,932(24.9%)	2.0

자료: 한국방송공사의 『KBS年誌』와 매일경제신문사의 『會社年鑑』에 수록되어 있는 결산자료 중 '損益計算書'의 자료들을 재구성하였음.

1) 방송사업비: 방송프로그램 제작비＋방송시설 운영비.

2) 증가율은 전년대비 항목별 증가율을 백분율로 나타냄.

〈표-8〉 텔레비전 방송사의 인력구조

(단위: %)

방송사	창의적 집단[1]	기술적 집단[2]	지원집단[3]	총 계
KBS	42.4	24.8	32.8	100
MBC	50.0	16.7	33.3	100
SBS	61.8	19.8	18.4	100

1) 창의적 집단: 편성, 제작, 보도관련 인원을 의미.
2) 기술적 집단: 송중계를 포함한 방송기술 인력.
3) 지원집단: 관리, 행정, 심의, 기획, 기타 사무직 인력.
자료: 박홍수 外(1994), 『UR 이후 개방화 대비 한국언론의 경쟁력 강화방안』, (한국언론연구원/한국방송개발원), p.326의 〈표 4-8〉을 재인용.

〈그림-5〉 연도별 방송제작비의 증가율

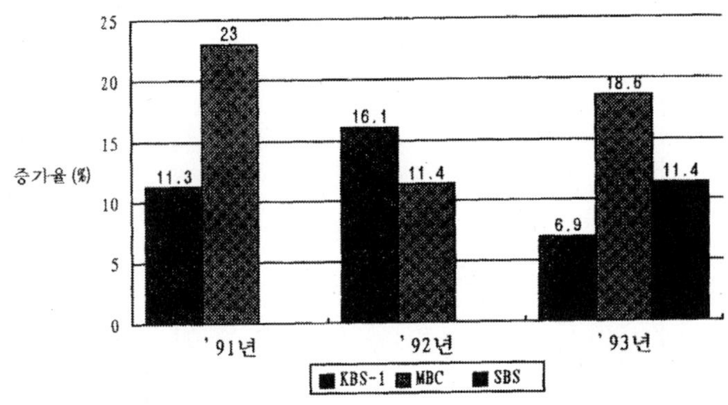

한편 프로그램 제작비용 중에서 각 프로그램 장르에 어떤 비율로 재할당되는지를 알아봄으로써 경쟁시장에서 방송사의 구체적인 상품전략을 파악할 수 있을 것이다. 그런 점에서 KBS의 경우를 사례로 장르별 제작비의 할당내역을 분석하였다.[74] 〈그림-6〉과 〈표-9〉에서 보는 바

---

74) 그러나 표준제작비는 특정장르나 프로그램에 대한 제작비가 아니라 해당 장르의 제작부서에 대한 제작비규모의 배분을 의미하는 것이기 때문에 프로그램장르와 제작비의 관계를 직접적으로 설명할 수는 없다.

와 같이, KBS는 전체 표준제작비 중에서 대부분을 오락부문의 프로그램을 제작하는 데 투여하고 있음을 알 수 있다. 1991년에는 오락부문의 제작비용이 전체 표준제작비용 중 무려 83.9%를 차지하였으며, 그 이듬해인 1992년에는 61.5%로 급격히 감소하였으나 다시 1993년 들어 증가를 보이고 있는 것으로 나타났다. 이처럼 오락 장르에 대한 제작비용의 편중은 다른 장르의 프로그램과는 달리 단위시간당 제작비용이 많이 소요되기도 하지만, 아울러 공영방송인 KBS가 새로운 경쟁시장에 대응하기 위한 시장전략의 일환으로 이해할 수도 있다.

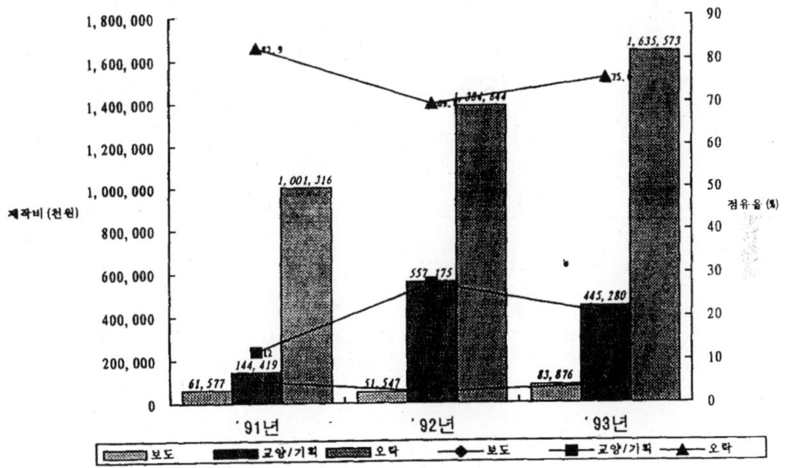

〈그림-6〉 KBS의 표준제작비 중 각 장르의 점유비율

<표-9> KBS의 표준제작비 책정내역

(단위: 천 원)

연도	춘/추계	편성제작	보도국	보도제작국	교 양	기 획	스포츠	영 화	드라마	예 능
'91년	춘 계	411	14,106	14,769	12,743	45,367	14,362	71,110	277,740	103,620
	추 계	388	12,862	19,840	14,544	57,221	11,139	80,160	305,888	137,297
	증감(%)	-5.6	-7.7	34.3			-22.4	12.7	10.1	32.5
	총 계	62,376 (5.2%)			129,875 (10.9%)		1,001,316 (83.9%)			
'92년	춘 계	388	14,515	7,236	190,294	76,422	10,851	125,959	359,726	156,452
	추 계	421	22,043	7,753	218,750	71,709	10,321	151,675	414,404	155,456
	증감(%)	8.5	46.4	7.1	15.0	-6.2	-4.9	20.4	15.2	-0.6
	총 계	52,744 (10.6%)			557,175 (27.9%)		1,384,844 (61.5%)			
'93년	춘 계	203	28,923	12,901	221,429*		10,318	202,506	326,883	241,650
	추 계	5,495	31,399	10,653	223,851		1,853	208,107	386,316	257,940
	증감(%)	2,606.9	8.6	-17.4	1.1		-82.0	2.8	18.2	6.7
	총 계	89,573 (4.1%)			445,280 (20.5%)		1,635,573 (75.4%)			

자료: 『'92, '93, '94 KBS年誌』에 수록된 '정규프로그램 표준제작비 내역' 자료를 재정리한 것임.

* '93년에 KBS의 조직구조가 개편되어 TV1국이 교양과 기획을 담당하고, TV2국이 예능을 담당하게 되어 年誌에 TV1, 2국의 제작비 자료만을 제시하고 있어 이 자료를 적용한 것임.

한편 방송제작비용 중에서 구체적으로 어떤 항목에 대한 비중이 가장 큰 비용요인으로 작용하는지를 살펴봄으로써 방송사의 초과이윤이 다시 어떻게 재분배되는지를 간접적으로 파악할 수 있을 것이다. 그런 점에서 KBS를 사례로 구체적인 제작비용 항목의 점유비율 추이를 분석하였다. <그림-7>에서 보는 바와 같이, 방송제작비용의 30% 이상이 일부 출연자와 작가들에 대한 원고료로 할당되고 있으며, 또한 방송제작의 간접적인 지원비용이 매년 꾸준히 증가하여 20~30%를 점유하고 있으며, 방송제작과 직접적인 관련이 없는 복리후생비도 10% 이상을 차지하고 있는 것으로 나타났다. 반면에 방송제작에 있어서 창의적 비용은 매년 감소하여 1992년 현재 전체 제작비용 중 4.1%에 불과한 것으로 나타났다. 따라서 프로그램 생산비용의 상당부분이 방송프로그램의 질을 높이는 데 직접적인 관계가 없는 부분에 할당됨으로써 제작비용과 프로그램의 질과는 직접적인 상관관계가 없음을 판단할 수 있을 뿐만 아니라, 방송사의 초과이윤 부분이 일부 프로그램 생산요소(탤런트, 작가 등)에 의해 손실되고 있음을 알 수 있다.

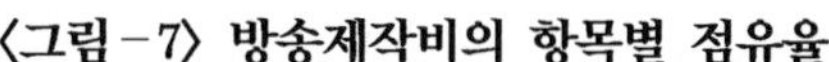

〈그림-7〉 방송제작비의 항목별 점유율

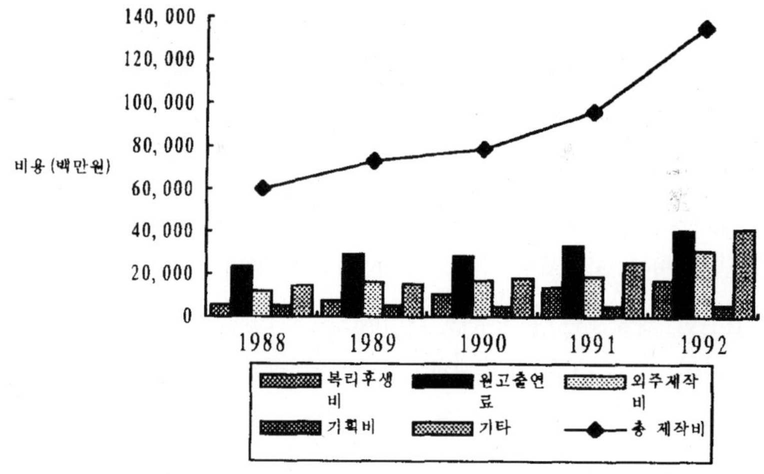

*KBS의 『KBS통계편람』에 수록된 통계자료를 재분석하였음.

이러한 경제적 영향은 텔레비전산업에 다음의 두 가지 특징을 나타내주고 있다.

첫째, 수용자의 수를 극대화하기 위한 전략으로서 특정 유형의 시청자들이나 취향에 소구할 수 있는 프로그램들을 중점적으로 공급하고 있는 점이다. 이러한 현상은 시청률이 곧 수익을 보장해주기도 하지만 그러한 프로그램을 통해서 방송사가 다른 프로그램을 모험적으로 제작할 수 있는 비용의 창구역할을 해주기 때문에 일차적으로 시청률을 극대화할 수 있는 프로그램을 제작하려는 데서 그 원인을 찾을 수 있다. 그 결과 프로그램 생산요소인 탤런트와 작가에 대한 비용이 상승함으로써 채널 희소성과 정부의 시장진입 규제 등으로 텔레비전방송사가 덤으로 누리던 경제지대의 상당부분이 이들 생산요소에 전이되어 방송사의 이윤이 감소되는 결과를 초래하고 있다.[75] 또한 인기프로그램의 제작사에게 돌아가는 영향력의 증대도 시청률 경쟁을 촉진하는 요인이 되고 있다. 즉, 인기프로그램 제작사는 다른 프로그램들을 텔레비전사에 끼워 팔거나 황금시간대에 자사 프로그램을 편성하도록 영향력을 행사할 수 있다.

둘째, 프로그램 제작자들과 배급사들은 다매체 시장에서 수용성이 높은 프로그램을 제작하려는 경향이 있다. 그 이유는 순전히 경제적인 것으로서 평균 시청자와 수입수준이 갈수록 하락하고 있는 상황에서는 단일한 창구로는 수익성을 안정적으로 보장할 수 없기 때문이다. 따라서 이러한 조건하에서 제작되는 프로그램들은 아무래도 시장성을 제약하는 프로그램 유형이나 주제를 회피하게 된다.

이상과 같은 방송산업의 경제적 편향요인들 간의 상호작용이 공중파 네트워크텔레비전의 私事化(privatization)를 더욱 촉진하게 될 것

---

75) Crandall의 연구에 따르면, 미국 네트워크TV가 제공하는 오락프로그램 제작비용의 2/3가 유명 탤런트들에 지불되는 출연료라는 것이다. Robert W. Crandall(1972), "FCC regulation, monopsony, and network television program costs", *The Bell Journal of Economics*, pp.483−508.

으로 전망되고 있는 가운데, 우리의 방송산업도 이러한 변화에서 예외가 아니다. 특히 현재 공민영의 혼합적 방송체제를 골격으로 하고 있는 우리의 방송시장 구조하에서는 그러한 변화의 직접적인 영향으로 상업방송이 공영방송의 보완적 기능을 수행하도록 하는 커뮤니케이션 구조 자체에 변화를 야기할 수밖에 없을 것으로 예상된다. 방송의 국제화시대에 있어서 공영방송의 주수입원인 수신료는 국내용 방송재원인 반면에, 광고는 다국적인 국제적 재원이라 할 때[76] 재원조달 측면에서 공영방송은 위기에 봉착하게 된다고 할 수 있다. 더욱이 뉴미디어의 도입을 앞두고 있는 시점에서 항상 유권자들의 저항에 민감하게 반응할 수밖에 없는 정치인들이 방송프로그램의 풍부성을 이룩하는 데 더 많은 재원이 소요될 경우 국민의 조세부담을 고려하여 광고에 대한 의존도를 높일 가능성이 높기 때문에 시청료의 정치적 탄력성에도 일정한 한계를 가져올 것으로 전망된다. 이렇게 될 경우 오히려 공영방송의 생존은 상업방송의 이익에 의존하는 상황이 초래될지도 모른다. 그 이유는 공영방송이 기본공급의 의무조항이 규정하고 있는 다양한 프로그램들을 더 이상 제공할 수 없을 때 공영방송의 보완적 기능을 담당하도록 되어 있는 상업방송이 그 갭을 메워야 하기 때문이다. 따라서 이러한 변화요인에 직면하고 있는 공중파방송은 기본적인 생존의 문제에 영향을 받게 되기 때문에 공영과 민영에 관계없이 방송시장에서 민감한 반응을 보이지 않을 수 없을 것으로 판단된다.

---

76) Christian Holtz-Bacha(1991), "From public monopoly to a dual broadcasting system in Germany", *European Journal of Communication*, vol.6, p.223.

제5절 小結論

　이상에서 오늘날 텔레비전산업이 시장으로 더욱 편입될 수밖에 없는 경제적 요인들을 고찰하였다. 이상 살펴본 논의들을 정리하면 다음과 같은 결론을 도출할 수가 있다.

　첫째, 전파가 한정된 경제재라는 측면과 아울러 그것의 기술적 속성상 외부성을 야기한다는 점에서 그동안 정부에 의한 배타적 사업자 선정을 당연한 것으로 여겼다. 그것은 한정된 자원에 대한 최적의 분배를 통해 자원을 효율적으로 활용한다는 측면에서 그 역할은 정부가 맡아야 된다는 논리였다. 즉, 한정된 자원의 이용에 대한 수요자들 간의 거래비용을 절약해주고, 전파의 부정적 외부성을 최소화하고, 피면허자가 재산권을 확실하게 통제할 수 있도록 하여 전파자원 활용의 안정성을 보장하자는 것이 정부규제의 법리적 타당성(*jurisdiction*)이다.

　그러나 오늘날 전파수요가 급증하고 전파압축 기술이 발달하고 있는 상황에서도 그처럼 전파에 대한 공개념적 재산권이 유효한가라는 의문을 제기할 수 있다. 왜냐하면 다채널, 다미디어 상황에서 전파사용에 대한 독점적 지위는 시장활동을 왜곡시킬 수가 있기 때문이다. 즉, 이제는 미디어 내 경쟁이 아니라 미디어 간 복합경쟁 시대이기 때문에 어느 한 미디어는 독점적 지위에 의한 경제지대 효과로 시장진입 자체가 이미 초과이윤을 담보해준다면, 그렇지 않은 다른 미디어 입장에서는 불공정한 게임이 되기 때문이며, 그 결과는 일반 수용자의 후생손실을 가져와 사회적 비용을 야기하게 된다. 따라서 정부주도에 의한 배분보다는 전파를 당사자 합의에 의해 재산권으로 획득할 수 있도록 하는 경쟁입찰과 같은 방안을 통해서 독점을 초과이익 부분을 사회적 비용에 충당할 수 있는 방안이 자원활용과 배분적 정의에 더 근접하는 것으로 생각된다.

둘째, 전파자원의 한정성이라는 점과 함께 방송상품의 공공재적 속성도 방송의 완전한 시장편입을 저지하고 있는 중요한 요인으로 작용해왔다. 방송의 비배제성과 비경합성이라는 공공재적 속성은 가격이라는 시장신호를 통해 소비자의 선호도를 顯示할 수 없기 때문에 누군가가 방송상품에 공익적 기준을 부과하여 자원의 배분을 강제하게 되었다. 이것은 역설적으로 시청가격이 무료이기 때문에 시장활동에서 시청자의 이니셔티브는 구조적으로 배제됨을 의미하기도 한다. 왜냐하면 방송사의 선택에 의해서건 아니면 공적 규제기관의 요구에 의해서건 프로그램의 질과 양에 대한 엄격한 기준 없이 무료로 제공된다는 점에서 시청자에게 최적의 조건으로 인식된다는 것이다. 바로 이러한 최적성 원리는 앞서 살핀 전파자원의 희소성과 맞물려 시청자가 선택할 수 있는 대안가능성을 축소시킴으로써 더욱 위력을 발휘하게 된다.

그러나 오늘날 CATV, VCR, 위성방송 등 다양한 뉴미디어들이 텔레비전의 기능대안적인 미디어로 부각되면서 방송의 최적성 원리가 약화되고, 상품경쟁시장의 최적성 원리로 대체되어 가고 있다고 볼 수 있다. 따라서 방송의 공공재적 속성은 오히려 시장경쟁에서 방송산업이 활용할 수 있는 상품의 차별성을 주게 될 것이다.

셋째, 위의 두 가지 방송규제의 특징은 결과적으로 방송사업자로 하여금 초과이윤을 발생케 하여 공정한 시장경쟁을 저해하고 안정적인 시장독점력을 향유할 수 있도록 해준다. 공익적 규제라는 것이 그것의 본래의 의도와는 달리 규모의 경제를 발생시켜 시장 내에 진입장벽을 구축하여 이윤의 효율적인 배분을 저해할 뿐만 아니라 최적의 프로그램을 선택할 수 있는 수용자의 선택기회 자체도 박탈하는 결과를 초래하고 있다고 할 수 있다. 따라서 미국의 경우 그동안 Carroll원칙에 의해 기존 사업자의 독점력을 보호해주었으나 그 결과로 공중파방송 사업자의 시장지배력이 강대해지고 상대적으로 케이블산업의 위축을 가져오게 되자 그것의 완화를 통한 산업 간 시장균형을 꾀하고 있음을 살펴보았다. 그런 점에서 우리나라 방송산업에 대한 공익적 규제도 기존 네트워크사의 시장독점력을 더욱 강화하는 효과를 제공하게 되어 결과적으로 다른 연관조직들(지방방송, 독립제작사 등)을 네트워크의 부수시장으로 전락케 하여, 케이블을 비롯한 다채널시대의 소프트웨어 수요를 충당할 수 없을 정도로 전체 영상산업이 영세성에 허덕이고 있으며 이러한 문제는 영상산업의 본격적인 시장개방을 앞두고 더욱 악화될 것으로 예상된다. 또한 방송광고에 대한 시장규제도 본래의 의도와는 달리 오히려 방송광고에 대한 초과수요를 촉발시켜 방송사에 대한 광고주의 의존도를 심화시켰고, 협찬광고와 같은 음성적인 광고거래가 이루어지는 폐단을 빚기도 한다.

넷째, 위의 두 가지 점에서 텔레비전에 대한 공적규제가 약화되고, 텔레비전의 산업화가 가속화된다고 한다면, 경쟁미디어의 증가, 수용자 불안정성, 프로그램 제작비용의 증가 등은 시장경쟁 행위과정에서 직면하게 되는 직접적인 경제적 요인이라 할 수 있다. 특히 국내 방송사의 프로그램 제작비용에 대한 분석결과에서 알 수 있는 점은 SBS의 출현 이후 점차적으로 오락 장르에 대한 비용증대를 꾀하고 있으며, 또한 그중에서도 기획이나 소품구입 등과 같은 프로그램의 창의성과 새로움을 창출하는 비용보다는 탤런트와 작가 등에 드는 비용이 대부분을 차지하고 있어 제작비용의 증대가 프로그램의 질적 향상에는 큰 기여를 하고 있지 못함을 알 수 있다.

이상의 논거는 이 연구가 텔레비전산업의 경제적 행위를 분석하는 데 있어서 텔레비전산업의 생득적인 특성을 살피는 데 중요한 출발점을 제공해준다고 생각된다. 즉 텔레비전이 전파라는 경제재를 어떤 기준에 의해 사적 재산권으로 획득하여, 프로그램이라는 공공재를 어떤 방식으로 생산하여, 시장환경의 변화에 어떻게 활용하는지를 이해하는 데 단초를 제공해준다고 할 수 있다.

제3장 텔레비전산업의 자원의존과 시장전략

124

〈연구문제-2〉에서는 텔레비전산업은 제도화된 사회조직으로서 기본적으로 한정된 자원의 안정적인 확보와 그것의 보전을 통해 시장력을 행사하기 위한 경쟁이라는 점에 주목하고, 이와 관련하여 자원의존론적 관점을 토대로 이론적 논의와 분석을 진행하였다.

사회의 모든 조직이 끊임없는 사회환경의 변화에 효율적으로 대응하고 통제하는 데는 의존자원에 대한 통제력의 정도에 달려 있다고 할 수 있다. 이때 사회의 각 조직은 그것의 목표와 생산방식 등에 따라 결정되는 특정의 자원에 대해 다른 조직과 공통으로 의존하게 된다. 따라서 어떤 조직에 있어서 사회환경의 변화라는 것은 곧 의존하고 있는 자원획득의 방법에 대한 영향을 의미하는 것으로서 조직의 생존과 밀접한 관련을 맺게 되는 것이다. 특히 사회의 모든 자원은 유한하다고 할 때 특정 자원을 둘러싼 조직 간의 교환관계는 필연적으로 경쟁과 협조를 수반하는 장으로서 市場을 형성하게 마련이다. 따라서 시장의 변동은 곧 자원에 대한 조직 간의 의존관계의 변화를 의미하게 되어 각 조직은 이에 대한 대응방식을 재구성하게 된다.

이상의 자원의존적 관점에서 볼 때, 텔레비전산업이 경쟁적으로 의존하고 있는 한정된 자원은 무엇이며, 그러한 자원을 둘러싼 방송사들 간의 관계를 어떻게 설명할 수 있는가 하는 점을 제기할 수 있다. 텔레비전산업의 의존자원을 논할 때 고려해야 될 두 가지 기준은 동일산업 내의 관점과 이종산업 간의 관점을 구분해야 된다는 것이다. 먼저 산업 내의 관점에서 의존자원은 '한정된 방송시간', '한정된 시청시간과 시청자의 수', 그리고 '제한된 광고수입'이라고 할 수 있다. 즉 이러한 세 가지 자원은 텔레비전산업의 존립근거가 되기도 하지만 각각의 절대량은 급속히 증대되지 않는 성질을 지니고 있다는 점에서 이들 자원에 대한 방송사들 간의 경쟁행위가 심화될 수밖에 없다. 특히 오늘날 텔레비전의 동족 미디어인 케이블과 위성방송 등도 추가적으로 이들 자원들에 공통으로 의존하고 있어 자원의 획득을 둘러싼 텔레비전산업의 경쟁은 더욱 치열할 수밖에 없다. 한편 이종산업 간의 관점에서 의존자원은 '광고수입'이 가장 중요한 요인으로 작용하게 됨을 알 수 있다. 여기서 말하는 이종산업 간이라는 것은 생산방식과 전달방식이 상이한 것을 의미하는 것으로서 이를테면 신문과 방송을 전형적인 예라고 할 수 있다. 따라서 이런 경우 가장 직접적으로 의존하는 자원은 광고라고 할 수 있는 것이다.(물론 신문의 구독자가 텔레비전의 시청자이기도 하다는 점에서 전체 수용자를 두 매체 간의 의존자원이라고 규정할 수도 있으나, 각각의 메시지의 특성과 효과가 다르기 때문에 직접적인 경쟁자원이라고 할 수는 없고 오히려 그러한 중복현상이 가장 분명하고 직접적으로 드러나는 것이 광고시장이라고 할 수 있다.) 따라서 이 장에서는 텔레비전산업 내의 자원의존 양식을 설명하는 데 초점을 맞추고자 한다. 광고시장을 둘러싼 다른 미디어와의 경쟁은 인쇄미디어와는 달리 방송광고 시장이 정부에 의해서 통제를 받고 있어 경쟁적 시장이라고 할 수 없기 때문이다. 마찬가지로 텔레비전산업 내에서 광고시장은 완전경쟁이 아니어서 방송사 간 광고시장 점유율이 커다란 의미를 지니지 못하기 때문에 분석에서 제외하였다.

따라서 이 장에서는 방송사의 한정된 방송시간과 한정된 시청자를 중요한 의존자원으로 간주하고 두 자원이 중첩되는 부분이 프로그램이라고 규정하고 방송사의 장르별 프로그램할당은 곧 한정된 방송시간에 대한 전략적 선택이기도 하며, 해당 장르의 시청자들을 극대화하기 위한 시장전략이라는 점에 주목하였다. 즉 프로그램 편성에 대한 분석을 통해서 방송사들이 한정된 자원(시청자자원 더 구체적으로는 시청자의 시청시간)에 대해 어떠한 접근전략을 취하고 있는지를 간접적으로 추론할 수 있을 것이다. 이를 위하여 여기서는 '適所市場'(*niche market*) 개념을 적용하여 적소시장의 '적소폭'과 '적소중복'을 측정하였다.

제1절 텔레비전산업의 경쟁에 관한 자원의존적 관점

1. 자원의존에 대한 기본관점

생존하기 위하여 조직은 자원을 필요로 한다는 점에서 결국 자원을 획득한다는 것은 조직이 그 자원을 통제하는 다른 조직과 상호 작용하여야 한다는 것을 의미한다. 그런 점에서 조직은 다양한 이해관계와 연합하는 식으로 환경에 의존하게 된다. 그러나 이러한 과정에서 조직은 자신이 필요로 하는 자원을 통제하지 못하고 있기 때문에 자원의 획득여부가 문제가 되고 정보의 불확실성에 빠지는 경우도 있다. 이때 조직이 필요한 자원을 획득하기 위하여 다른 조직들과 거래하게 되면 자원에 대한 통제력을 가지고 있는 그 다른 조직들은 그 조직에 대하여 권력을 가지게 된다. 또한 조직의 생존은 환경적 상황에 대처할 수 있는 능력에 의해서도 부분적으로 설명될 수 있는데, 필요로 하는 자원을 계속적으로 확보하기 위하여 交換을 협상하는 것은 조직활동의 가장 중심이 된다.

이와 같은 맥락에서 보면, 조직의 경계는 참여자의 활동에 대하여 다른 사회적 실체가 가지고 있는 統制力[1]과 비교해서 그 조직의 통

---

1) 통제력이란 자신의 재량권에 따라서 행위를 만들어 내거나 소멸시키는 능력을 말한다.

제력이 지배하는 範圍라고 정의할 수 있다. 활동에 대한 조직의 통제력은 결코 절대적인 것이 될 수 없는데 그 이유는 그 활동에 대한 통제력을 다른 조직이 주장할 가능성이 항상 있기 때문이다. 그렇지만 교환을 공식적 역할로 제도화하고 다른 통제 메커니즘을 사용함으로써 활동을 안정화시키려는 노력이 시도된다.

한편 조직은 이해관계의 聯合일 뿐 아니라 영향력과 통제력이 거래되는 市場이기도 하다. 시장 참여자들은 집합적 노력에 의하여 더욱 많은 통제력을 얻기 위해서 자신들의 자원과 업무성과를 교환하려고 하며, 이렇게 하여 획득한 통제력을 사용하여 자신의 이해관계에 들어맞는 행동이 이루어지도록 한다. 이때 시장 참여자가 더욱 중요하고 희소한 자원을 제공할 수 있는 한, 조직에 대한 보다 큰 통제력을 얻을 수 있다. 따라서 권력은 참여자들의 자원에 대한 통제력에서뿐만 아니라 참여자에 의하여 만들어진 사회적 실체에 대한 정의에 의해서도 결정된다. 조직에 대한 그러한 통제력을 조장하는 조건으로는 다음과 같은 것을 들 수 있다.

ⅰ) 사회적 행위자가 어떤 자원을 소유하고 있을 것

ⅱ) 이 자원이 중심조직에 중요할 것, 즉 조직의 활동 및 생존에 결정적으로 중요할 것

ⅲ) 중심조직이 이 자원을 다른 곳에서 얻을 수 있을 것

ⅳ) 통제되는 형태나 활동이 가시적일 것

ⅴ) 결정적으로 중요한 자원의 배분, 접근, 그리고 사용에 있어서 사회적 행위자가 재량권을 가질 것

ⅵ) 중심조직이 자신이 바라고 있는 행동을 취할 재량권과 능력이 있을 것

128

vii) 사회적 행위자에게 결정적으로 중요한 자원에 대하여 중심조직
이 통제력을 가지고 있지 못할 것
viii) 사회적 행위자가 자신이 바라는 것을 중심조직에 알릴 수 있는
능력이 있을 것[2]

조직은 의존성과 외부의 통제를 회피하려고 하면서 동시에 자신의
환경을 스스로 형성하고 독립적으로 행동하기 위하여 自律性을 보존
하려고 한다. 재량권의 유지와 불확실성 감소라는 딜레마 때문에 상충
되는 활동을 수행하여야 한다.[3] 이것은 환경과 관련하여 조직이 취하
는 행동의 중요한 특성이기도 하다. 확실성과 재량권 및 자율성에 대
한 요구 때문에 조직은 합병, 정치적 참여, 정보배분의 억제 등과 같
은 여러 가지 행동이 나타나게 된다. 이와 같은 모든 활동은 자원의존
성이라는 동일한 틀에 의하여 이해될 수 있다.

이상과 같은 자원의존론의 기본관점에서 보면, 텔레비전의 경제적
활동은 수용자에 대한 프로그램 자원의 전달에 기반을 두고 있다. 모
든 정보교환이 수신기술을 포함하는 것은 아니지만 수신기술이 없다
면 판매와 이윤에 대한 기대를 할 수 없게 된다. 따라서 텔레비전은
프로그램공급업자와 수용자를 연결하는 기술을 중심으로 조직될 수밖
에 없다. 따라서 방송사업자는 직접적인 방식 혹은 간접적으로 광고주
에게 요금을 지불하는 수용자들을 유인할 수 있는 프로그램을 획득하
고 생산하는 데는 그러한 기술적 연결장치가 필수적이라 할 수 있다.

---

2) Jeffrey Pfeffer and Gerald R. Salanick(1978), *The External Control of Organizations: A Resource Denpendence Perspective*, (N.Y.: Harper & Row), 이종범, 하현길, 조철옥(역), 『場外影響力과 組織』, (서울: 정음사), 1988, p.328.

3) J.D. Thompson and W.J. McEwen(1958), "Organizational goal and environment", *American Sociological Review*, vol.23, pp.23-31.

이러한 이유 때문에 방송산업에서 전달기술의 역할을 이해하는 것은 방송시장의 형성을 이해하는 데 매우 필수적인 조건이 되는 것이다.

따라서 매체경제학자들은 매체소비자들이 커뮤니케이션 기술을 어떻게 이용할 수 있는가 혹은 새로운 기술이 과거의 기술에 의해서 형성된 매체시장의 구조를 어떻게 변화시킬 수 있는가 하는 점을 분석할 필요가 있는 것이다. 새로운 테크놀로지에 의해 야기된 시장붕괴의 한 예는 CD에 의한 비닐디스크의 교체를 들 수 있다. 이때 가격인상이 판매량의 수는 줄어들게 하였지만 수입은 증가하는 결과를 가져왔다. 반면에 새로운 기술을 거부한 대표적인 예는 과거 지배적인 AM 라디오 방송업자들이 라디오시장을 재확보하기 위하여 시도한 스테레오 AM송출의 실패를 들 수 있다.[4]

그러나 이러한 두 가지 사례에서 시장은 기술과 소비자선호, 그리고 경제력이 중첩되어 형성된다는 점이며, 따라서 이러한 관계에 초점을 둔 사례연구는 경제적 과정으로서 방송의 복잡한 특성을 이해하는 데 도움을 줄 수 있는 것이다.

지난 20년 동안 매체조직과 매체종사자에 대한 연구는 매체시장의 형성과 기능에 대한 이해에 필요한 해석에 초점을 맞추었다. McQuail이 지적하였듯이, 매체조직과 종사자들은 각기 다른 제약과 수요, 그리고 의도적인 권력과 영향력의 이용의 와중에서 의사결정을 하고 있다는 것이다.[5] 이러한 다양한 관계에 초점을 맞추고자 하는 하나의 방법이 바로

---

4) Jonathan D. Tankel and Wenmouth Williams,Jr.(1993), "Resource interdependence: Radio economics and the shift from AM to FM", in Alison Alexander et al., *Media Economics: Theory and Practice*, (Hillsdale, NJ: Lawrece Earlbaum Associates, Publishers), pp.157−158.

5) Dennis McQuail(1987), *Mass Communication Theory: An Introduction*, (Newbury Park, CA: Sage), p.141.

130

Gerbner[6]가 창안하여 나중에 Turrow[7]가 적용한 資源依存(*resource dependence*) 모델이다. 이 모델은 제도화된 '지렛대'(*leverage*)에 초점을 맞추어 權力(*power*)이 방송시장 속에서 어떻게 행사되는가를 분석하고 있다. 이때 권력이란 다른 기관에 제재를 가할 수 있는 능력이라고 정의된다. 따라서 조직의 권력은 반대로 조직이 생산과 전달과정에서 직접적 그리고 간접적으로 다른 참여자들을 인정해야만 하는 의존의 정도와 관계가 있다. 예를 들면, 지방의 네트워크TV 제휴사는 거의 전적으로 프로그램에 대해서 (미국의 경우)네트워크사와 신디케이트사에 의존하고 있기 때문에 프로그램 내용에 대해서 거의 통제권한을 가지지 못한다. 반면에 공동보조를 취하고 있는 지방의 네트워크제휴사들은 네트워크사들이 필요로 하는 자원인 방송시간을 통제하고 있기 때문에 권한을 행사할 수 있는 것이다.[8] 마찬가지로 텔레비전프로그램의 제작과정에 참여할 수 없는 관계로 일반 시청자들은 프로그램의 내용에 대해서 거의 통제력을 행사할 수 없기 때문에 시청자는 방송사에 의존하게 된다. 반면에 그

---

6) G. Gerbner(1969), "Institutional pressures upon the mass communicators", *Sociological Review*, vol.13, pp.205−248.
G. Gerbner(1973), "Cultural indicators: The third voice", in G Gerbner, L. Gross, and W. H. Melody(eds.), *Communications Technology and Social Policy*, (N. Y.: Wiley), pp.555−573.

7) J. Turrow(1984), *Media Industries: The Production of News and Entertainment*, (N. Y.: Longman).

8) 이처럼 매체산업에 있어서 지렛대와 권력의 개념에 대한 분석을 근거로 하여 Turrow는 미디어생산에 영향을 주는 13개의 권력역할을 분석한 바 있다. 그러한 역할들로는 생산자역할(재료와 프로그램의 준비)과 권위역할(정부의 제재조치), 투자자역할(자본동원), 후원자역할(시간과 자원의 구매), 보조적 역할(재료공급), 배급자역할(재료의 선택), 조합의 역할(인력의 조정), 전시자역할(수용자에게 재료의 제공), 연결자역할(생산자로부터 혹은 생산자에게 재료의 이동), 촉진자역할(제작회사 지원), 압력단체역할(정책수요), 그리고 공중역할(수용자) 등을 들고 있다.〈*Ibid.* 참조〉

프로그램의 경제적 가치는 시청자들의 선호도와 시청률에 의해서 평가되기 때문에 방송사는 시청자의 프로그램 선호도에 의존할 수밖에 없다. 따라서 텔레비전방송사와 시청자는 상호의존적인 관계를 맺고 있다고 볼 수 있는 것이다. 즉 방송사의 입장에서는 시청자라는 자원에 의존하게 되고, 시청자는 프로그램이라는 자원에 의존하고 있는 셈이다.

　따라서 이 장에서는 한정된 자원을 놓고 상호의존과 경쟁을 할 수밖에 없는 텔레비전산업의 특성과 구조를 이해하기 위하여 자원의 불변적 속성과 그것을 둘러싼 텔레비전산업의 경쟁양태를 측정하기 위한 분석적 관점을 논의하고, 이어서 한국 텔레비전시장의 자원의존 경쟁의 양태를 실증적으로 분석하였다.

2. 미디어자원의 불변적 속성에 관한 논의

　미디어의 자원의존적 관점에서 볼 때 미디어의 실질적인 수요자라 할 수 있는 수용자들의 미디어에 대한 유형무형의 지출을 미디어의 중요한 자원으로 간주하여, 그 자원의 범위설정을 통해 미디어 간의 경쟁양상을 추론할 수 있다. 구체적으로 미디어에 대한 수용자의 화폐적 지출과 시간소비를 미디어자원으로 간주할 때 그것은 한정적일 뿐만 아니라 어느 정도 불변성을 지니고 있다고 할 수 있다. 이와 관련하여 '자원의 상대적 불변 관점'은 텔레비전산업의 경쟁양태를 추론하는 데 이론적 토대를 제공해준다.

　상대적 불변원리가 1972년에 McCombs에 의해서 처음으로 실증적인 검증이 이루어지긴 하였지만 이것의 경제적 의미는 Scripps-Howard Newspapers의 Charles E. Scripps가 다음과 같이 최초로 제기한 바 있다.

만약 우리가 한 가지 일반화를 제안한다면 뉴미디어의 등장으로 매스커뮤니케이션의 복잡성이 증대되고는 있지만 자원조달의 형태는 상대적으로 불변적이며, 매스미디어 영역 내에서 일어나는 다양한 변화와 경향보다는 전체 경제와 더 밀접한 관계가 있다. 매스미디어의 자원조달의 형태에 있어서 일관된 증거는 의미 있는 것으로서, 그것은 매스커뮤니케이션이 의식주처럼 사회에 있어서 소비의 주요소가 되어 왔다는 점을 시사해준다.[9]

Scripps의 원리는 신문의 수요공급에 관한 S. N. D. North의 실증적 관찰을 통해 입증되기도 하였다.[10] 그는 매스미디어에 관한 1980년도 전국 인구조사 통계자료를 이용하여 신문성장 법칙을 가정하여 그런 성장의 상관성을 밝혔다. 또한 그는 대부분 지역에서 생존할 수 있는 신문의 수에 한계가 있음을 추정하기도 하였다. 즉 North는 신문산업의 성장에 미치는 제약요인들을 주장하였던 것이다. 이어서 McCombs는 인과적 측면에서 그러한 생각을 다음과 같은 不變假說(*constancy hypothesis*)을 세워 검증 가능한 형태로 만들었다.

소비자와 광고주들의 매스미디어에 대한 지출수준은 국가의 전체 경제상황에 의해 결정된다. 경제수준에서의 어떠한 변화도 매스미디어에 대한 지출에 있어서 상응하는 변화를 가져온다.[11]

이상의 가설적 주장 속에는 새로운 미디어의 시장진입에 있어서 주

---

9) Maxwell E. McCombs(1972), "Mass media in the marketplace", *Journalism Monographs*, No.24, p.5.

10) S. N. D. North(1984), *History and Present Condition of the Newspaper and Periodical Press of the United States.* (Washington: Government Printing Office)

11) Maxwell E. McCombs, *Op Cit.*, p.10.

요한 제약이 있음을 의미한다고 볼 수 있다. 다양한 신구 미디어 간에 재정적인 수입이 변화를 보이고 있기는 하지만, 이 관점은 새로운 상품과 서비스에 의해 새로운 이윤이 미디어 시장에 창출되지는 않는다는 것인데, 그 이유로 전체 미디어 시장은 항상 전체 경제에서 불변적인 부분을 차지하고 있기 때문이라는 점을 들고 있다.

사실 위와 같은 McCombs의 본격적인 논의와 연구가 시작되기 이전에 이미 신문과 라디오 매체를 대상으로 유사한 연구결과들이 발표된 바 있었다.

신문에 영향을 미치는 경제적 제약에 관한 North의 초기연구는 개인소득과 신문구독자 수 간의 관계를 분석하고자 한 일련의 연구들에 의해서 1940년대와 1950년대에 더욱 정교화되었다. 이어서 Kinter는 그의 연구에서 각 주에 있어서 개인당 소득이 신문구독자 수를 예측해주는 주요한 예측변인임을 밝힌 바 있다. 물론 이 과정에서 도시화와 문자해독률이 부가되어 예측력을 높여 주기는 했지만 여전히 소득변인이 주요한 결정요인임이 분명하다. 그는 또한 1918~1943의 기간 동안 미국에서 개인소득의 전국적인 변화와 신문구독자 수의 변화 간의 정적인 상관성을 밝히기도 하였다. 그러나 만약에 이들 기간 중에서 종이부족으로 신문보급이 지장을 받았던 1941~1943기간과 세계1차 대전의 종식과 함께 외신기사의 급격한 감소를 보였던 1919년을 제외하면, 그 상관성은 더욱 증가한 것으로 나타났다. 또한 미국 전역을 대상으로 신문구독 수와 개인소득 간의 상관성에 관한 연구에서도 매우 높은 유사성을 발견하였다. 예를 들면, 1929년에 국민 총소득 중에서 한 지역이 차지하는 비율과 전국 신문 발행부수 중 그 지역이 차지하는 비율 간의 평균격차가 매우 미약하게 나타났다. 이어서 25년 후인 1957년에 다시 그 격차가 미미하게 나타나 역시 두 변인 간에

134

매우 유사함을 발견하였다.[12)

한편 신문부수에 미치는 경제적 요인들을 다른 관점에서 고찰한 바 있는 Levin은 신문부수는 전체 경제활동의 변화에 따라 전반적인 변화를 보이게 된다는 점을 주장하였다. 텔레비전방송국이 있는 20개 도시에 대해서 일간지 부수의 감소와 1인당 소매판매량 간의 순위 상관도가 -.89로 나타났다. 따라서 경제상황이 열악한 경우에는 신문부수에 있어서 급격한 감소를 보이게 된다는 것이다.[13) 그런가 하면 이러한 경제적 요인들을 방송에까지 확장시켜 분석을 시도한 Willey & Rice는 1930년도에 개인소득과 라디오의 초기 확산 간의 높은 상관성이 있음을 발견하였다. 즉, 분석결과 전체 가정 중에서 3/4 이상이 라디오를 보유하고 있는 대부분 도시들은 평균 경제수준이 매우 높은 대도시의 외곽지역의 주민들이었다는 것이다.[14) 이러한 연구결과는 텔레비전수상기의 보급과정에서도 유사한 것으로 나타났다. 즉 동부 공업도시 지역에서 1948년 2월 이전에 텔레비전수상기를 구입한 가정 중 약 54%는 전문직에 종사하는 사람들이었다.[15)

그러나 소비자의 매스커뮤니케이션에 대한 지출에 미치는 경제적 요인에 관해 최초의 본격적인 연구는 McCombs에 의해서 이루어졌는데, 그는 1929~1968년간의 전국적인 자료를 이용하여 그 당시 모든

---

12) Wilbur Peterson(1959), "Is daily circulation keeping pace with the nation's growth?", *Journalism Quarterly*, 36, pp.12-22.

13) Harvey J. Levin(1954), "Competition among mass media and the public interest", *Public Opinion Quarterly*, 28, pp.62-79.

14) Malcolm Willey and Stuart A. Rice(1933), *Communication Agencies and Social Life*, (N. Y.: McGraw-Hill).

15) John W. Riley, Frank V. Cantwell, and Katherine F. Ruttiger(1949), "Some observations on the social effects of television", *Public Opinion Quarterly*, 13, p.226.

매스미디어에 대한 소비자의 지출과 광고비지출을 분석하였다. 이 40년의 기간은 대공황과 세계 2차대전, 그리고 미국에서 텔레비전보급이 가장 급신장한 반면에 라디오나 영화 및 잡지산업은 하향세를 보이는 등 굵직한 사건들이 발생하였던 시기였다. 이 기간 동안에 매스미디어에 대한 전체 소비자의 지출경향을 보면 인플레이션과 인구증가, 그리고 경제성장에 따른 실질소득의 증가 등을 통제하였을 때 별로 유의미하지 않은 것으로 나타났다. 다시 말해서 그러한 소비자의 매스미디어에 대한 지출패턴은 40년간 큰 변화 없이 일관성을 보였다는 점이다. 이를테면, 1929년도에 매스미디어에 대한 소비자지출이 소비자 총지출 중에서 3.46%였던 것이 40년 후인 1968년도에도 3.14%로 나타나 소비자의 지출패턴에 큰 변화가 없음을 알 수 있다. 이어서 McCombs & Eyal은 1968~1971년의 기간 동안의 소비자의 매스미디어 지출패턴에 대한 추가적인 연구를 시도하였다.[16] 연구결과, 오히려 그 기간 동안에 소비자지출이 감소된 것으로 나타났는데, 이는 그 기간 동안에 뉴미디어들이 미디어시장에 새로이 도입되었음에도 불구하고 소비자의 미디어이용 지출비용이 오히려 부적인 경향을 나타낸 점은 매우 뜻밖의 현상이었다.

우리나라의 경우를 살펴보면, 직접적인 미디어 지출소비에 관한 통계자료가 없기 때문에 교양오락에 대한 지출에 관한 자료를 통해 간접적으로 추론해보면 다음의 〈그림 -8〉과 같이 나타났다. 1981~1990년의 기간 동안 평균소득계층이 월평균 소득에서 교양오락비에 지출하는 비용은 1981년 1.58%에서 1990년에는 2.86%로 증가하고 있음을 알 수 있다. 그러나 교양오락비에 대한 지출비용이 약간 증가했음은

---

16) Maxwell E. McCombs and Chaim Eyal(1980), "Spending on mass media", *Journal of Communication*, 30, pp.153-158.

136

인정되나 그 차이는 매우 미미하다고 할 수 있는데, 이를테면 1983년도에는 그 비율이 2.87%로 가장 높이 나타난 점은 그 차이가 크지 않다고 할 수 있는 것이다. 따라서 이러한 수치가 정확히 미디어에 대한 지출비용을 의미하는 것이 아니고 또한 외국의 연구에서처럼 장기적인 데이터라 할 수도 없기 때문에 이 결과를 가지고 단정할 수는 없지만 전체 소득에서 지출되는 비용이 커다란 변화를 보이지 않음을 짐작할 수는 있다.

<그림-8> 평균소득계층의 월 소득 중 교양오락비의 점유율

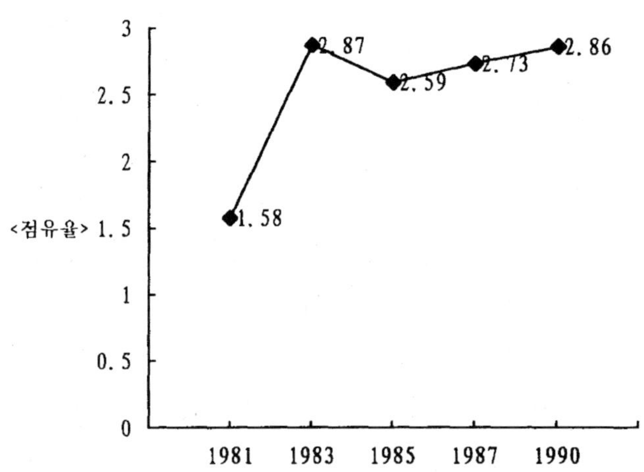

자료: 『도시가계연보』, 1981~1990년 자료를 재구성

　한편 특정 시기 동안 나타나는 소비자의 미디어 이용지출의 변이성에 대한 연구는 1929~1980년간의 기간을 대상으로 한 Wood의 연구를 들 수 있다. 그는 통제변인으로서 개인소득보다는 오히려 '가처분소득'(*disposal income*)을 사용하였고, 또한 '불변성'(*constancy*)의 의

미에 대한 다중적인 해석을 채택하였다. 즉, 그는 불변성에 대한 조작적 정의를 위해서 2개의 회귀모델을 이용하였는데, 하나는 소득불변율(*income constancy*)이고 다른 하나는 시간불변율(*time constancy*)이었다. 따라서 53년간의 기간에 대한 시계열분석은 소득과 시간이라는 측면에서 불변성의 의미를 나타내준다고 볼 수 있는 것이다. 분석결과, 시간불변율의 측면에서의 결과는 1930년대에는 부적인 결과를 보인 반면에 1940년대에는 정적인 결과를 보였다. 또한 소득불변율의 측면에서는 1950년대에는 정적인 경향을 보였지만 1960년대에는 부적인 경향을 보인 것으로 나타났다.[17] 따라서 소득불변율이 1950년대에 정적인 경향을 보인 것은 이 기간 동안에 텔레비전의 보급률이 급신장세를 보인 것과 유관한 것으로 보인다.

이와 관련하여 상대적 불변이론이 단지 미국적 경험에서 비롯된 최근의 관점이 아니라는 두 가지의 주장들이 제기되고 있다. 첫 번째 주장은 미국사회의 대격변기였던 1929~현재까지의 기간에 중점을 두고 있으며, 그에 관한 실증적인 분석이 이루어졌다. 그리고 최근에는 이와 관련하여 Werner가 이 이론을 노르웨이의 상황에 적용하여 입증한 바 있다.[18] 즉 1958~1982년까지 약 25년 동안에 경제규모의 변화만큼 미디어 소비규모도 증가되는 추이가 나타났다는 것이다. 이 연구는 미국의 경제나 미디어 규모와는 다르다는 전제하에 저소득층과 고소득층을 분리하고 미디어 지출도 필요경비(*necessary expenditure*)와

---

17) William C. Wood(1986), "Consumer spending on the mass media: The Principle of Relative Constancy reconsidered", *Journal of Communication*, 36, pp.39-51.

18) Anita Werner(1986), "Mass media expenditures in Norway: The principle of relative constancy revisited", in Margaret McLaughlin(ed.), *Communication Yearbook 9*, (Beverly Hills, Calif.: Sage), pp.251-260.

138

사치경비(*luxury expenditure*)로 분류하여 시간의 경과에 따른 미디어 소비를 분석한 결과, 저소득 가정이 고소득 가정보다 전체 경비 가운데 차지하는 미디어 소비규모가 월등히 높았다. 즉 저소득 가정에서는 여가나 교육부문의 경비가 적게 드는 대신 미디어 분야의 소비비중이 높은 반면, 고소득 가정에서는 기타 여가비용의 비중이 높기 때문에 미디어 소비량은 낮다는 것이다.

미디어의 확산이론의 한 연구 분석결과[19]에서도 텔레비전이 확산되는 과정에서 텔레비전을 제외한 다른 미디어 소비비율은 정상곡선의 반대인 U형 곡선을 이루어서 전체 미디어 소비규모가 일정비율로 유지되어 상대적 불변 가설을 지지하는 결과가 나왔다.

그러나 상대적 불변 관점과 상치되는 연구결과들도 없지 않다. 1973년에 Maisel은 소위 '減少理論'(*mass media decline theory*)이라는 반대이론을 제시한 바 있다.[20] 즉 그는 사회변동을 세 단계로 구분하고 세 번째 단계인 후기 산업사회에서는 전체 경제와 비교해볼 때 매스미디어는 위축되고 소위 전문 미디어[21]의 성장률이 늘어난다는 것이다. 그러나 McCombs는 미디어를 이러한 방식으로 구분하지 않았기 때문에 이 양자를 비교하기는 힘들다. 실제로 이 양자의 데이터 수집 및 분석방법이 다르고, McCombs의 연구에서는 전문미디어와 매스미디어가 혼합되었기 때문에 연구결과가 반드시 상치한다고는 볼 수 없다.

한편 매스미디어는 여타 사회적 활동들과 기능적으로 동등하기 때

---

19) Hugh S. Fullerton(1988), "Technology collides with relative constancy : The pattern of adoption for a new medium", Journal of Media Economics, vol.1, pp.75−84.

20) Richard Maisel(1973), "The decline of the mass media", *Public Opinion Quarterly*, vol.37, pp.159−170.

21) 그가 정의한 전문 미디어에는 지방방송과 기술서적, 격월간 및 계간잡지들이 포함된다.

문에 매스미디어에 대한 비용뿐만 아니라 시간에 대한 측정이 같이 이루어져야 할 것이다. 특히 다양성에 관한 연구의 시발점을 제공한 Steiner는 텔레비전프로그램을 단지 텔레비전산업의 부산물로 간주할 뿐 실제 텔레비전산업의 경제적 상품은 '放送時間'이라고 인식하였다.[22] 이처럼 시간자원에 대한 관점은 방송국이 판매해야만 하는 기본서비스는 그것은 광고메시지에 수용자들을 유인하기 위한 다른 요소들(메시지의 특성)과 융합되어 경제적 가치를 발현하게 된다고 보는 입장이라 할 수 있다.[23]

이와 관련하여 Lefebvre는 인간의 활동시간을 크게 '의무시간'(노동시간: *pledged time*)과 '자유시간'(*free time*)으로 나누고, 오늘날 개인들은 점차 도시적 환경 속에서 교통과 새로운 형식들에 얽매여 그런 부분에 대한 시간소비가 급속도로 증대되고 있음을 지적하면서 이러한 새로운 시간소비 행위를 '강제적 시간'(*compulsive time*)이라고 칭하였다.[24] 특히 오늘날 새로운 통신 및 교통기술들이 발달하면서 그것들이 노동시간으로부터 인간의 자유시간을 확대하는 데 상당한 기여를 한 것은 사실이지만 오히려 그러한 새로운 매체들(영화, 라디오, 텔레비전, 컴퓨터, 비디오 등)이 인간의 자유시간의 상당부분을 잠식함으로써 '일상생활의 식민화'(*colonization of everyday life*)를 더욱 가속화하고 있다[25]는 지적은 개인의 한정된 시간자원에 대한 미디어

---

22) P.O. Steiner(1979), *Workable Competition in the Radio Broadcasting Industry*, (N.Y.: Arno), p.8.

23) Stanley M. Besen(1976), "The value of television time", *Southern Economic Journal*, p.435.

24) H. Lefebvre(1971), *Everyday Life in the Modern World*, (N.Y.: Harper and Row), p.53.

25) Haluk Sahin and John P. Robinson, "Beyond the realm of necessity: Television and the colonization of leisure", in D. Charles Whitney and

140

의 통제력이 증대되고 있음을 우려하고 있는 것이다. 이들 매체 중 특히 텔레비전은 기존 미디어들에 대한 이용시간들과 다른 여가시간과 강제적 시간 부분을 잠식함으로써 개인의 자유시간을 가장 많이 소비하게 하는 미디어로 평가되고 있다. 따라서 자동차가 산업사회의 공간적 환경을 변모시켰다고 한다면, 텔레비전은 인간의 시간적 환경을 재구성하였다고 볼 수 있는 것이다.[26] 그런 점에서 Robinson의 연구[27]는 매스미디어에 대한 시간소비를 포함하는 미국인의 레저시간 활용에 대한 대대적인 조사를 실시한 바 있는데, 1965년과 1975년 두 번에 걸쳐 조사된 바에 따르면, 10년 사이에 전체 레저시간이 하루 평균 296분(20.6%)에서 330분(22.9%)으로 늘어나 그 원인이 텔레비전시청에 기인하고 있음을 밝혔다. Levy의 연구[28] 또한 VCR이 텔레비전에 대한 보완적 미디어로서 그것이 대여한 비디오를 보기 위한 목적이 아니라 텔레비전시청에 대한 보완으로서 시간제한으로 보지 못하는 프로그램의 녹화 및 시청에 쓰이는 것이 대부분이어서 기존 텔레비전 시청시간의 절대량을 증가시켰다는 것이다.

즉 이상의 미디어 소비시간과 관련한 연구의 대부분은 '시간'에 관한 상대적 불변원리보다는 절대적인 증가 또는 감소의 경향이 뚜렷하다는 것으로 결론지을 수 있을 것이다. 따라서 우리나라의 경우도 이처럼 '비용'에 있어서의 상대적 불변가설과 '시간'에 있어서의 절대적

Ellen Wartella(eds.), *Mass Communication Review Yearbook*, vol.3, (Beverly Hills, CA: Sage), p.482.

26) J. Robinson(1977), *How Americans Use Time*, (N. Y.: Praeger), pp.23-24.

27) John P. Robinson(1981), "Television and leisure time: A new scinario", *Journal of Communication*, vol.31, pp.120-130.

28) Mark R. Levy(1981), "Home video recorders and time shifting", *Journalism Quarterly*, vol.58, pp.401-405.

인 증가 경향이 나타날 것인지를 살펴볼 수 있을 것이며, 뉴미디어가 기존 미디어에 대한 대체효과를 나타내는지 또는 보완적 미디어로 인지되고 있는지 등을 살펴볼 수 있을 것이다.

다음의 〈그림-9〉에서 보는 바와 같이, 우리나라의 경우 평일의 여가시간이 3시간대이고, 토요일은 평일보다 1시간이 많은 4시간대, 그리고 일요일은 평일보다 2시간이 많은 5시간대인 것으로 나타났다. 그러나 요일별로 지난 10년 동안 여가시간의 증감에 커다란 변화는 없는 것으로 나타났다. 따라서 소득수준의 증대와 노동구조의 변화 등으로 여가시간이 증대될 것이라는 것이 정설로 여겨지고는 있으나 우리나라의 경우 지난 80년대 동안에는 이 부문에서 불변적인 모습을 나타내고 있다. 이러한 결과가 텔레비전시청과는 어떤 관계가 있는지를 살펴보기 위해 연도별 텔레비전시청시간의 변화를 살펴보았다. 〈그림-10〉에서 보는 바와 같이, 1981~1990년의 기간 동안 평일의 시청시간과 주말의 시청시간 모두 약간 증가세를 보이고는 있지만 커다란 증감현상이 나타나지는 않음을 알 수 있다. 따라서 우리나라의 경우에도 '시간불변성'이라는 측면에서 여가시간과 텔레비전시청시간 모두 어느 정도 일치되는 결과를 보이고 있음을 알 수 있다.

〈그림-9〉 연도별 평균 여가시간의 변화

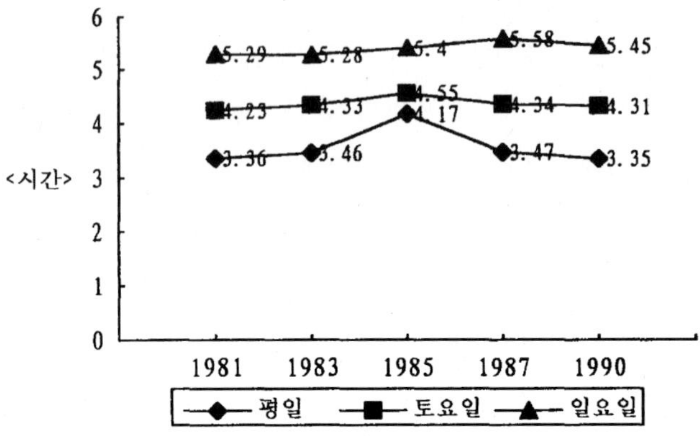

자료: KBS(1990), 『국민생활시간조사』 자료를 재구성.

〈그림-10〉 연도별 평균 텔레비전시청시간

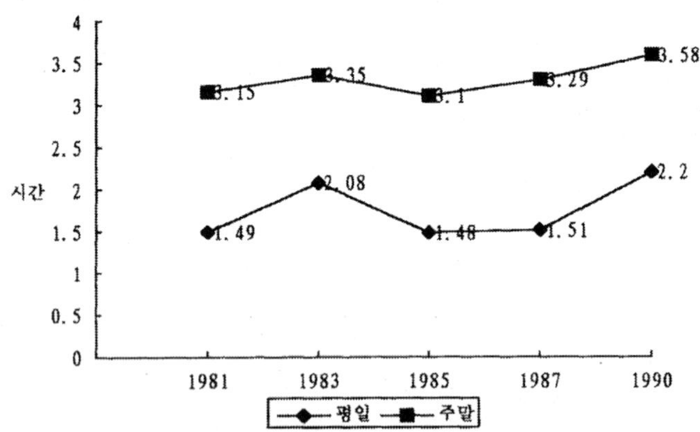

자료: KBS(1990), 『국민생활시간조사』 자료를 재구성.

한편 이상의 불변적 관점이 과거 매스커뮤니케이션에 대한 소비자의 지출 경향을 설명하는 데 매우 유용한 틀이 되기는 하지만, 오늘날 뉴미디어의 도입을 분석하는 데는 과연 적합한 분석 틀을 제공하는지에 대해서는 미지수이다. 이와 관련하여 McCombs & Eyal은 1968∼1977년 기간 동안의 자료를 분석하여 현재 시청각적인 뉴미디어의 홍수에 직면하고 있는 신문의 장래에 대해서 논의한 바 있다.[29] 그 기간 동안에 인쇄매체와 시청각매체 간에는 극심한 역조현상이 일어났다. 그러나 이처럼 인쇄매체에 대한 소비지출의 상대적인 감소현상은 반대로 시청각매체의 상대적인 증가를 증거로 완벽히 조화를 이룸을 알 수 있다. 또한 상대적 불변이론은 인쇄매체의 미래에 관한 2개의 서로 다른 관찰결과에 대해서 이론적 틀을 제공해주기도 한다. 단기적으로는(1968∼1977) 서적에 대한 소비지출의 격감은 신문과 간행물에 대한 소비지출의 증가에 의해 상쇄되지만, 장기적으로는(1929∼1977) 서적에 대한 소비지출의 감소는 역사적으로 서적이 인쇄시장의 1/3을 점유해왔던 점을 정확히 반영해준다고 설명할 수 있다는 것이다. 이러한 시장점유율이 1950년대와 1960년대 동안에는 1/3을 초과하였는데, 그 이유는 이 기간 동안에 Life나 Look 등의 간행물들이 사라졌기 때문이었다. 이러한 결과는 Werner가 노르웨이의 상황에서 약 25년간(1958∼1982)의 미디어에 대한 소비지출 경향의 분석에서도 입증되었다.[30] 그러나 이 연구에서 전체 25년간의 기간 동안에는 미디어의 시장점유율의 불변성이 나타나기는 하지만, 단기적으로는 1970년대 후반경에 미디어에 대한 소비지출의 급증현상을 보여주고 있는데, 이는 새로운 전자미디어의 출현으로 인해 총 소비지출 중에서 미디어에 대한

---

29) McCombs and Eyal, *Op Cit.*
30) Warner, *Op Cit.*

지출부분이 약 5%정도 상회한 것이 아닌가 하는 의문을 갖게 했다.

이 의문에 대한 최근의 증거로는 미국 미디어 역사상 가장 성공적인 뉴미디어라 할 수 있는 텔레비전의 신장세에서 찾을 수 있다. 1947년에 텔레비전이 새로이 등장하였을 때 미국 전체 가정 중에서 약 2.5%가 텔레비전수상기를 보유하고 있었으나, 그 후 12년이 경과한 1959년에는 무려 85.5%의 가정이 텔레비전수상기를 보유한 것으로 기록되고 있다. 이는 미국 미디어 역사상 어느 매스미디어보다도 가장 눈부신 성장률을 보인 것이다. 그렇다면 이처럼 텔레비전의 대중적 보급이 가능하게 된 재원은 무엇인가? 물론 이 기간 동안에 미국 경제가 실질성장을 보인 것은 사실이지만 그것의 보다 근본적인 설명은 상대적 불변이론에서 찾을 수 있다. 즉, 그 당시에 텔레비전성장이 새로운 재원의 확장에 의해서 성취된 것이 아니라 다름 아닌 영화수요의 감소를 발판으로 이룩된 것이다. 다시 말해서 텔레비전이 처음 등장하였던 1947년에는 한 가정이 영화관람에 지출하는 평균비용은 약 $40이었으나, 그 후 1959년에는 영화에 대한 지출이 $25로 격감하였던 것이다.

그러나 앞에서 소개하였던 McCombs[31]와 Fullerton[32] 연구에서는 1949년과 1950년에 매스미디어에 대한 소비지출 증가는 개인소득의 증가율을 앞지르고 있다는 점을 지적하고 있다. 즉, 이 기간은 조기채택자들이 텔레비전수상기를 구매하던 시기였다. 그러나 다음해인 1951년에는 개인소득의 증가가 미디어지출의 증가율을 앞지르게 되어 전체적으로는 평형을 이루고 있다는 것이다. 반면에 상대적 불변원리로부터의 급격한 이탈은 뉴미디어에 대한 조기채택자들이 그 원리에서

---

31) McCombs(1972), *Op Cit.*
32) Fullerton, *Op Cit.*

예외가 될 수 있음을 알 수 있다.

한편 텔레비전의 화려한 경제적 성공에 비해 비디오텍스트는 미국 가정에서 별다른 수요를 발생시키지 못한 것으로 대조를 이룬다. 이에 대해서 McCombs는 비디오텍스트 이용에 따른 소비자의 비용이 매스미디어에 대한 가정의 평균비용을 훨씬 웃돌기 때문이라고 평가한 바 있다. 한편 최근에는 Son이 상대적 불변이론을 1975년 이후 미국의 미디어시장에 등장한 4대 뉴미디어들(cable TV, VCR, videotext, videodisc)에 적용하여 분석한 바 있다. 분석결과, 후자의 두 미디어들은 쇠퇴경향을 보이고 있는 데 비해, 전자의 두 미디어는 급속한 확산율을 보이고 있음을 밝혔다.[33] 또한 소비지출의 증가는 이들 뉴미디어들이 미디어시장에 유인한 새로운 재원들로부터 비롯되었다. 다시 말해서 상대적 불변이론은 뉴미디어들의 확산에는 그 설명력이 약화된다고 볼 수 있는 것이다.

Wood & O'Hare는 장기적으로는 불변원리가 입증되기는 하지만 1979~1988년(미국에서 VCR와 cable TV를 가장 많이 수용하였던 시기)의 단기적인 차원에서는 새로운 재원이 미디어 시장에 흡수되었다는 점을 지적하였다. 따라서 이러한 새로운 재원의 형성은 기존 미디어들이 재정적 어려움을 극복하는 데 도움을 주었다는 것이다.[34]

그렇다면 상대적 불변원리로부터의 이러한 이탈현상이 단기적인 추론인가 아니면 장기적인 소비자의 소비행위의 변화인가 하는 점이 매우 주요한 관심사로 제기되고 있다. 그러나 대체로 기존연구들을 종합

---

33) Jinok Son(1990), "The impact of new electronic media on audience support for mass media", *Ph. D. dissertation*, Univ. of Texas at Austin

34) William C. Wood and L. O'Hare(1991), "Paying for the video revolution: Consumer spending on the mass media", *Journal of Communication*, 41, 1991, pp.24－30.

해볼 때, 미디어시장에서의 주요한 변화와 전체경제 환경의 변화에도 불구하고 장기적으로는 불변적 균형점을 찾는다는 것이 일반적인 결론으로 제시되고 있다.

3. 자원의존 경쟁에 대한 생태학적 관점

오늘날 영상산업은 급속한 변화를 겪고 있다. 뉴미디어의 급속한 확산으로 다채널 시장이 형성되면서 기존의 공중파텔레비전에 심대한 영향을 미쳐왔다. 그 여파로 지난 30여 년 동안 지배적인 위치를 차지해왔던 텔레비전산업은 인원을 감축하는 등 경영구조를 재개편하였다. 특히 텔레비전수용자의 감소[35]의 결과로 텔레비전방송사들은 광고수입의 감소[36]를 겪을 수밖에 없었다.

이처럼 텔레비전산업의 수입구조 변화는 새로운 이론과 연구의 장을 제공해주고 있는 것이다. 그러나 그동안 커뮤니케이션 이론과 연구들은 구 미디어 형태의 생존에 대한 뉴미디어 성장의 영향에 대해 상대

---

35) 미국의 경우 1975~1990년까지의 기간 동안 3대 네트워크의 시청자 점유율이 93%에서 61%로 급속한 하락을 보이고 있다.(아래 표 참조) 이는 케이블시장의 증대가 커다란 요인인 것으로 평가되고 있다.

〈미국 3대 네트워크TV의 주시청시간대 시청자 점유율〉

	1975	1980	1985	1990	1994
점유율	93	89	74	64	61
도달가구(×100만)	36.9	40.0	36.0	32.7	33.6

자료: FCC Office of Plans and Policy, *Broadcast Television in a Multichannel Marketplece*, 방송위원회(역), *Op Cit.*, p.35.

36) 물가상승률을 반영한 네트워크TV의 광고수입 증가율을 보면, 1984년, 절정에 달한 이후 계속 감소하고 있다.(아래 표 참조)

적으로 무관심해 왔다.[37] 커뮤니케이션 연구가 주로 수용자 연구와 그에 따른 미시적 이론에 대한 천착의 결과로 전체 커뮤니케이션 산업의 상대적인 생존가능성에 대한 거시적인 문제들을 다룰 만큼 학문적 토양이 성숙되지 못하였다. 물론 傳播理論과 相對的 不變原理에 관한 McCombs의 논의(다음 절에서 상세히 다룸)가 신문과 텔레비전 및 영화에 대한 거시적인 지식을 제공해주고는 있지만 아직까지 커뮤니케이션 연구가 전체 언론산업이 적응을 통해서 공존하고 혹은 극단적으로는 경쟁에 직면하여 소멸할 수도 있는 조건들을 명쾌하게 설명해주지 못하고 있다. 또한 매체경제학자들이 경쟁에 대한 연구를 간과하고 있는 것은 아니지만 그들의 연구들도 대체로 한 산업 내 수준에 머무르고 있는 실정이다. 이를테면, 과점구조의 텔레비전네트워크에 대한 Owen, Beebe, & Manning의 연구[38]와 Rosse의 雨傘假說(*umbrella*

<미국 네트워크TV의 광고수입 변화>(단위: 100만 달러)

	1975	1980	1984	1988	1990
광고수입	4,286	6,226	8,006	7,752	7,179
실질GNP변화율	−	−0.2	6.8	4.5	0.9

자료: 위의 책, p.114 자료를 재구성함.

37) 기존 미디어의 상황에서 뉴미디어 현상을 논의한다는 것은 다음의 두 가지 점에서 유용하다고 본다. 첫째, '새로움'이라는 것은 상대적인 특질을 지니고 있으며, 그것은 단지 비교적인 차원에서만 존재한다는 점이다. 둘째, 사회적 현상으로서 새로움이라는 것은 특정의 구조적 안정성을 나타내 준다. 즉 새로움은 그것을 발현하는 현상이나 그것이 발현되는 시기에 관계없이 탐구될 수 있는 속성이다. 달리 말한다면, 미디어 간의 상호작용이 과거에 빈번하게 발생하였고 따라서 그것들에 관한 많은 정보를 이용할 수 있기 때문에 새로운 관점과 적절한 자료를 얻을 수 없는 현재의 뉴미디어를 분석하는 것보다는 과거 TV와 라디오와 같은 뉴미디어들이 기존의 인쇄매체에 어떤 영향을 끼쳤는지를 검토하는 것이 훨씬 용이하다는 것이다.

38) B. M. Owen, J. H. Beebe, & W. G. Manning(1974), *Television Economics*,

148

hypothesis)[39]은 경쟁을 산업 내의 현상으로 간주하고 있는 것이다. 또한 McCombs의 분석[40]에서 그는 미디어산업이 소비자와 광고수익을 놓고 서로 경쟁하고 있음을 보여주고 있으며, 특히 신문산업에 대한 Rosse의 분석은 다른 매체로부터 발생하는 경쟁의 효과를 보여주고는 있지만 대체로 매체경제학 연구들이 산업 간의 경쟁의 정도를 측정할 수 있는 수단을 제공해주지 못했다.

따라서 이 항에서는 언론산업의 상대적 생존가능성에 관한 문제를 진단하기 위해서 생태학적 이론인 '適所理論'(*niche theory*)을 적용해 보고자 한다.

인간의 사회적 질서와 연관지어 분석하고자 하는 생태학[41]은 1920년대에 독특한 학문적 영역을 형성하게 된다. 인간집단과 환경 간의

(Lexington, Mass.: D. C. Heath)

39) 우산가설은 신문산업에 있어서 시장의 지리적 조건이 경쟁의 양태를 결정해준다는 점을 가정하고 있는데, 예를 들면, 신문시장은 대도시 신문, 광역도시권 신문, 위성도시 신문 등 대도시를 중심으로 지리적 거리에 따라 신문시장이 분포되는데, 경쟁은 같은 지리적 공간 내에서보다는 인접지역과 발생하게 된다는 것이다.
J. N. Rosse(1980), "The decline of direct newspaper competition", *Journal of Communication*, 30(2), pp.65 – 72.

40) M. E. McCombs(1972), "Mass media in the marketplace", *Journalism Monographs*, 24.

41) '인간생태'(human ecology)라는 말은 이따금 지나치게 일반화되어 있는 나머지 마치 그것이 사회과학 전반을 관통하는 개념인 것처럼 쓰이는 경우가 많다. 그러나 일찍이 Quinn은 그 개념을 지배, 공간적 분포, 계승, 그리고 이주 및 이동성 등의 개념으로 사용하였으며 〈J. Quinn(1940), "Tropical summary of current literature on human ecology", *American Journal of Sociology*, vol.46, pp.191 – 226. 참조〉. Hawley도 그 개념을 인구학적 속성과 매우 유사한 개념으로 사용하였다. 〈A. Hawley(1981), "Human Ecology: Persistence and change", *American Behavioral Scientist*, vol.24, 3, pp.423 – 444. 참조〉

관계에 관심을 가진 사회과학자들에게 있어서 생태학적 개념들은 거시적 수준의 사회조직을 관찰할 수 있는 새로운 관점을 제공해주었다. 초기의 사회과학자들은 인간의 삶을 생태학적 개념들을 통해 설명하고자 하였으며 산업혁명에 의해서 야기된 도시의 조직적 복잡성을 자연생태에 대한 생태학자들의 관점에서 관찰하게 되었다. 따라서 초기의 인간생태학들의 저술을 보면, 인간조직의 상호 연관성과 상호의존성을 의미하는 '삶의 그물망'(*web of life*)이라는 진화론적인 관점이 짙게 배어 있다.

실제로 30년 전 Ehrlich & Holm는 경제학을 포함한 사회과학 분야에 생태학적 관점을 통합함으로써 새로운 연구관점을 제시한 바 있다.[42] 그들 주장의 이면에는 각기 다른 학문영역임에도 불구하고 경제학과 생태학은 모두 자원의 활용에 관한 연구라는 점에서 공통점이 있다는 것이다. 그동안 공간적 제약 때문에 경제학과 생태학 간의 유사성에 관한 논의가 제대로 이루어지지 못했지만 생태학의 [적소이론]에서 '폭'(*breadth*)과 '중복'(*overlap*) 개념은 경제학의 증권분석과 대체제 개념에서 유사성을 보이고 있는 것이다.

한편 언론산업의 경쟁에 대한 생태학적 논의의 적합성은 현대의 거시조직론가들의 연구를 통해 증명되고 있다. 즉 조직구조와 자원획득에 영향을 미치고 있는 환경의 중요성에 대한 통찰은 주로 Hawley[43]가

---

42) P. Ehrlich and H. Holm(1962), "Patterns and populations", *Science*, vol.137, pp.652-657.

43) A. H. Hawley(1944), "Ecology and human ecology", *Social Forces*, vol.22, pp.398-405.
A. H. Hawley(1950), *Human Ecology: A Theory of Community Structure*, (N. Y.: Ronald Press)
A. H. Hawley(1968), "Human ecology", in David L. Sills(ed.), *International Encyclopedia of Social Sciences*, (N. Y.: Macmillan), pp.328-337.

주축이 되고 있는 생태학적 관점의 채택과 사회조직의 진화과정에 대한 Campbell의 변이-선택-굴절 모델[44]에 나타나 있다. 특히 Hannan & Freeman[45]과 Aldrich[46]의 연구들은 생태학적 관점을 조직에 적용시킴으로써 나타나는 유용성을 분명하게 보여준 바 있다. 그들은 생태학 관련문헌을 고찰하면서 거시 사회조직에 대한 그것의 응용가능성을 보여줌으로써 적소이론이 언론산업 간의 경쟁에 대한 분석에 충분히 적용될 수 있다는 점을 간접적으로 입증해주고 있는 셈이다. 특히 수용자 선택행위의 경제적 변화에 대해서는 생태학(*bioecology*)에서 차용한 이론적 틀을 이용하여 분석할 수 있다.

4. 자원의존 경쟁에 관한 분석적 관점

4.1 시간자원과 수용자충족에 따른 미디어평가

적소개념의 전개과정에 대한 고찰에서 Pianka는 생태학자들이 인간과 환경을 분리하는 데 수십 년의 노력을 기울여왔음을 지적하였다.[47] 적소개념이 20세기 초에 처음 도입되었기 때문에 일부의 개념정의들은 인간의 속성들을 간과하고 적소의 환경적 양상에만 초점을

---

44) D. T. Campbell(1969), "Variation and retention in socio-cultural evolution", *General Systems*, vol.14, pp.69-85.

45) M. T. Hannan & J. Freeman(1977), "The population ecology of organizations", *American Journal of Sociology*, 82(5), pp.929-964.

46) H. Aldrich(1969), *Organization and Environments*, (Englewood Cliffs, NJ: Prentice-Hall)

47) E. Pianka(1983), *Evolutionary Ecology(3rd ed.)*, (N.Y.: Harper & Row)

맞추는가 하면, 반면에 어떤 개념정의들은 반대로 인간의 속성에 초점을 맞추고 환경적 양상에 대해서는 소홀히 하는 경향이 있었다는 것이다. 그러나 오늘날의 생태학자들은 적소개념을 인간과 환경 간의 관계 속에서 접근하고 있다. 예를 들면, Ricklef는 적소를 '인간이 상호작용하는 환경의 모든 구성요소들'이라고 정의하고 있다.[48]

이렇듯 '適所'(niche)라는 개념이 20세기 초에 자연주의자들의 연구 속에 처음 등장을 하고는 있지만 공간적 모델로서 공식적인 정교화작업은 Hutchinson[49]에 의해 이루어졌으며, 그 이후R. Levins,[50] S. A. Levin, Whittaker, S. A. Levin & Root[51] 등의 이론가들에 의해 확장되었다. 오늘날 현대적 개념으로서 '모집단의 적소는 공동체의 n차원의 자원 내에서 특정한 용량을 차지하고 있는 것'을 의미한다. 이러한 적소의 현대적 개념은 하나의 특정 환경 속에서 생존하는 모집단들의 집합인 공동체 개념과 불가분의 관계를 지니고 있다. 공동체란 공존하는 모집단들이 상호 간에 그리고 공동의 환경과 상호 작용하는 하나의 시스템이다. 따라서 하나의 공동체는 적소들의 조직이라 할 수 있는데 그 이유로 각 유기체의 활동은 관련을 맺고 있는 다른 유기체의 활동에 영향을 미치기 때문이다. 이에 따르면, 커뮤니케이션 산업과

---

48) R. Ricklefs(1979), *Ecology*, (N. Y.: Chiron Press), p.875.

49) G. E. Hutchinson(1957), "Concluding remarks", *Cold Spring Harbor Symposium on Quantitative Biology*, vol.22, pp.415–427, in John Dimmick and Eric Rothenbuhler(1984), "The theory of the Niche: Quantifying competition among media industries", *Journal of Communication*, vol.34, p.106에서 재인용.

50) R. Levins(1968), *Evolution in Changing Environments*, (Princeton, NJ: Princeton University Press)

51) R. H. Whittaker, S. A. Levin, & R. B. Root(1973), "Niche, habitat and ecoptope", *American Naturalist*, vol.197, pp.321–338.

수용자들은 서로에게 자원으로 존재하는 사회적, 경제적 교환관계에 참여하게 됨을 의미하게 된다.

따라서 적소이론은 생태학적 기원을 지니고 있으며 그것의 뿌리는 공간적인 개념에 있다고 볼 수 있다. 특히 이 이론의 주요개념인 '適所幅'(*niche breadth*), '適所重複'(*niche overlap*) 등은 공간적인 개념임을 반영하고 있다. 사실 환경이란 각기 독특한 자원을 나타내고 있는 일련의 차원들로 구성되어 있다고 개념정의 할 수 있다. 일련의 차원으로 규정되는 공간 내에는 1개 이상의 모집단(*populations*)이 존재한다. 여기서 모집단이란 다른 모집단의 구성원들과는 다른 특성을 지닌 개인들의 구성이라 할 수 있다. 예를 들면, 텔레비전방송국들은 각기 독특한 특징들을 지니고는 있지만 라디오방송국들과는 다른 유사성을 지니고 있다. 모집단의 적소는 환경과의 상호작용을 의미하는 자원공간에서의 위치라 할 수 있다. 따라서 적소를 한 인간집단이 점유하고 있는 資源次元(*resource dimension*)에서의 空間과 量이라고 정의한다면, 한 모집단의 적소를 측정할 수 있는 차원은 무엇보다도 조합을 구성하고 있는 모집단들이 공유하고 있는 자원공간을 규정하는 환경적 차원이 된다. 이때 동일한 자원을 이용하는 모집단을 '組合'(*guild*)이라 부르며, 모집단의 구성원들 간의 자원경쟁이 치열한 것은 그러한 조합 내에서 이루어진다. 예를 들어, 텔레비전과 라디오, 그리고 CATV국은 모두 광고수입에 의존하는 동일한 조합구성원들이라 할 수 있다.

공간적인 측면에서 '적소폭'은 적소공간에 대한 척도가 된다. 개념적으로 적소폭은 한 모집단이 이용하는 자원의 수와 양을 의미하는 것으로서 공동체 내에서 자원과 모집단과의 관계를 설정하기 위해 이용되는 개념이다. 즉, 적소폭은 특정의 축이나 차원의 적소를 점유하고

있는 거리를 가리킨다. 따라서 협소한 적소를 지닌 모집단은 넓은 적
소를 지닌 모집단보다도 훨씬 적은 자원차원을 이용한다. 그런 점에서
비교하면, 현재 라디오산업은 지역광고 수입에 의존하고 있는 반면에
텔레비전방송사는 전국광고와 지역광고 모두에 의존하고 있다. 따라서
라디오 모집단은 전문화된 영역을 차지하고 있다고 한다면, 반면에 텔
레비전은 일반영역을 차지하고 있다고 구분할 수 있다.[52] 대체로 전
문영역은 자원을 활용하는 데 있어서 일반영역보다 훨씬 높은 효율성
을 보인다. 그러나 다양한 자원에 대한 활용 폭을 보이는 일반영역은
설령 그들이 이용하는 자원 중의 어느 하나를 잠식당한다 하더라도
생존할 수 있는 능력을 보유하게 된다. 따라서 전문화된 적소가 자원
을 활용하는 데 있어서 효율성을 강조하고 있는 반면에, 일반화된 적
소는 활용자원에 영향을 미치는 방식에 따라서 환경이 변화할 경우
생존할 수 있도록 적응력을 높여주는 데 주안점이 있다고 볼 수 있다.

한편 이상의 적소폭이 특정 미디어와 환경 간의 관계를 나타내준다
고 한다면, '適所重複'은 두 모집단이 競爭[53]하는 정도를 의미한다. 이
는 곧 두 모집단이 동일한 자원에 의존하는 정도를 의미한다고 볼 수
있다. 공간적으로 그것은 두 모집단이 공유하고 있는 적소공간 영역이
라 할 수 있다. 특정의 중복정도는 한 조합의 구성원들 사이에 쉽게
나타날 것으로 예상할 수 있다. 만약에 중복의 정도가 매우 높다면(경
쟁이 매우 치열하다면) 우월한 모집단이 경쟁자의 적소공간을 전용할

---

52) 그런 점에서 TV가 출현하기 이전의 영화산업은 유일한 자원인 소비자의
지출에 의존하면서 광고수익에 의존하는 방송산업에 비해 상대적으로 전
문화된 영역을 차지하고 있었다고 볼 수 있다.

53) 경쟁이라는 개념은 한 미디어의 자원이용이 다른 미디어의 자원활용성에
간접적인 영향을 미치는 것을 가리킨다. 그러나 경쟁개념을 다루는 데 있
어서 경제학에서는 분석단위를 한 기업이나 단일산업으로 하고 있는 반면
에, 생태학에서는 모집단으로 하고 있다는 점이 다르다.

154

수 있다. 그러나 만약에 적소공간의 전용이 단지 부분적이라면 '競爭 的 代替'(competitive displacement)가 발생하게 된다. 또한 다른 모집 단의 적소에 대한 완전한 전용이 이루어지게 될 경우에는 '競爭的 排 除'(competitive exclusion)가 발생하여 경쟁에서 낙후된 모집단은 소 멸하게 된다. 그러나 영상산업에서 경쟁적 배제는 별로 일어나지 않는 다. 다만 영상산업에서 빈번히 발생하는 경쟁상황은 '경쟁적 대체'형태 로 나타나는 경향이 높다.

이러한 적소폭과 적소중복의 관점에서 기존의 연구결과들을 재해석 할 수가 있다. 예를 들어, 기존의 뉴스연구에 따르면 라디오는 신문이 나 텔레비전뉴스 혹은 CATV뉴스와 같은 미디어보다도 열등하다는 점을 밝힌 바 있다.54) 적소이론에 따르면, 그러한 연구결과들은 라디 오가 다른 미디어보다도 더 우세한 다른 요소차원들을 갖추지 못하고 있다면 뉴스매체로서의 존립근거가 없다는 것이다. 그러나 Dimmick 등에 따르면, 개인의 시간-공간 위치가 다른 뉴스미디어의 이용을 차 단할 경우에는 라디오뉴스가 다른 미디어보다도 우세한 기능을 할 수 있다는 점을 주장하였다. 즉 청각적이고 휴대가 간편한 라디오는 운전 할 때나 운동할 때 혹은 다른 감각적인 행위를 할 때 등의 경우에는 효용성이 높다고 할 수 있다. 따라서 뉴스연구와 오락에 관한 초기연 구 결과들은 개인과 집단의 행위-공간 혹은 시간-공간과 관련한 미 디어 이용에 대해 개념화하는 효용성을 입증해준다.

이와 같은 적소차원의 이론적 기반은 스웨덴 지리학자인 Torsten Hagerstrand의 연구에 근착되어 있는 개념인 '時間地理學'(time

---

54) J. Dimmick, J. Dobos, and C. Lin(1985), "The niche and media industries: A uses and gratifications approach to measuring competitive superiority", *Paper presented to the International Communication Association*, (Honolulu, HI)

geography)에 대한 Carlstein의 연구[55]에서 비롯되었다. 시간지리학은 인간이 시간이 지남에 따라 공간을 바꾼다는 중심적인 사실에 바탕을 두고 있다. 공간의 변화를 시공간의 행로로서 추적하는 시간지리적 관점을 개발하였던 것이다. 마찬가지로 인간의 행위는 시공간상에 행로의 망을 형성하기 때문에 개인의 행로는 가정이나, 직장 및 대학과 같은 집합적(*bundles*)인 형태를 띠게 된다는 것이다. 그런 점에서 Carlstein은 인간의 시간은 모든 인간행위가 시간을 필요로 한다는 점에서 하나의 자원이라는 점을 강조하였다. 즉 인간의 모든 행위는 한꺼번에 이루어지는 것이 아니라 순차적으로 발생된다는 것이다. 따라서 한정된 자원으로서 시간의 관점은 '母集團 時間豫算'(*population time budget*)이라는 개념을 낳았다. 시간공급의 총량(예산)은 '모집단의 크기×관찰시간의 길이'로 얻을 수 있게 된다.

경제적 의미에서 시간을 주요변인으로 다루고자 할 때 시간을 희소자원으로 간주하여 개인의 소비를 물리적 재화의 소비뿐만 아니라 그 재화를 소비하는 데 소요되는 시간도 같이 고려하게 된다. 이와 관련하여 Linder는 경제적 성장을 평가하는 가운데 개인의 시간소비를 크게 5가지 유형으로 구분한 바 있다. 첫째는 노동시간으로서 이것은 전문적인 생산활동에 투여되는 시간을 의미하며, 노동시간은 다른 활동에 할당할 시간의 수요공급에 영향을 미치게 된다. 둘째는 개인적 시간으로서 이것은 재화와 개인 신체의 유지를 위한 시간을 의미한다. 셋째는 소비시간으로서 이것은 재화의 소비에 드는 시간을 의미한다. 따라서 생산성이 증가하면서 소비시간에 대한 수요도 증가하게 된다. 넷째는 정신수양 시간으로서 이것은 재화보다는 소비시간에 의해서

---

55) T. Carlstein(1982), *Time Resources, Society and Ecology*, (Lund, Sweden: The Royal University of Lund).

더 영향을 받는다. 다섯째는 자유시간을 들 수 있다.[56]

한편 Becker는 비노동시간의 할당과 효율성이 갖는 중요성을 역설하면서 소득이 여가시간에 미치는 영향을 평가하기 위한 모델을 개발하였다. 즉, 그는 화폐소득과 임의의 시간에 손실된 화폐소득(*lost money income*)을 모두 합한 총소득을 개인의 자원으로 간주하여 측정하였다.[57] 마찬가지로 Johnson도 개인의 행동은 화폐예산(*money budget*)의 제약뿐만 아니라 시간예산(*time budget*)의 제약에 의해 영향을 받는다는 점을 주장하면서, 따라서 노동과 여가는 모두 효용함수에 있어서 중요한 결정요인들이라는 것이다.[58] 그런 점에서 장래에는 부유한 소비자들 사이에서 재화에 대한 구매행위보다는 오히려 시간에 대한 구매행위가 더 두드러지게 나타날 것이라는 예측도 나오고 있다.[59] 특히 기술발전과 시간예산 간의 관계에 대한 Staikov의 주장은 오늘날 뉴미디어의 보급이 활발히 전개되고 있는 가운데 수용자들의 다미디어 소비에 대한 경제적 관점을 제공해주고 있다. 그에 따르면, 기술진보의 사회적 가치는 그 기술을 이용함으로써 절약하는 시간의 총량에 의해 결정된다는 것이며, 새로운 기술을 도입함으로써 특정 행위유형에 대한 시간소비는 줄어들지 모르지만 대신에 다른 행위유형에 대한 시간소비가 상대적으로 증대된다는 것이다.[60]

---

56) S. B. Linder(1970), *Op Cit.*, pp.125–131.

57) G. S. Becker(1965), "A theory of the allocation of time", *Economic Journal*, vol.75, pp.493–517.

58) M. B. Johnson(1966), "Travel time and the price of leisure", *Western Economic Journal*, pp.135–145.

59) F. F. Mauser(1967), "A universe–in–motion approach to marketing", in E. Kelley and W. Lazer(eds.), *Managerial Marketing: Perspectives and Viewpoints*, (Homewood, Ill.: Richard D. Irwin), p.173.

60) Z. Staikov(1972), "Time–budgets and technological progress", in A.

그러나 시간은 자원이기는 하지만 화폐처럼 교환하거나 저장 혹은 운반할 수 있는 매체는 아니다. 충족과 시간이용 간의 관계는 신구 미디어 간의 비교를 해보면 더욱 분명하게 알 수 있다. 이를테면 구미디어들(신문, 영화, 라디오, 텔레비전 등)은 사람들이 그것에 레저시간을 할당하는 데 어느 정도 준수해야만 하는 엄격하고 제한된 시간표를 지니고 있다. 반면에, Dimmick & Wallschlaeger는 뉴미디어들이 미디어의 소비에 따르는 선택의 폭과 더 많은 시간통제권을 제공해준다는 점을 밝혔다.[61] 다시 말해서 뉴미디어들이 기존 미디어에 비해 더 많은 충족기회를 제공해준다는 것이다. 따라서 한 미디어가 제공하는 충족기회는 개인이나 가정의 시간예산과 미디어의 프로그램시간표 및 내용의 특성 간의 상호작용에 의해서 나타나게 된다. 상대적으로 고정된 시간예산에 비추어 볼 때, 어느 한 미디어가 특정의 내용을 더 많은 빈도로 더 많이 제공한다면 그 미디어는 특정의 시공간에 위치하고 있는 수용자에게 그들이 추구하고 있는 충족을 얻을 수 있는 확률을 높여준다고 할 수 있는 것이다.[62]

물론 그러한 미디어가 제공하는 충족기회가 대부분 사람들에게는 매우 중요한 것이기는 하지만 최근 미국 수용자의 인구학적 추이를 보면, CATV와 VCR과 같은 뉴미디어가 제공하는 충족기회는 미국 가정에 매우 중요하다는 점을 보여준다. 즉 최근 가장 두드러지게 나

Szalai(ed.), *The Use of Time*, (Hague, Netherlands: Mouton), pp.461–482.

61) J. Dimmick and M. Wallschlaeger(1986), "Measuring corporate diversification: A case study of new media ventures by television network parent companies", *Journal of Broadcasting and Electronic Media*, vol.30, pp.1–14.

62) Martin Block(1979), "Time in mass communication research", in Melvin J. Voigt and Gerhard J. Hanneman(eds.), *Progress in Communication Sciences*, vol.1, (Norwood, NJ: Ablex), pp.29–50.

158

타나는 경향 중의 하나는 직장여성(특히 주부직장인)의 수가 증가하
고 있다는 점이다.

이와 관련하여 Holman & Epperson는 가족과 여가시간에 관한 기
존연구들을 검토하면서 세 가지 연구결과들을 제시하였다.[63] 첫째,
CATV와 VCR 및 텔레비전수상기를 모두 갖추고 있는 가정은 청소
년이나 미혼 남녀를 제외하고는 여가활동의 중심지 역할을 하게 된다
는 것이다. 둘째, 주부들의 취업률이 증가하면서 상대적으로 여가시간
이 줄어든다는 것이다. 셋째, 맞벌이를 통해 부수적인 수입이 증대하
면서 여가시간을 활용할 수 있는 기회를 많이 제공해주고 있다. 요약
건대, 미디어가 제공하고 있는 충족기회는 맞벌이 가정에서 비롯되는
시간예산의 경직성 때문에 매우 중요한 의미를 지니게 된다는 것이다.
따라서 CATV와 VCR이 제공하는 프로그램시간의 융통성(*flexibility*)
은 미디어에게 여가시간의 할당권을 제공해주는 셈이다. 동시에 맞벌
이 부부들은 CATV가입료와 VCR대여료를 지불할 만한 경제적인 여
유를 가지게 된다.

4.2 자원경쟁 측정방법

전술한 바와 같이, 한 매체의 적소는 한 미디어가 획득한 자원의 폭
과 다른 미디어가 획득한 자원들 간의 적소폭 및 중복정도 등에 의해
서 정의될 수 있다. 여기서 적소의 폭과 적소의 중복의 개념에 대한
공식적인 정의는 광고자원을 둘러싼 미디어 간의 경쟁에 관한 기존연
구에서 이용되었던 전통적인 생태학적 등간척도들로서 Dimmick이 개

---

63) T. Holman and A. Epperson(1984), "Family and leisure: A review of
the literature with research recommendations" *Journal of Leisure
Research*, vol.16, pp.277 – 294.

발하였다.

먼저 適所幅에 대한 지수는 한 미디어가 하나의 자원에 대해서 상대적으로 광범위하거나 혹은 상대적으로 협소한 범위를 차지하고 있는 정도를 측정하게 된다. 따라서 적소폭은 전문적 혹은 일반적인 자원의 활용을 나타내준다.[64] 전문적인 매체는 수용자들이 협소한 자원범위를 획득하는 매체를 가리키며, 반면에 일반적인 매체는 각 차원에 광범위한 자원을 획득할 수 있는 매체를 가리킨다. 마찬가지로 매체산업의 입장에서도 이종매체 간의 적소폭은 공유하고 있는 자원(예: 광고)의 범위를 통해 측정할 수 있으며, 또한 동일한 매체산업 내에서도(특히 텔레비전산업의 경우) 시청자자원의 공유범위를 통해 측정할 수 있다.

〈적소폭(niche breadth) 산출공식〉

$$B = \frac{1}{\sum_{i=1}^{n} Pi^2}$$

B = 적소폭
i = 자원의 유형
Pi = 자원의존 비율

적소폭은 자원차원의 거리를 의미하는 것으로서 한 미디어가 의존하고 있는 자원유형의 수와 각 자원유형의 빈도로써 측정된다. 예를 들어 A라는 방송국이 X와 Y라는 자원을 각각 0.6과 0.4의 비율로 이용하고 있고, B라는 방송국은 단지 Z라는 자원에만 전적으로(1.0) 의존한다고 가정해보자. A방송국의 적소폭은 $1/(0.6)^2 + (0.4)^2 = 1.92$가

---

64) M. Hannan and J. Freeman(1977), "The population ecology of organization", *American Journal of Sociology*, vol.82, pp.929-964.

되며, 반면에 B방송국의 적소폭은 $1/(0.1)^2 = 1$이 된다. 따라서 A방송국은 B방송국보다 수평적인 자원공간상에서 B방송국보다 더 넓은 범위를 차지하고 있다고 할 수 있다. 이때 A방송국은 B방송국보다 더 많은 자원을 활용하고 있어 환경변화의 적응력이 높다고 할 수 있다. 이처럼 적소폭의 차이는 경쟁미디어 간 차별적인 자원활용 전략을 살펴볼 수 있는 이점을 제공해준다.

〈적소중복(niche overlap) 산출공식〉

$$di,\ j = \frac{1}{\sum_{h=1}^{n} (Pih - Pjh)^2}$$

di, j = 모집단 i와 j 간의 거리
h = 자원의 유형
Pi(j) = 특정 모집단의 수입

적소폭이 자원과 미디어 간의 관계에 초점을 맞추고 있다면, 적소중복은 두 미디어 간 자원활용의 유사성 정도를 파악하는 데 주안점을 두고 있다. 따라서 두 미디어 간 자원활용의 유상성이 높으면 적소중복의 정도가 높다고 할 수 있다. 결과적으로 두 미디어는 경쟁의 정도가 높다고 할 수 있다. 예를 들어 A방송국이 X와 Y라는 자원에 대한 의존도가 각각 0.6과 0.4이고, B방송국은 X와 Y라는 자원에 대해 각각 0.3과 0.7의 의존도를 보이고 있다고 가정해보자. 이를 산출공식에 의하면, 두 미디어 간의 중복 값은 $1/(0.6-0.3)^2 + (0.4-0.7)^2 = 5.55$로서 경쟁의 정도가 매우 낮은 것으로 평가할 수 있다. 이러한 적소중복성은 두 미디어의 대체성 혹은 보완성의 지수로 활용될 수도 있다. 즉 중복성의 점수가 높을 때는 두 미디어가 대체재임을 나타내며, 반면에 낮은 중복성 점수는 두 미디어 사이에 보완재임을 나타내준다.

제2절 텔레비전산업의 적소시장에 대한 분석결과

텔레비전산업이 한정된 시간과 프로그램자원, 그리고 제한된 수의 수용자 자원을 얼마나 효과적으로 활용하고 있는지를 살펴보기 위해서 각 방송사의 적소폭과 적소중복을 분석하였다. 적소폭은 방송사가 얼마나 다양하게 자원을 활용하고 있는가 하는 점을 나타냄으로써 환경변화에 대한 적응도를 평가하게 되며, 점수가 높을수록 환경변화에 대한 적응력이 높다고 할 수 있다. 반면에 적소중복은 한정된 프로그램자원을 놓고 경쟁방송사들이 어느 정도로 경쟁을 벌이고 있는지를 평가하는 기준으로 활용되며, 점수가 낮을수록 방송사 간의 경쟁의 정도가 높음을 의미하게 된다.

1. 시장경쟁의 범위: 적소폭(Niche Breadth)의 측정결과

앞에서 언급한 바와 같이, 텔레비전 프로그램시장에서 적소폭은 방송사가 각 장르에 대해서 한정된 방송시간량을 어느 정도의 범위로 할당하고 있는가 하는 점을 나타냄으로써 채널의 특성을 파악하고, 또한 시장환경 변화에 얼마나 적응력을 가질 수 있는가 하는 점을 이해하게 해준다. 다시 말해서 이는 경쟁시장 구조 속에서 한 기업이 생산하는 제품이 어느 정도의 特化度(*primary product specialization ratio*)와 包括度(*coverage ratio*)[65]를 지니고 있는지를 나타내 준다고 할 수 있다. 따라서 어떤 채널의 프로그램 적소폭의 점수가 다른 채널에 비해 높다고 한다면 그만큼 각 장르의 프로그램 생산을 다양하게 하고 있다고 볼 수 있으며, 반면에 적소폭의 점수가 다른 채널에 비해 낮다고 한다면 그만큼 특정장르의 프로그램에 대한 생산비중을 높이고 있다고 할 수 있다. 전자의 경우가 채널의 대중성을 의미한다면, 후자는 채널의 전문성을 의미한다고 할 수 있다. 더 나아가서 적소폭의 측정을 통하여 경쟁환경에서 각 채널의 시장위치화(*market positioning*) 전략이 무엇인지를 판별할 수 있는 이점을 제공해준다고 할 수 있다.

이러한 논거에 따라서 SBS의 출현에 따른 경쟁환경이 각 채널의 적소폭에 어떤 변화를 가져왔으며, 각 채널은 상대적으로 어느 정도의 시장폭을 보이고 있는지를 분석하였다. 먼저 전체적인 분석개요를 살펴보면 다음의 〈그림 -11〉과 같다. 채널별 적소폭의 점수를 보면 SBS가 가장 높은 점수를 보이고 있으며, KBS-1이 가장 낮은 점수를 보이고 있는 것으로 나타났다. 이는 곧 SBS가 다른 채널에 비해 각 장르의 프로그램공급폭이 넓은 반면에 KBS-1은 특정장르의 프로그램에 편중하여 제공하고 있음을 의미한다고 할 수 있다. 이러한 결과는 채널의 제도적 특성에서 비롯된다고 할 수 있는데, 즉 KBS-1은 SBS의 출현 이후 KBS-2와의 차별화 전략의 일환으로 주로 공익적 프로그램을 공급하는 데 따른 채널 전문화현상이라 할 수 있으며, 반면에 신규사업자인 SBS는 상업텔레비전으로서 시청자의 극대화를 위한 목적으로 여러 장르를 포괄하고 있는 것으로 평가할 수도 있으며, 또한 신규사업자로서 기존 시장에 대한 탐색의 일환으로서 초기부터 특정장르에 지나치게 편중함으로써 야기되는 다른 채널의 경쟁에 따른 위험성을 최소화하기 위해 여러 장르의 프로그램들을 제공하고 있는 것으로 평가할 수 있다.

---

65) 특화도는 시장의 전문화를 의미하고, 포괄도는 시장의 다변화를 의미한다.

한편 KBS-2는 '91년 가을부터 적소폭 점수의 감소를 보이다가 '93년 봄부터 약간의 증가를 나타내고 있으며, MBC는 SBS가 출현한 '92년 봄에는 감소를 보이다가 '92년 가을에는 다시 증가를 보이고, '93년 봄에는 다시 급격한 감소를 보인 이후에 급격히 상승하고 있어 '94년 초에는 SBS와 동일한 적소 점수를 보이고 있다. 이러한 결과는 SBS의 출현에 가장 민감하게 반응하는 채널이 MBC라는 점을 짐작케 해주며, SBS의 출현 이후 MBC는 새로운 시장위치화 전략을 세우는 데 일종의 불확실 상황에 직면하고 있는 것으로 이해할 수 있다. 그러나 최근에는 SBS와 마찬가지로 시청자극대화를 위한 각 장르의 프로그램을 포괄하려는 경향을 보이고 있는 것으로 나타났다. 이러한 현상은 SBS의 출현 이전에는 시청률이라는 측면에서 KBS보다 경쟁우위에 있었던 MBC가 시장지배력을 보인 부문(오락부문)에서 직접적인 경쟁이 불가피하게 되어 MBC의 반응이 가장 민감한 것으로 나타났다.

결과적으로 KBS-TV의 경우에는 KBS-1과 KBS-2의 채널특성화를 통해서 시청자극대화를 추구하고 있다고 한다면, 상업적 공영인 MBC와 상업텔레비전인 SBS는 프로그램의 다변화를 통해서 시청자의 극대화를 추구하고 있는 것으로 평가할 수 있다. 이는 곧 '프로그램 선택의 게임이론적 관점'에서 살펴보겠지만, 처음 신규사업자가 시장진입을 하였을 때 일종의 조정의 과정으로서 MBC는 다양한 위치화를 통해서 경쟁사의 반응을 검토한 후에 결국에는 안정적인 시장전략으로 SBS와 동일한 시장위치화를 선택한 것으로 이해할 수 있다. 이러한 결과는 특히 2개의 채널을 운용하고 있는 KBS가 채널의 특성화를 통해서 경쟁시장에 효율적으로 대응하고 있음을 나타내주고 있다고 할 수 있다. 다음 4장의 프로그램 선택이론에서 살펴보겠지만, 소수의 채널들이 프로그램경쟁을 하는 경우에는 채널독점자가 경쟁적 우위를 확보할 수 있을 뿐만 아니라 완전경쟁 시장에서보다도 오히려 프로그램의 다양성을 증진해준다고 할 수 있다.

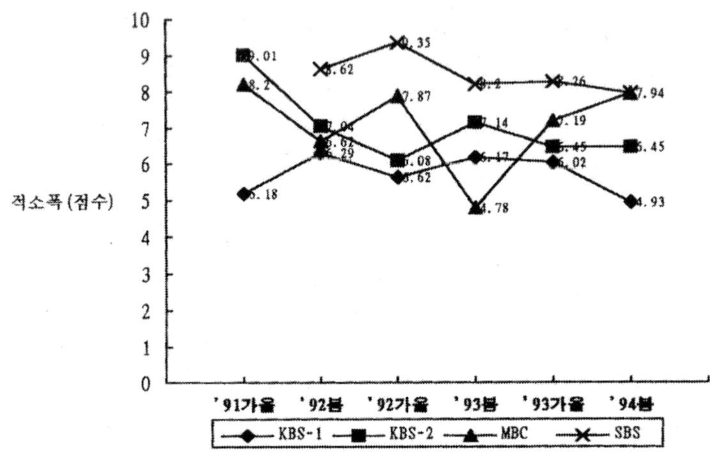

〈그림-11〉 시기별 각 채널의 적소폭의 추이

〈표-10〉 '91년 가을 각 채널의 적소폭

장 르	KBS-1			KBS-2			MBC		
	A*	B**	(B)^2***	A	B	(B)^2	A	B	(B)^2
P-1	1575	.317	.101	370	.075	.006	1095	.214	.046
P-2	440	.089	.008	75	.015	.000	120	.023	.001
P-3	265	.053	.003	60	.012	.000	300	.059	.003
P-4	245	.049	.002	335	.068	.004	463	.091	.008
P-5	1275	.257	.066	990	.201	.040	480	.094	.009
P-6	105	.021	.001	145	.029	.001	250	.049	.002
P-7	215	.043	.002	230	.047	.001	215	.042	.002
P-8	130	.027	.001	220	.045	.002	465	.092	.008
P-9	0	0	0	330	.067	.004	160	.031	.001
P-10	60	.012	.001	410	.083	.007	135	.026	.001
P-11	30	.006	.000	280	.057	.003	165	.032	.001

장 르	KBS-1			KBS-2			MBC		
	A*	B**	$(B)^{2}$***	A	B	$(B)^{2}$	A	B	$(B)^{2}$
P-12	110	.022	.001	230	.047	.002	110	.021	.001
P-13	125	.025	.001	300	.061	.004	150	.029	.001
P-14	390	.079	.006	950	.193	.037	1000	.197	.038
Σ	4965	1.000	.193	4925	1.000	.111	5108	1.000	.122
적소폭[1]	5.18			9.01			8.20		

*방송시간량을 가리킴 **전체 방송시간량에서 차지하는 비율
***각 장르의 방송시간 비율을 제곱한 값
P-1: 뉴스/P-2: 시사특집/P-3: 다큐멘터리/P-4: 토론/P-5: 생활정보/P-6:
순수예술/P-7: 교육/P-8: 쇼/P-9: 코미디/P-10: 퀴즈/P-11: 스포츠/P-12:
영화/P-13: 만화/P-14: 드라마

〈표-11〉 '92년 봄 각 채널의 적소폭

장 르	KBS-1			KBS-2			MBC			SBS		
	A	B	$(B)^{2}$	A	B	$(B)^{2}$	A	B	$(B)^{2}$	A	B	$(B)^{2}$
P-1	1425	.291	.084	395	.075	.006	1315	.281	.079	645	.126	.016
P-2	330	.067	.005	0	0	0	140	.030	.001	5	.011	.000
P-3	225	.046	.002	255	.048	.002	145	.031	.001	110	.021	.001
P-4	120	.024	.001	130	.024	.001	100	.021	.001	115	.022	.001
P-5	1085	.221	.049	1360	.257	.066	530	.113	.013	920	.180	.032
P-6	375	.076	.006	150	.028	.001	30	.006	.000	0	0	0
P-7	195	.040	.002	25	.005	.000	225	.048	.002	180	.035	.001
P-8	255	.052	.003	540	.102	.010	605	.129	.017	795	.155	.024
P-9	0	0	0	225	.043	.002	45	.009	.000	180	.035	.001
P-10	160	.033	.001	325	.061	.004	75	.016	.001	255	.050	.002
P-11	160	.033	.001	135	.025	.001	155	.033	.001	660	.129	.017
P-12	130	.027	.001	525	.099	.010	270	.058	.003	375	.074	.005
P-13	175	.036	.001	190	.036	.001	260	.057	.003	230	.045	.002
P-14	270	.054	.003	1035	.197	.038	780	.168	.029	600	.117	.014
Σ	4905	1.000	.159	5290	1.000	.142	4675	1.000	.151	5070	1.000	.116
적소폭	6.29			7.04			6.62			8.62		

<표-12> '92년 가을 각 채널의 적소폭

장 르	KBS-1			KBS-2			MBC			SBS		
	A	B	$(B)^2$	A	B	$(B)^2$	A	B	$(B)^2$	A	B	$(B)^2$
P-1	1550	.313	.097	300	.057	.003	1125	.230	.053	665	.129	.017
P-2	350	.070	.005	0	0	0	90	.018	.000	60	.012	.000
P-3	255	.051	.003	0	0	0	240	.049	.002	120	.023	.000
P-4	200	.040	.002	60	.011	.000	130	.027	.001	60	.012	.000
P-5	1200	.242	.058	1355	.258	.066	515	.106	.011	900	.174	.030
P-6	320	.064	.004	85	.016	.000	55	.011	.000	50	.010	.000
P-7	235	.047	.002	0	0	0	185	.038	.001	120	.023	.001
P-8	270	.054	.003	700	.133	.018	390	.080	.006	615	.119	.014
P-9	0	0	0	180	.034	.001	180	.037	.001	365	.071	.005
P-10	150	.030	.001	255	.049	.002	205	.042	.002	295	.057	.003
P-11	75	.015	.000	205	.039	.002	175	.036	.001	630	.122	.015
P-12	160	.032	.001	485	.092	.008	215	.044	.002	395	.076	.006
P-13	0	0	0	390	.074	.008	390	.080	.006	350	.067	.005
P-14	210	.042	.002	1240	.237	.056	985	.202	.041	550	.105	.011
Σ	4975	1.000	.178	5255	1.000	.164	4880	1.000	.127	5175	1.000	.107
적소폭	5.62			6.08			7.87			9.35		

<표-13> '93년 봄 각 채널의 적소폭

장 르	KBS-1			KBS-2			MBC			SBS		
	A	B	$(B)^2$	A	B	$(B)^2$	A	B	$(B)^2$	A	B	$(B)^2$
P-1	1665	.326	.106	890	.195	.038	1970	.383	.147	600	.100	.010
P-2	405	.079	.006	0	0	0	90	.018	.000	1015	.170	.029
P-3	90	.017	.000	50	.011	.000	100	.019	.001	160	.027	.001
P-4	210	.041	.002	0	0	0	130	.025	.001	60	.010	.000
P-5	725	.142	.020	585	.128	.016	380	.074	.005	1215	.203	.041
P-6	290	.057	.003	115	.025	.001	90	.018	.000	60	.010	.000
P-7	300	.059	.003	40	.009	.000	50	.010	.000	0	0	0

장 르	KBS-1			KBS-2			MBC			SBS		
	A	B	$(B)^2$	A	B	$(B)^2$	A	B	$(B)^2$	A	B	$(B)^2$
P-8	510	.100	.010	955	.209	.044	680	.132	.018	395	.066	.004
P-9	0	0	0	220	.048	.002	110	.021	.001	120	.020	.001
P-10	60	.012	.000	100	.022	.001	155	.030	.001	.525	.088	.008
P-11	0	0	0	205	.045	.002	80	.016	.000	285	.048	.002
P-12	275	.054	.003	545	.119	.014	200	.039	.002	440	.074	.005
P-13	115	.023	.001	230	.050	.003	200	.039	.002	295	.049	.002
P-14	460	.090	.008	630	.139	.019	905	.176	.031	815	.135	.019
Σ	5105	1.000	.162	4565	1.000	.140	5140	1.000	.209	5985	1.000	0.122
적소폭	6.17			7.14			4.78			8.20		

〈표-14〉 '93년 가을 각 채널의 적소폭

장 르	KBS-1			KBS-2			MBC			SBS		
	A	B	$(B)^2$	A	B	$(B)^2$	A	B	$(B)^2$	A	B	$(B)^2$
P-1	1591	.315	.099	220	.043	.002	1235	.247	.061	610	.116	.013
P-2	320	.063	.004	0	0	0	85	.017	.000	310	.059	.003
P-3	385	.076	.006	80	.016	.000	85	.017	.000	165	.031	.001
P-4	520	.103	.011	0	0	0	90	.018	.000	150	.028	.001
P-5	940	.187	.035	1365	.266	.071	860	.172	.029	1270	.240	.058
P-6	185	.037	.001	35	.007	.000	120	.024	.001	60	.011	.000
P-7	300	.059	.003	0	0	0	90	.018	.000	30	.006	.000
P-8	155	.031	.001	545	.106	.011	430	.086	.007	360	.068	.005
P-9	0	0	0	280	.055	.003	300	.060	.004	175	.033	.001
P-10	60	.011	.000	590	.115	.013	210	.043	.002	505	.096	.009
P-11	0	0	0	130	.025	.001	145	.029	.001	330	.063	.004
P-12	160	.032	.001	355	.069	.005	275	.054	.003	400	.076	.006
P-13	100	.020	.001	510	.099	.010	230	.045	.002	205	.039	.002
P-14	330	.066	.004	1020	.199	.039	850	.170	.029	710	.134	.018
Σ	5046	1.000	.166	5130	1.000	.155	5005	1.000	.139	5280	1.000	.121
적소폭	6.02			6.45			7.19			8.26		

〈표-15〉 '94년 봄 각 채널의 적소폭

장 르	KBS-1			KBS-2			MBC			SBS		
	A	B	$(B)^2$	A	B	$(B)^2$	A	B	$(B)^2$	A	B	$(B)^2$
P-1	1760	.339	.115	310	.054	.003	1055	.210	.044	540	.107	.011
P-2	155	.030	.001	0	0	0	85	.017	.000	235	.046	.002
P-3	709	.136	.019	155	.027	.001	305	.061	.004	145	.029	.001
P-4	300	.058	.033	95	.017	.000	220	.044	.002	40	.008	.000
P-5	560	.108	.012	1430	.251	.063	400	.080	.006	1170	.231	.053
P-6	105	.020	.001	25	.004	.000	0	0	0	0	0	0
P-7	210	.040	.002	325	.057	.003	435	.087	.007	110	.022	.001
P-8	610	.117	.014	360	.063	.004	765	.152	.023	240	.047	.002
P-9	0	0	0	275	.048	.002	210	.042	.002	235	.046	.002
P-10	60	.011	.000	435	.076	.006	215	.043	.002	435	.086	.007
P-11	185	.036	.001	175	.031	.001	155	.031	.001	230	.045	.002
P-12	175	.035	.001	220	.039	.002	105	.021	.001	445	.088	.008
P-13	100	.019	.001	460	.082	.007	170	.033	.001	310	.062	.004
P-14	270	.051	.003	1435	.251	.063	905	.181	.033	930	.183	.033
Σ	5199	1.000	.203	5700	1.000	.155	5025	1.000	.126	5065	1.000	.126
적소폭	4.93			6.45			7.94			7.94		

2. 시장경쟁의 정도: 적소중복(Niche Overlap)의 분석결과

다음으로 채널 간 경쟁의 정도를 살펴보기 위해 적소중복을 분석하였다. 적소중복은 경쟁시장에서 두 기업이 한정된 자원을 놓고 어느 정도 경쟁을 하고 있는가를 측정하기 위한 방법으로서, 경쟁적인 텔레비전시장에서 한정된 자원이라 할 수 있는 시청자들을 대상으로 어느 정도로 경쟁을 하고 있는가 하는 점을 판단하기 위해서 프로그램 편성상에 나타난 적소중복의 값으로 평가할 수 있다. 즉 특정장르의 프로그램에 대해서 두 방송사의 편성비율의 차이를 공간적 거리로 측정하여 그 거리가 짧을수록(적소중복 값이 작을수록) 경쟁이 더욱 심화되고 있다고 평가할 수 있는 것이다.

이러한 논거에 따라서 SBS의 출현을 전후로 4개 채널이 한정된 시청자 자원을 극대화하기 위해서 상대채널과의 경쟁이 어느 정도인지를 분석하였다. 먼저 시기별 채널 간 경쟁의 정도를 분석한 결과는 다음의 〈그림-12〉에 나타난 바와 같다. 〈그림-12〉에서 무늬의 각 결은 채널 간의 경쟁의 정도를 의미하는 것으로서 결의 폭이 얇을수록 경쟁이 심한 것을 의미하게 된다.

SBS가 등장하기 전에는 KBS-1과 MBC 간의 경쟁의 정도가 높았으나, SBS가 출현한 이후에는 경쟁의 양상이 달라지고 있는 것으로 나타났다. 전체적으로는 KBS-1과 MBC, 그리고 MBC와 SBS 간의 경쟁이 다른 채널 간의 경쟁보다도 치열한 모습을 띠고 있는데, KBS-1과 MBC의 경우에는 뉴스장르에서 다른 채널보다도 경쟁이 치열한 것으로 나타났으며, MBC와 SBS는 '93년 봄을 제외하고는 줄곧 경쟁이 강화되는 추세를 보이고 있다. 구체적으로는 SBS가 처음 시장에 진입한 1992년 봄에는 4개 채널 가운데 MBC와 SBS가 가장 치열한 경쟁을 벌였으며, 이어서 1992년 가을 편성에서는 SBS와의 경쟁에 KBS-2가 가세한 형국을 보여주고 있다. 이어서 1993년 봄에는 MBC와 SBS 간의 경쟁이 급격히 소강상태를 보이고 있는 반면에 KBS-2와 MBC가 다소 경쟁하는 듯한 양상을 보이고 있다. 그러나 1993년 가을에는 MBC가 SBS와는 물론 KBS-1과도 치열한 이중경쟁을 하고 있는 것으로 나타났다. 즉 MBC는 시청자극대화를 위하여 오락부문은 물론 비오락부문에서도 상당한 경쟁을 벌이고 있음을 알 수 있다. 그러나 다시 1994년 봄에는 MBC와 SBS 간의 경쟁이 다소 주춤해지고, 오히려 KBS-2가 SBS와 치열한 경쟁을 벌이는 형국을 보여주고 있으며, 또한 오히려 MBC는 비오락부문에서 KBS-1과 경쟁을 벌이고 있는 것으로 나타났다.

이상의 결과를 토대로 볼 때, 새로운 경쟁시장에서 MBC가 가장 민감하게 대응하고 있으며, KBS-2도 SBS의 출현을 기점으로 KBS-1과의 차별전략으로 오락프로그램 부문에서 SBS 및 MBC와 경쟁을 시도하고 있음을 알 수 있다. 따라서 신규 시장진입자인 SBS는 기존 방송사들로부터 강력한 견제를 받고 있는 것으로 판단할 수 있다.

<그림-12> 시기별 채널 간 적소중복의 정도

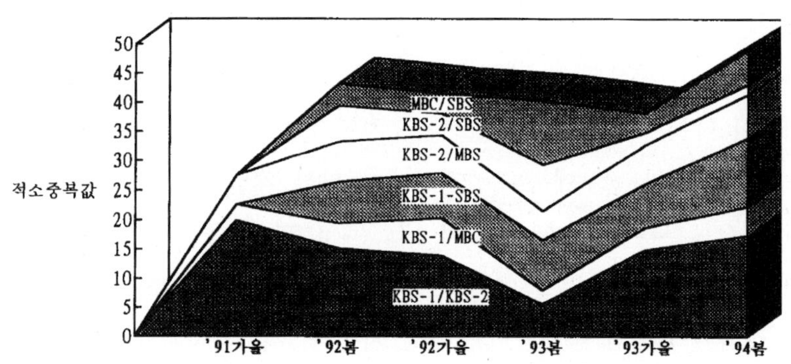

<표-16> '91년 봄 채널 간 적소중복 결과

채 널		P1	P2	P3	P4	P5	P6	P7	P8	P9	P10	P11	P12	P13	P14	총계	적소중복값
KBS1/ KBS2	KBS1	.34	.03	.05	.09	.21	.06	.03	.06	0	0	.04	.03	0	.06	1.00	10.59
	KBS2	.09	0	.01	.05	.21	.03	.06	.06	.05	.02	.09	.13	.05	.15	1.00	
	$(KBS1-KBS2)^2$	.0625	.0009	.0016	.0016	.0000	.0009	.0009	.0000	.0025	.0004	.0025	.0100	.0025	.0081	.0944	
KBS1/ MBC	KBS1	.34	.03	.05	.09	.21	.06	.03	.06	0	0	.04	.03	0	.06	1.00	35.71
	MBC	.27	.02	.05	.06	.14	.02	.05	.06	.02	.03	.03	.06	.02	.17	1.00	
	$(KBS1-MBC)^2$	.0049	.0001	.000	.0009	.0049	.0016	.0004	.000	.0004	.0009	.0001	.0009	.0004	.0121	0.028	
KBS2/ MBC	KBS-2	.09	0	.01	.05	.21	.03	.06	.06	.05	.02	.09	.13	.05	.15	1.00	20.96
	MBC	.27	.02	.05	.06	.14	.02	.05	.06	.02	.03	.03	.06	.02	.17	1.00	
	$(KBS2-MBC)^2$	.0324	.0004	.0016	.0001	.0049	.0001	.0001	.000	.0009	.0001	.0009	.0049	.0009	.0004	.0477	

〈표-17〉 91년 가을 채널 간 적소중복 결과

채 널		P1	P2	P3	P4	P5	P6	P7	P8	P9	P10	P11	P12	P13	P14	총계	적소중복값
KBS1/KBS2	KBS-1	.32	.09	.05	.05	.26	.02	.04	.03	.00	.01	.01	.02	.03	.07	1.00	
	KBS-2	.08	.02	.01	.07	.20	.03	.05	.04	.07	.08	.06	.05	.06	.18	1.00	10.57
	$(KBS1-KBS2)^2$	.0576	.0049	.0016	.0004	.0036	.0001	.0001	.0001	.0049	.0049	.0025	.0009	.0009	.0121	.0946	
KBS1/MBC	KBS-1	.32	.09	.05	.05	.26	.02	.04	.03	.00	.01	.01	.02	.03	.07	1.00	
	MBC	.23	.02	.06	.04	.10	.05	.04	.10	.03	.03	.03	.02	.03	.22	1.00	14.53
	$(KBS1-MBC)^2$	.0081	.0049	.0001	.0001	.0256	.0009	.000	.0049	.0009	.0004	.0004	.000	.000	.0225	.0688	
KBS2/MBC	KBS-2	.08	.02	.01	.07	.20	.03	.05	.04	.07	.08	.06	.05	.06	.18	1.00	
	MBC	.23	.02	.06	.04	.10	.05	.04	.10	.03	.03	.03	.02	.03	.22	1.00	20.66
	$(KBS2-MBC)^2$	.0225	.000	.0025	.0009	.0100	.0004	.0001	.0036	.0016	.0025	.0009	.0009	.0009	.0016	.0484	

〈표-18〉 92년 봄 채널 간 적소중복 결과

채 널		P1	P2	P3	P4	P5	P6	P7	P8	P9	P10	P11	P12	P13	P14	총계	적소중복값
KBS1/ KBS2	KBS-1	.29	.08	.05	.02	.22	.08	.04	.05	.00	.03	.03	.03	.04	.04	1.00	
	KBS-2	.08	.00	.06	.03	.03	.04	.01	.13	.06	.08	.03	.13	.06	.26	1.00	6.23
	$(KBS1-KBS2)^2$	.0441	.0064	.0001	.0001	.0361	.0016	.0009	.0064	.0036	.0025	.000	.0100	.0004	.0484	.1606	
KBS1/ MBC	KBS-1	.29	.08	.05	.02	.22	.08	.04	.05	.00	.03	.03	03	.04	.04	1.00	
	MBC	.28	.03	.03	.02	.11	.01	.05	.13	.01	.02	.03	.06	.06	.16	1.00	6.61
	$(KBS1-MBC)^2$	.0001	.0025	.0004	.000	.121	.0049	.0001	.0064	.0001	.0001	.000	.0009	.0004	.0144	.1513	
KBS2/ MBC	KBS-2	.08	.00	.06	.03	.03	.04	.01	.13	.06	.08	.03	.13	.06	.26	1.00	
	MBC	.28	.03	.03	.02	.11	.01	.05	.13	.01	.02	.03	.06	.06	.16	1.00	13.93
	$(KBS2-MBC)^2$	.0400	.0009	.0009	.0001	.0064	.0009	.0016	.000	.0025	.0036	.000	.0049	.000	.0100	.0718	
KBS1/S BS	KBS-1	.29	.08	.05	.02	.22	.08	.04	.05	.00	.03	.03	.03	.04	.04	1.00	
	SBS	.13	.01	.02	.02	.18	.00	.04	.16	.04	.05	.13	.07	.04	.11	1.00	14.29
	$(KBS1-SBS)^2$	.0256	.0049	.0009	.000	.0016	.0064	.000	.0121	.0016	.0004	.0100	.0016	.000	.0049	.0700	
KBS2/S BS	KBS-2	.08	.00	.06	.03	.03	.04	.01	.13	.06	.08	.03	.13	.06	.26	1.00	
	SBS	.13	.01	.02	.02	.18	.00	.04	.16	.04	.05	.13	.07	.04	.11	1.00	14.71
	$(KBS2-SBS)^2$	.0025	.0001	.0016	.0001	.0225	.0016	.0009	.0009	.0004	.0009	.0100	.0036	.0004	.0225.	.0680	
MBC/S BS	MBC	.28	.03	.03	.02	.11	.01	.05	.13	.01	.02	.03	.06	.06	.16	1.00	
	SBS	.13	.01	.02	.02	.18	.00	.04	.16	.04	.05	.13	.07	.04	.11	1.00	26.18
	$(MBC-SBS)^2$	.0169	.0004	.0001	.000	.0049	.0001	.0001	.0009	.0009	.0009	.0100	.0001	.0004	.0025	.0382	

〈표-19〉 92년 가을 채널 간 적소중복 결과

채 널		P1	P2	P3	P4	P5	P6	P7	P8	P9	P10	P11	P12	P13	P14	총계	적소중복점수
KBS-1/ KBS-2	KBS-1	.31	.07	.05	.04	.24	.06	.05	.05	.00	.03	.02	.03	.00	.05	1.00	8.11
	KBS-2	.06	.00	.00	.01	.26	.02	.00	.14	.03	.05	.04	.09	.07	.23	1.00	
	$(KBS1-KBS2)^2$	.0625	.0049	.0025	.0009	.0004	.0016	.0025	.0081	.0009	.0004	.0004	.0009	.0049	.0324	.1233	
KBS-1/ MBC	KBS-1	.31	.07	.05	.04	.24	.06	.05	.05	.00	.03	.02	.03	.00	.05	1.00	17.36
	MBC	.23	.02	.05	.03	.11	.01	.04	.08	.04	.04	.04	.04	.08	.19	1.00	
	$(KBS1-MBC)^2$	.0064	.0025	.000	.0001	.0169	.0025	.0001	.0009	.0016	.0001	.0004	.0001	.0064	.0196	.0576	
KBS-2/ MBC	KBS-2	.06	.00	.00	.01	.26	.02	.00	.14	.03	.05	.04	.09	.07	.23	1.00	15.53
	MBC	.23	.02	.05	.03	.11	.01	.04	.08	.04	.04	.04	.04	.08	.19	1.00	
	$(KBS2-MBC)^2$	.0289	.0004	.0025	.0004	.0225	.0001	.0016	.0036	.0001	.0001	.000	.0025	.0001	.0016	.0644	
KBS-1/ SBS	KBS-1	.31	.07	.05	.04	.24	.06	.05	.05	.00	.03	.02	.03	.00	.05	1.00	12.85
	SBS	.13	.01	.02	.01	.17	.01	.02	.12	.07	.06	.12	.08	.07	.11	1.00	
	$(KBS1-SBS)^2$	.0324	.0036	.0009	.0009	.0049	.0025	.0009	.0049	.0049	.0009	.0100	.0025	.0049	.0036	.0778	
KBS-2/ SBS	KBS-2	.06	.00	.00	.01	.26	.02	.00	.14	.03	.05	.04	.09	.07.	.23	1.00	25.32
	SBS	.13	.01	.02	.01	.17	.01	.02	.12	.07	.06	.12	.08	.07	.11	1.00	
	$(KBS2-SBS)^2$	.0049	.0001	.0004	.000	.0081	.0001	.0004	.0004	.0016	.0001	.0064	.0001	.0025	.0144	.0395	
MBC/ SBS	MBC	.23	.02	.05	.03	.11	.01	.04	.08	.04	.04	.04	.04	.08	.19	1.00	30.49
	SBS	.13	.01	.02	.01	.17	.01	.02	.12	.07	.06	.12	.08	.07	.11	1.00	
	$(MBC-SBS)^2$	.0100	.0001	.0009	.0004	.0036	.000	.0004	.0016	.0009	.0004	.0064	.0016	.0001	.0064	.0328	

〈표-20〉 93년 봄 채널 간 적소중복 결과

채 널		P1	P2	P3	P4	P5	P6	P7	P8	P9	P10	P11	P12	P13	P14	총계	적소중복점수
KBS-1/ KBS-2	KBS-1	.33	.08	.02	.04	.14	.06	.06	.10	.00	.01	.00	.05	.02	.09	1.00	17.92
	KBS-2	.19	.00	.01	.00	.13	.03	.01	.21	.05	.02	.04	.12	.05	.14	1.00	
	$(KBS1-KBS2)^2$	.0196	.0064	.0001	.0016	.0001	.0009	.0025	.0121	.0025	.0001	.0016	.0049	.0009	.0025	.0558	
KBS-1/ MBC	KBS-1	.33	.08	.02	.04	.14	.06	.06	.10	.00	.01	.00	.05	.02	.09	1.00	45.45
	MBC	.37	.02	.02	.03	.08	.02	.01	.13	.02	.03	.02	.04	.04	.17	1.00	
	$(KBS1-MBC)^2$	.0016	.0036	.000	.0001	.0036	.0016	.0025	.0009	.0004	.0004	.0004	.0001	.0004	.0064	.0220	
KBS-2/ MBC	KBS-2	.19	.00	.01	.00	.13	.03	.01	.21	.05	.02	.04	.12	.05	.14	1.00	19.38
	MBC	.37	.02	.02	.03	.08	.02	.01	.13	.02	.03	.02	.04	.04	.17	1.00	
	$(KBS2-MBC)^2$	.0324	.0004	.0001	.0009	.0025	.0001	.000	.0064	.0009	.0001	.0004	.0064	.0001	.0009	.0516	
KBS-1/ SBS	KBS-1	.33	.08	.02	.04	.14	.06	.06	.10	.00	.01	.00	.05	.02	.09	1.00	11.79
	SBS	.10	.17	.03	.01	.20	.01	.00	.07	.02	.09	.05	.07	.05	.13	1.00	
	$(KBS1-SBS)^2$	.0529	.0081	.0001	.0009	.0036	.0025	.0036	.0009	.0004	.0064	.0025	.0004	.0009	.0016	.0848	
KBS-2/ SBS	KBS-2	.19	.00	.01	.00	.13	.03	.01	.21	.05	.02	.04	.12	.05	.14	1.00	14.08
	SBS	.10	.17	.03	.01	.20	.01	.00	.07	.02	.09	.05	.07	.05	.13	1.00	
	$(KBS2-SBS)^2$	.0081	.0289	.0004	.0001	.0049	.0004	.0001	.0196	.0009	.0049	.0001	.0025	.000	.0001	.0710	
MBC/ SBS	MBC	.37	.02	.02	.03	.08	.02	.01	.13	.02	.03	.02	.04	.04	.17	1.00	8.35
	SBS	.10	.17	.03	.01	.20	.01	.00	.07	.02	.09	.05	.07	.05	.13	1.00	
	$(MBC-SBS)^2$	.0725	.0225	.0001	.0004	.0144	.0001	.0001	.0025	.000	.0036	.0009	.0009	.0001	.0016	.1197	

<표-21> 93년 가을 채널 간 적소중복 결과

채 널		P1	P2	P3	P4	P5	P6	P7	P8	P9	P10	P11	P12	P13	P14	총계	적소중복점수
KBS-1/ KBS-2	KBS-1	.32	.06	.08	.10	.19	.04	.06	.03	.00	.01	.00	.03	.02	.06	1.00	6.59
	KBS-2	.04	.00	.02	.00	.27	.01	.00	.11	.05	.12	.03	.07	.09	.19	1.00	
	$(KBS1-KBS2)^2$	.0784	.0036	.0036	.0100	.0064	.0009	.0036	.0064	.0025	.0121	.0009	.0016	.0049	.0169	.1518	
KBS-1/ MBC	KBS-1	.32	.06	.08	.10	.19	.04	.06	.03	.00	.01	.00	.03	.02	.06	1.00	27.40
	MBC	.25	.02	.02	.02	.17	.02	.02	.09	.06	.04	.03	.05	.05	.16	1.00	
	$(KBS1-MBC)^2$	.0049	.0016	.0036	.0064	.0004	.0004	.0016	.0009	.0036	.0009	.0009	.0004	.0009	.0100	.0365	
KBS-2/ MBC	KBS-2	.04	.00	.02	.00	.27	.01	.00	.11	.05	.12	.03	.07	.09	.19	1.00	16.56
	MBC	.25	.02	.02	.02	.17	.02	.02	.09	.06	.04	.03	.05	.05	.16	1.00	
	$(KBS2-MBC)^2$	.0441	.0004	.000	.0004	.0100	.0001	.0004	.0004	.0001	.0016	.000	.0004	.0016	.0009	.0604	
KBS-1/ SBS	KBS-1	.32	.06	.08	.10	.19	.04	.06	.03	.00	.01	.00	.03	.02	.06	1.00	22.12
	SBS	.12	.06	.03	.03	.25	.01	.01	.07	.03	.10	.06	.07	.03	.13	1.00	
	$(KBS1-SBS)^2$	.010	.000	.0025	.0049	.0036	.0009	.0025	.0016	.0009	.0081	.0036	.0016	.0001	.0049	.0452	
KBS-2/ SBS	KBS-2	.04	.00	.02	.00	.27	.01	.00	.11	.05	.12	.03	.07	.09	.19	1.00	45.45
	SBS	.12	.06	.03	.03	.25	.01	.01	.07	.03	.10	.06	.07	.03	.13	1.00	
	$(KBS2-SBS)^2$	.0064	.0036	.0001	.0009	.0004	.000	.0001	.0016	.0004	.0004	.0009	.000	.0036	.0036	.0220	
MBC/ SBS	MBC	.25	.02	.02	.02	.17	.02	.02	.09	.06	.04	.03	.05	.05	.16	1.00	30.49
	SBS	.12	.06	.03	.03	.25	.01	.01	.07	.03	.10	.06	.07	.03	.13	1.00	
	$(MBC-SBS)^2$	.0169	.0016	.0001	.0001	.0064	.0001	.0001	.0004	.0009	.00036	.0009	.0004	.0004	.0009	.0328	

〈표-22〉 94년 봄 채널 간 적소중복 결과

채 널		P1	P2	P3	P4	P5	P6	P7	P8	P9	P10	P11	P12	P13	P14	총계	적소중복점수
KBS-1/ KBS-2	KBS-1	.34	.03	.14	.06	.11	.02	.04	.12	.00	.01	.04	.03	.02	.04	1.00	5.62
	KBS-2	.05	.00	.03	.02	.25	.00	.06	.06	.05	.08	.03	.04	.08	.25	1.00	
	$(KBS1-KBS2)^2$	.0841	.0009	.0121	.0016	.0196	.0004	.0004	.0036	.0025	.0049	.0001	.0001	.0036	.0441	.1780	
KBS-1/ MBC	KBS-1	.34	.03	.14	.06	.11	.02	.04	.12	.00	.01	.04	.03	.02	.04	1.00	18.59
	MBC	.21	.02	.06	.04	.08	.00	.09	.15	.04	.04	.03	.02	.03	.19	1.00	
	$(KBS1-MBC)^2$	.0169	.0001	.0064	.0004	.0009	.0004	.0025	.0009	.0016	.0009	.0001	.0001	.0001	.0225	.0538	
KBS-2/ MBC	KBS-2	.05	.00	.03	.02	.25	.00	.06	.06	.05	.08	.03	.04	.08	.25	1.00	13.62
	MBC	.21	.02	.06	.04	.08	.00	.09	.15	.04	.04	.03	.02	.03	.19	1.00	
	$(KBS2-MBC)^2$	.0256	.0004	.0009	.0004	.0289	.000	.0009	.0081	.0001	.0016	.000	.0004	.0025	.0036	.0734	
KBS-1/ SBS	KBS-1	.34	.03	.14	.06	.11	.02	.04	.12	.00	.01	.04	.03	.02	.04	1.00	8.82
	SBS	.11	.05	.03	.01	.23	.00	.02	.05	.05	.09	.05	.09	.05	.17	1.00	
	$(KBS1-SBS)^2$	.0529	.0004	.0121	.0025	.0121	.0004	.0004	.0049	.0025	.0064	.0001	.0009	.0009	.0169	.1134	
KBS-2/ SBS	KBS-2	.05	.00	.03	.02	.25	.00	.06	.06	.05	.08	.03	.04	.08	.25	1.00	53.76
	SBS	.11	.05	.03	.01	.23	.00	.02	.05	.05	.09	.05	.09	.05	.17	1.00	
	$(KBS2-SBS)^2$	.0036	.0025	.000	.0001	.0004	.000	.0016	.0001	.000	.0001	.0004	.0025	.0009	.0064	.0186	
MBC/ SBS	MBC	.21	.02	.06	.04	.08	.00	.09	.15	.04	.04	.03	.02	.03	.19	1.00	17.01
	SBS	.11	.05	.03	.01	.23	.00	.02	.05	.05	.09	.05	.09	.05	.17	1.00	
	$(MBC-SBS)^2$	.0100	.0009	.0009	.0009	.0225	.000	.0049	.0100	.0001	.0025	.0004	.0049	.0004	.0004	.0588	

제3절 小結論

앞의 2장에서는 텔레비전이 公的 財貨를 어떻게 私的 財貨로 변환시키는가라는 점에 주목하였다고 한다면, 3장에서 살펴본 자원의존적 관점은 텔레비전산업의 자원구조를 통해서 實態的 생존원리를 이해하는 데 기본적인 시각을 제공해줄 뿐만 아니라, 그것과 관련된 실증적인 연구결과들을 제공해줌으로써 본 연구의 첫 번째 연구목적을 수행하는 데 중요한 분석 틀을 제공해준다고 평가된다.

그러나 適所重複 방법은 '미디어들이 동일한 광고유형으로부터 광고수익을 얻는다고 한다면 그들 미디어들은 서로 경쟁을 하고 있다'고 가정하고 있다는 점에서 미디어 사이의 경쟁의 정도를 과장할 위험성이 있다. 왜냐하면 이러한 접근방법은 특정의 광고가 상이한 미디어들이 서로 비경쟁일 필요가 있다고 판단하는 광고주들을 구분할 수 있는 세부적인 편차들을 간과할 수 있기 때문이다. 예를 들면, 신문과 라디오가 단지 동일한 자원에 의존하고 있다고 해서 경쟁하고 있다고 주장하는 것은 잘못이라는 것이다. 왜냐하면 적소중복 접근법은 특정의 지역광고주가 한 미디어만을 선호하도록 하는 미디어의 본질상의 차이점들을 정확하게 설명해주지 못하기 때문이다. 또한 상대적 불변원리도 한정된 자원에 대한 미디어 간의 점유분포를 통해 전체 미디어시장의 경쟁관계를 거시경제학적 관점에서 설명해주고는 있지만, 구체적인 미디어 간 시장경쟁의 요인과 효과 등을 설명해주지 못하는 한계를 지니고 있다.

그럼에도 불구하고 자원의존적 관점은 본 연구를 수행하는 데 있어서 다음과 같은 유용성을 제공해준다.

첫째, 광고와 수용자의 수, 그리고 수용자의 미디어 이용시간이라는 공통의 자원을 놓고 텔레비전이 다른 미디어와 상호의존 및 경쟁을 하고 있다는 것이다. 여기서 중요한 점은 이들 자원들이 전체 규모에서는 불변적(한정적)이면서도 전체 미디어시장에서는 가변성(이동성)이 높은 특성을 지니고 있다는 점이다. 이러한 자원의 특성은 미디어들이 끊임없는 변화를 추구하게 되는 이유가 되며, 그 속에 미디어의 역동적인 현상들이 內延해 있음을 암시해준다. 따라서 이 이론들은 텔레비전시장의 경쟁양태를 설명하는 데 대안적 시각을 제공해준다고 할 수 있다.

둘째, 그러한 경쟁양태를 구체적으로 분석할 수 있는 틀을 제공해주기도 한다. 즉, 미디어 간 자원의존의 폭을 측정하여 미디어의 생존적 응성의 정도를 판별할 수 있으며, 자원의존의 중복성을 통해서는 미디어 간의 경쟁의 정도를 측정할 수 있고, 그리고 적소우위성을 통해서는 미디어 간의 대체성 여부를 측정할 수 있는 방법론을 제공해준다.

한편 국내 방송사의 적소시장에 대한 분석결과에서 살펴본 바와 같이, 그동안 안정적인 시장지배력을 행사해왔던 기존 방송사들이 새로운 경쟁자의 시장진입 이후에는 프로그램 제작비용을 증대시키고, 또한 채널과 프로그램의 새로운 위치화 전략을 통해서 경쟁시장에 반응하고 있음을 알 수 있었다. 구체적으로 KBS-TV의 경우에는 프로그램 편성의 차별화를 통한 KBS-1과 KBS-2 간의 채널특성화를 꾀함으로써 가장 효율적인 시장전략을 구사하고 있는 것으로 나타났다. KBS-1은 뉴스장르를 비롯한 공익적 서비스를 담당하게 하여 이 부문에서는 주로 MBC와 경쟁하도록 하며, 반면에 KBS-2는 오락적 서비스를 담당하게 하여 MBC와 SBS를 상대로 경쟁토록 하는 전략을 구사하고 있는 것으로 나타났다. 한편 MBC는 그동안 상업적 공영으로서 KBS보다도 상대적으로 많은 시청자들을 확보할 수 있었으나, SBS가 출현함으로써 MBC가 그동안 실질적인 시장지배력을 보인 부문(오락부문)에서 직접적인 경쟁이 불가피하게 되어 MBC의 반응이 가장 민감한 것으로 나타났다. 특히 KBS조차도 경쟁에 대한 대응으로서 적극적 경쟁전략을 구사함으로써 MBC는 KBS와 SBS의 사이에서 이중적 경쟁상황에 직면하게 되었다.[66] 이러한 상황을 반영이라도 하듯 MBC는 다른 채널에 비해 경쟁전략상의 딜레마에 직면하고 있음을 보여주고 있다. 반면에 SBS는 개국 초기에 시청률저조에 따른 광고주이탈[67]이라는 충격 속에서 점차 시청자극대화의 편성전략을 구사하고 있으며, 또한 새로운 시장진입자로서 비용효율성을 극대화하기 위한 방편으로 프로그램 제작의 간접적인 지원인력을 최소화하고 제작비의 상승을 극복하기 위해서는 외부제작 비율을 높이고 있는 것으로 나타났다.[68]

---

66) MBC-TV가 다른 방송국들보다 더 경쟁에 민감하게 반응하고 있는 간접적인 증거로는 MBC가 처음으로 각 프로그램에 대한 자체 홍보책자를 배포하는가 하면, 또한 방송을 통해 프로그램 예고 및 홍보를 부쩍 강화하고 있다는 점이다. 이러한 MBC의 홍보전략에 대응하여 다른 방송사들도 최근에는 책자와 방송을 통해 프로그램 홍보를 강화하고 있다.

67) SBS개국 초기에 SBS와 광고계약을 맺은 495개의 광고주들 중 16개 광고주가 난시청과 낮은 시청률을 이유로 한국방송광고공사를 통해 프로그램 광고의 중지요청을 한 것으로 알려졌다. 동국제약, 수도약품, 한독약품 등 3개 업체가 전면 광고중지를 요청해왔으며, 오양수산, 동아제약, 제일모직, 신원에벤에셀, BC카드 등 13개 업체가 일부 프로그램 광고에 대해 중지요청을 해온 것으로 나타났다. 특히 광고중지 요청이 들어온 프로그램들은 아침시간대의 바둑프로그램, 아침드라마 '고독의 문', '푸른 일기', '빙글빙글 퀴즈', 'SBS뉴스쇼' 등과 같이 시청률이 저조한 장르의 프로그램들에서 주로 나타나고 있어 방송산업에 있어서 시청률과 광고수요의 함수관계를 단적으로 살펴볼 수 있다. 또한 당시 SBS광고의 70%가 경제불황에 가장 민감한 중소기업으로 이루어져 있다는 것도 광고주 이탈의 한 요인으로 작용한 것으로 나타났다. 〈서울신문, 1992년 1월 18일자 10면 참조〉

68) SBS는 후발 방송으로 스튜디오난과 인력난을 해결하고 효과적으로 프로
그램을 관리하기 위해 외주제작 비율을 9%로 높였다. 즉 개국 당시 외부
제작 비율을 6.5%에서 92년 5월 현재 2.5%를 늘려 편성함으로써 방송3사
의 치열한 시청률 경쟁에 대비, 가동인력을 가장 효과적으로 운영키 위한
방안으로 해석된다. 그러나 각 방송사는 자체 내에 독립프로덕션을 운영
함으로써 프로그램 생산시장을 내부화함으로써 관리의 효율화를 꾀하고
있다. 즉 KBS는 KBS제작단에, MBC는 MBC프로덕션에, 그리고 SBS는
SBS프로덕션에 외주 프로그램의 대부분을 위탁하고 있는 실정이다.

제4장 텔레비전시장의 경쟁과 시청자복지 효과

오늘날 텔레비전산업화에 대한 많은 비판가들은 텔레비전이 이윤추구에만 몰두한 나머지 지나치게 대중취향적인 오락프로그램만을 편중함으로써 전문화된 소수취향의 프로그램을 외면하고 있다는 점에 대해서 우려하고 있다. 실제로 텔레비전이 그런 경향을 보이고 있다고 한다면 그것이 내포하고 있는 함의는 무엇인가? 이러한 문제를 정확히 이해하고 해답을 찾기 위해서는 '텔레비전방송국이 어떤 유형의 프로그램을 방송해야 될지를 어떤 의사결정 구조 속에서 판단하게 되는가?' 혹은 '텔레비전시장 구조의 차이에 따라서 프로그램공급 형태는 달라지는가?' 그리고 '그러한 문제들이 프로그램의 다양성과 시청자들이 진정으로 선호하는 프로그램들을 제공하는 데 어떠한 영향을 미치는가?'라는 점들을 체계적으로 규명해야 될 것이다. 따라서 〈연구문제 -3〉에서는 시장구조의 특성과 시장환경의 변화에 따라서 방송사들이 프로그램선택을 어떻게 하는지를 고찰하는 데 초점을 맞추고, 이에 관련된 이론적 논의들을 통해 프로그램선택의 원리를 추론하는 한편 실증적인 프로그램분석을 통해 검증하고자 한다.

그동안 프로그램공급의 편중문제를 접근하는 방식은 대체로 언론인과 시청자의 의식구조와 행태적 특성이나 혹은 방송사의 조직적인 의사결정 구조 등에 집약되어 있었다. 그러다 보니 그것의 결론은 다분히 방송인과 시청자의 개인적인 책임의 문제로 귀착되는 경향이 많았다. 그러나 문제를 보다 근원적으로 파악하고 그것의 결과를 이해하기 위해서는 텔레비전산업화의 토양인 시장구조의 특성을 면밀히 검토하고, 시장메커니즘 속에서 텔레비전과 시청자가 어떤 의사결정을 하게 되는지를 분석하는 것이 보다 합리적인 접근방법이라 하겠다.[1] 이와

---

1) Bruce M. Owen and Steven S. Wildman(1992), *Video Economics*, (Cambridge, Mass.: Harvard University Press), pp.64-65.

같은 텔레비전프로그램 선택유형을 이해하고 예측하기 위한 접근방법은 크게 두 가지로 구분된다. 그 하나는 '프로그램 선택은 프로그램 내용과 어떤 면에서든 체계적으로 연결되어 있음을 가정하는 접근방법'이고 또 다른 하나는 '프로그램 선택유형은 관여된 프로그램 내용으로 설명되는 것이 아니라 시청률과 편성특성에 의해서만 영향을 받는 確率的 無選的 과정(*stochastic or random process*)의 결과'라고 가정하는 접근방법이 그것이다. 전자의 접근법을 대표하는 이론으로 잘 알려진 [利用과 充足연구]가 있으며 후자를 대표하는 이론으로는 [選擇모델]이 있다.2)

이용과 충족연구는 기능주의적인 사회심리학자들이 프로그램선택을 욕구충족이라는 기대에 의해 동기화된 합리적 행위로 가정하기 때문에 개인의 프로그램 선택은 욕구만족을 극대화시킬 특정 내용유형에 대한 선호와 어떤 상관성이 있음을 전제로 한다. 그러나 이 접근방법은 메시지 내용과 욕구 간의 관계가 검증할 수 있는 형태로 제시되지 못했고, 또한 매체와 메시지 선택 간의 관계분석을 위한 엄밀한 사회과학적 이론을 도입하지 못함으로써 프로그램 선택유형에 대한 예측력과 설명력이 결여되어 있다는 이론상의 약점을 지니고 있다.

반면에 경제학자들이 중심이 되어 제시하고 있는 프로그램 선택모델은 확률이론에 입각하고 있는데, 그것은 인간행동의 목적성과 결정론적 입장을 거부하고 無選性과 不確定性을 전제한다. 이는 어떤 개인도 그가 속한 사회환경, 특히 사회환경 속에 존재하는 다른 사람들을 완전히 통제하길 기대하기 어렵다는 점에서 사회적 맥락 내에서 개인내적 변인을 바탕으로 발생하는 모든 인간행동에 대한 예측과 설

---

2) 全煥盛(1986), "텔레비전프로그램 선택이론 연구: 선택모델(Models of Choice)을 중심으로", 『言論文化硏究』, 서강대학교언론문화연구소, p.2.

명은 일정 범위의 불확정성을 허용해야만 한다는 신념을 기저로 한다.[3] 이러한 선택모델의 기본관점은 특히 텔레비전프로그램의 '무료상품성'(*free goods*)과 관련 선택에 따른 수용자 경비의 균등성을 들어 확률적 선택의 가능성을 예시하고 있고 수용자의 선택행동은 프로그램 내용보다는 시청률이나 편성특성 등과 같은 내용 외적요인과 연계되어 있음을 가정하고 있다는 점에서 텔레비전산업의 행위 특성을 간접적으로 추론할 수 있는 이론적 토대를 제공해준다고 할 수 있다.

그런 점에서 1970년대 이후 공공경제학 부문에서 공공자원의 활용과 효율적인 배분에 관한 많은 연구들은 텔레비전산업이 다양한 프로그램 전략을 통해 이윤을 추구하고 그것이 시청자의 복지에 어떤 효율성을 제공했는지에 대한 이론적, 분석적 틀을 제공해주고 있다. 구체적으로 여기서 살펴보게 될 경제학적인 프로그램 선택이론들은 시청자의 선호도, 프로그램비용, 텔레비전 매체의 기술적 특성, 산업구조 등에 관한 다양한 관점들을 제공함으로써 텔레비전방송사가 어떤 프로그램 유형을 공급하게 되며, 그에 따른 시청자복지의 효율성이 어떠한지를 평가하는 데 필요한 기본관점들을 제공해준다.

제1절 프로그램 선택에 관한 게임론적 관점

현재 텔레비전산업의 구조변동과 관련하여 궁극적인 의문은 텔레비

---

3) Dean E. Hewes(1980), "An axioruatized, stochastic model of the behavioral effects of message campaigns", in Donald P. Cuchman, Robert D. McPhee(eds.), *Message–Attitude–Behavior Relationship*, (Academic Press: N. Y.), pp.43–51.

전산업의 탈규제에 따른 채널의 증가가 과연 프로그램의 다양성을 가져올 수 있는가라는 점과 설령 그렇다 하더라도 어느 정도 다양성을 증대하게 되는지, 그리고 더 나아가서 다양성이 프로그램의 질적 향상을 수반하게 될 것인가라는 점이다. 이를 위해서 우선 기존의 공중파 텔레비전 간의 완전경쟁 시장을 전제하여 가능한 각각의 전략적 행위들을 게임이론적 관점에서 점검하고자 한다.

일반적으로 기업은 자신의 전략이 상대기업의 이윤에 어떠한 영향을 미치며 따라서 상대기업이 자신의 전략에 어떻게 대응할 것인가에 대하여 가능한 한 정확한 예측을 해야 하며, 그러한 주관적 예측하에서 자신의 전략이 수익성의 향상에 어느 정도 기여할 것인가를 평가하게 된다. 예를 들어 수요가 계속 증가하는 성장산업에서 기업은 꾸준히 설비투자를 통해 생산시설을 늘려 나가지 않으면 안 된다. 그러나 적정 투자규모는 기업의 투자로 인한 공급능력의 증가에 상대방 기업이 어떻게 대처할 것인가에 대한 주관적 예측하에서만 가능하다. 더구나 한번 투자된 자본설비의 증가는 다시 원래상태로 환원되기 어렵다는 '投資의 非可逆性'(*irreversibility*)을 고려한다면 잘못된 예측하에서 이루어진 투자로 인해 기업은 파산할 수도 있을 것이다. 다시 말해서 경쟁기업들은 지나친 경쟁은 긴장과 불안을 초래하게 되고 그것을 해소하기 위한 정보비용은 증대하게 마련이어서 결과적으로 기업의 초과이윤은 소멸되어 갈 것이다. 따라서 경쟁기업들은 경쟁의 반복에 따른 비효율적인 결과에서 벗어나기 위해 상대방을 협조체제로 유도하기 위한 전략을 고려하게 된다. 특히 소수기업들 간의 과점적 경쟁인 시장에서는 상대기업의 경쟁행위를 비교적 쉽게 간파할 수 있기 때문에 상호의존적인 게임에 쉽게 동화되는 경향이 높다. 다시 말해서 경쟁게임이 무수히 반복된다면 개별 기업들은 상대방의 비협조적인

이기적 행동에 대한 보복을 할 수 있는 기회를 언제나 갖게 되는데 자신의 이기적 행동이 다음 기회에 보복을 자초하게 된다는 예측하에서는 협조적인 전략을 선택하는 것이 합리적일 수 있다.

이처럼 다매체 환경에서 초래될 수 있는 텔레비전프로그램의 획일화에 대한 우려는 특히 공간적 경쟁(*spatial competition*)의 논리적 추론에 의해서 더욱 증폭하게 된다. 즉 만약에 해수욕장의 해변을 따라 아이스크림 가게가 어느 공간적 위치를 점하고 있는 것이 이윤을 극대화할 수 있을까 하는 예에서 텔레비전산업의 경쟁결과를 간접적으로 유추해볼 수 있다. 해수욕장의 피서객들은 그들이 가장 가까이서 쉽게 접근할 수 있는 가게에서 아이스크림을 사 먹을 것이다. 그렇지 않고 해변의 어느 한끝에 가게가 있다면 반대편 끝에 있는 피서객들은 아이스크림을 사 먹는 것을 포기하고 다른 행동을 통해 만족을 꾀할지도 모르기 때문이다. 따라서 합리적인 아이스크림 가게 주인이라 한다면 설령 많은 다른 아이스크림 가게들이 이웃하고 있다 하더라도 해변의 어느 한쪽 끝에 가게를 차리기보다는 가장 많은 사람들이 쉽게 접근할 수 있는 공간적 위치인 해변의 중앙에 가게를 차리는 것이 가장 많은 이윤을 보장해줄 것으로 판단하게 될 것이다. 마찬가지로 텔레비전산업도 수용자들이 '쉽게 접촉할 수 있고 선호도가 밀집되어 있는'(*wall-to-wall Dallas*) 장르의 프로그램을 제공하는 것이 이윤을 극대화할 수 있을 것으로 판단하여 소수취향의 프로그램보다는 대중취향적인 프로그램에 대한 편향을 갖게 될 것이라는 점이다.[4] 그런

---

4) 물론 가격경쟁(price competition)을 전제할 경우에는 그 결과는 다를 수 있다. 즉 신문은 편집의 차별화를 위한 비용상승분을 가격을 인상함으로써 충당하게 되는데, 이때 가격인상에 따른 일부 독자층의 유실을 만회할 수 있다. 그러나 광고로 운영되는 공중파 TV방송은 그것의 수입이 시청자 선호성의 집중도보다는 전체 시청자크기에 의존하고 있기 때문에 가격차별화

점에서 텔레비전방송은 신문과는 달리 생산비용과 프로그램의 질이 반드시 정비례한다고 볼 수 없다. 또한 신문은 독자들이 기껏해야 1~2개 정도의 신문만을 구독하기 때문에 설령 신문 간의 내용의 유사성이 높다 하더라도 그것이 독자의 정보복지에 커다란 손실을 가져온다고는 볼 수 없다. 그러나 텔레비전방송은 시청자들이 여러 채널을 얼마든지 선택할 수 있기 때문에 채널 간 내용의 중복성은 그만큼 시청자들의 복지를 손실시킨다고 볼 수 있는 것이다.[5]

이러한 과점기업의 행위에 관한 게임이론은 다음 항에서 살펴보게 될 Steiner의 프로그램 선택이론에서 Hotelling의 '공간적 경쟁이론'[6]을 적용하여 프로그램의 중복성을 설명한 바 있다. Hotelling의 고전적 모형에 따라 프로그램의 질적 수준을 0에서 1로 순서대로 나열해보면 각 수준의 프로그램을 가장 선호하는 시청자들의 분포는 어느 수준에서나 같다고 가정해보자. 또 품질을 공간상의 위치에 한정해서 파악하면 특정한 품질의 상품에 대한 소비자들의 선호는 수송비용(상품을 사기 위해 상점까지 이동하는 거리)을 최소화시키는 위치에서 공급되는 상품의 순으로 나타날 것이다. 이러한 논리에서 방송국 A와 B의 경쟁적 균형상태를 추정해볼 수 있다.

의 효과를 기대할 수 없다. 〈M. L. Greenhut, G. Norman, and C.S. Hung(1987), *The Economics of Imperfect Competition: A Spatial Approach*, (Cambridge: Cambridge University Press), pp.142-153 참조〉

5) Gordon Hughes and David Vines(1989), "Regulation and strategic behaviour in commercial television", in Gordon Hughes and David Vines(eds.), *Deregulation and the Future of Commercial Television*, (Glasgow: Aberdeen University Press), p.42.

6) H. Hotelling(1957), "Stability in competition", *Economic Journal*, vol.34, pp.41-57.

190

〈그림-13〉 두 방송사의 경쟁적 균형점

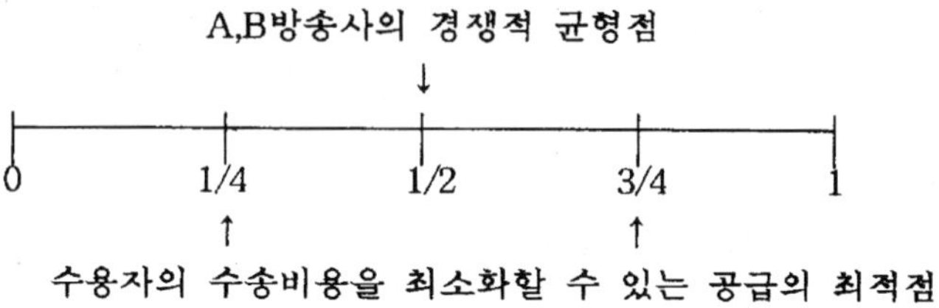

위의 〈그림-13〉에서 보는 바와 같이, A, B 두 방송사의 초기 위치를 0과 1로 고정시켰다고 할 때 이러한 상태에서 두 방송사 모두는 더 많은 수용자들을 확보하기 위한 전략으로 수용자들의 수송비용(선호하는 프로그램유형과의 거리)을 최소화할 수 있는 곳으로 자신의 위치를 바꾸고 싶어 할 것이다. 이때 경쟁사인 B방송사가 자신의 전략변화에 적극적으로 대처하지 않을 것으로 추측한다면 A방송사는 1/2점으로 이동하게 된다. 그러나 B방송사 역시 동일한 방법으로 행동할 것이기 때문에 B방송사의 위치도 1/2점으로 이동하여 두 방송사 모두 자신의 위치를 변경할 유인을 갖지 않는다. 왜냐하면 상대 방송사가 중앙점을 고수한다고 믿으면 자신의 위치도 거기에 고정되어야 시청자들을 더 이상 잃지 않기 때문이다. 그 결과 프로그램경쟁의 균형상태에서 두 방송사는 동질적인 프로그램을 중복하여 공급하게 된다는 것이다.

한편 Crandall과 Park도 네트워크텔레비전사의 경쟁행위를 설명하기 위한 방안으로 쿠르노(Cournot)의 게임이론을 적용하였다.[7] 즉 두 경쟁기업이 서로의 존재를 알고 있고, 어느 한 기업이 생산에 변화를

---

7) R. W. Crandall(1972), "FCC regulation, monopsony and network television program costs", *Bell Journal of Economics and Management Science*, vol.3, pp.483−508.
R. E. Park(1973), "New television networks", *Report R−1408−MF*, Rand Corporation.

주면 상대기업은 이에 대해서 즉각적으로 반응하지 않을 것이라는 가정을 토대로 하고 있는 고전적인 쿠르노모형을 이용하여, 두 연구자들은 방송사의 프로그램 편성전략을 분석하였다. 그들에 따르면, 텔레비전프로그램의 제작 기간이 길기 때문에 정규 프로그램 편성 훨씬 이전에 이미 프로그램의 제작비용이 결정되며, 또한 몇 년간 장수하고 있는 프로그램을 쉽게 폐지하지 않고 계속 편성하는 것은 바로 다른 경쟁사의 신규 프로그램 제작과 편성에 대한 근시안적인 불감증 현상으로 간주할 수 있다는 것이다. 그러나 Crandall과 Park의 연구결과는 정태적이고 보수적인 쿠르노모형을 전제로 역동적인 네트워크텔레비전의 행위를 설명하는 데는 한계를 지니고 있다고 볼 수 있다. 사실 오늘날 경쟁관계에 있는 각 텔레비전방송사는 시청률에 민감하게 반응하여 혹은 상대 방송사의 프로그램 편성에 따라서 수시로 프로그램을 변경하는 등 상호의존적인 경쟁행위를 벌이고 있다.

한편 전체 시청자의 수가 어느 정도 고정되어 있어 그에 따른 광고수입도 불변이긴 하지만 프로그램 제작비용의 증가에 따라서 방송사 간의 수용자의 크기가 변모될 수 있어 프로그램 편성을 통한 이윤추구는 가변적인 '囚人의 딜레마'(*prisoner's dilemma*)와 유사한 경쟁게임을 유도하기도 한다.

예를 들면, 다음의 〈표 -24〉에서와 같이 상호의존적인 경쟁상황에서 자신의 이윤을 극대화하기 위한 균형점을 추구하게 된다. 가령 방송사 A가 낮은 이윤전략을 강구하고 있다고 믿고 있는 방송사B는 높은 이윤전략을 추구함으로써 상대적으로 더 높은 수익을 올릴 수 있어 높은 이윤전략을 선택하게 될 것이다. 그러나 방송사A가 높은 이윤전략을 추구하게 될 경우에는 방송사B는 자신의 이윤을 보호하기 위해 똑같이 높은 이윤전략을 구사하게 될 것이다. 따라서 〈표 -23〉에서 Ⅰ영역은 두 방송사가 담합위반이 쉽게 발각되어 즉각적으로 보복이 뒤따른다는 점을 알게 될 경우에 해당되는 것으로서 이 경우에는 두 방송사가 담합을 통해 모두 균등한 이윤을 보장해준다고 할 수 있다. 반면에 담합으로부터 이탈 가능성이 높고 보복의 위협이 뒤따를 경우에는 Ⅳ영역과 같은 전략을 두 방송사가 선택할 가능성이 매우 높다고 할 수 있다.

<표-23> 두 방송사의 동태적 프로그램 선택모형

	방송사 B	
방송사 A	Ⅰ영역: 낮은 이윤전략 수용자: 50, 50 비용: 25, 25 이윤: 25, 25	Ⅱ영역: 높은 이윤전략 수용자: 0, 100 비용: 25, 50 이윤: -25, 50
	Ⅲ영역: 높은 이윤전략 수용자: 100, 0 비용: 50, 25 이윤: 50, -25	Ⅳ영역: 높은 이윤전략 수용자: 50, 50 비용: 50, 50 이윤: 0, 0

이러한 담합적 행위는 광고시장에서 가격과 광고시간에 관한 경쟁행위에서도 나타나게 되는데, 텔레비전광고에 있어서 시간과 가격은 쉽게 드러나는 구체성을 지니고 있고 시장자체가 체계적으로 조직되어 있기 때문에 이에 대한 방송사 간의 담합이 쉽게 이루어질 수 있다. 또한 방송광고의 경우에는 외부의 개입에 의해 광고시간과 가격이 조정되고 있기 때문에 자연스럽게 담합적 구조를 형성할 수 있다. 예를 들면, 미국의 NAB가 프로그램 시간당 광고량을 조정함으로써 광고시장의 과열경쟁을 조정하고 있으며, 우리나라의 경우도 공보처가 광고시간량을 통제하고 한국방송광고공사는 광고요금을 일률적으로 책정하고 광고영업을 대행하는 등 광고시장에서의 방송사 간의 직접적인

경쟁을 방지함으로써 외부적 영향에 의한 담합적 성격을 띠고 있다. 그러나 프로그램 선택행위에서는 방송사 간의 담합적 균형을 찾기가 어렵다. 왜냐하면 텔레비전프로그램은 장르나 그것의 질적 수준을 객관적으로 평가하기가 어려울 뿐만 아니라 제작비도 각기 다를 수 있기 때문이다. 따라서 네트워크사들은 계속해서 프로그램의 생산요소들(탤런트, 촬영기술 등)을 증대시켜 프로그램당 제작비를 상승시키게 되는 수인의 딜레마를 겪게 되는 것이다. 그러나 창작 프로그램과 재방송 프로그램 간의 비율에 대해서는 방송사 간의 암묵적인 담합이 이루어지기도 한다. 무한한 제작비 경쟁은 비용의 증대에 따른 출혈이 예상되기 때문에, 그리고 재방송의 양은 그것의 프로그램내용과 관계없이 구체적으로 드러나는 물리적 증거이기 때문에 담합적 균형을 이룰 수 있는 토대가 된다고 할 수 있다. 실제로 미국의 네트워크사들은 주시청시간대의 재방송 비율을 연간 40~45% 정도의 범위 내에서 비슷하게 편성하는 경향을 보인 것으로 나타났다.[8] 우리나라의 경우도 방송사들이 주말과 휴일의 낮 방송시간대에 집중적으로 재방송 프로그램을 편성하고 있는 점도 담합적 균형의 한 전형이라 할 수 있다.

제2절 프로그램 선택행위에 대한 경제적 관점

1. 전통적인 프로그램 선택이론

프로그램 선택에 관한 전통적인 이론들은 텔레비전산업의 초창기라 할 수 있는 1950년대와 1970년대에 이루어진 연구결과들이라는 점에

---

8) B. M. Owen, H. Beebe, and W. G. Manning(1974), *Op Cit.*, p.108.

194

서 오늘날 다미디어, 다채널 상황에 적용하기에는 여러 가지 한계점들을 내포하고는 있지만, 공중파텔레비전산업의 기본적인 시장원리와 그것의 시장행위에 관한 기본관점을 제공해주고 있다는 점에서 의의가 있다고 볼 수 있다. 다음에서 구체적으로 살펴보게 될 전통이론의 공통적인 관점들을 크게 세 가지 점에서 정리할 수 있다.

첫째, 산업구조의 차이 즉 독점시장과 경쟁시장에 따른 방송사의 행위는 현격한 차이가 있다.

둘째, 프로그램의 공급은 재원조달 방식 즉 광고수입과 시청자 직접지불 방식인 유료방식에 따라 차이가 있다.

셋째, 경쟁의 구조는 새로운 뉴미디어의 도입에 따른 다채널 경쟁구조와 기존의 한정채널 구조인 공중파텔레비전의 경쟁구조와는 차이가 있다.[9]

1.1 Steiner의 프로그램 선택이론

Steiner의 프로그램 선택모형[10]은 고전적인 Hotelling의 상품경쟁이론[11]에 바탕을 두고 있다. 마치 양당체제하에서 두 후보자가 모두 중도적인 입장을 취하는 것과 마찬가지로, 경쟁하의 두 기업은 '과도하게 유사한'(*excessively same*) 제품을 생산하게 된다는 것이 Hotelling의 주장이다. 이러한 논리는 상품의 다양성에 관한 경제적 분석에 상당한 도움을 제공해준다. 특히 이하에서 살펴보게 될 Steiner

---

9) 이 연구에서는 한국 공중파텔레비전 산업을 연구대상으로 하고 있고, 아직 한국에는 CATV의 시장운영이 본격화되지 않고 있기 때문에 공중파텔레비전과 관련된 연구결과들을 중심으로 이론들을 살펴보고자 한다.

10) P. O. Steiner(1952), "Program patterns and preferences, and the workability of competition in radio broadcasting", *Quarterly Journal of Economics*, vol.66, pp.194–223.

11) H. Hotelling(1929), *Op Cit.*

의 논점은 두 가지 점에서 Hotelling의 경쟁이론과 유사한 결론을 도출하고 있다. 첫째는 경쟁기업들이 오히려 독점기업보다 제품의 양과 다양성의 감소를 가져온다는 점이고, 둘째는 둘 이상의 경쟁기업들이 존재하는 시장에서는 안정된 균형을 이루기가 힘들다는 점이다.

Steiner는 다음의 몇 가지 기본전제를 상정하고 '시청자 수의 극대화를 추구하는 방송사가 어떤 프로그램을 제공하는가?'라는 문제를 제기하였다. 그의 기본전제는 다음과 같다.

i) 프로그램 선호도에 따라서 각 시청자집단은 그 크기가 매우 다르다.

ii) 시청자들은 오로지 첫 번째 선택한 프로그램만을 시청하며 대안적인 다른 프로그램은 시청하지 않는다.(시청과 비시청으로 양분화)

iii) 채널의 수는 제한되어 있다.

iv) 하나의 프로그램을 중복 편성하는 경쟁방송사들은 시청자의 수를 균일하게 분점하게 된다.

v) 방송사는 모든 시청자들의 가치를 동일하게 부여한다.

vi) 프로그램 생산비용은 무시한다.

이상과 같은 그의 기본전제에 입각하여, 다음의 〈표-24〉와 같은 가정하에서 독점시장과 경쟁시장이 결과하는 시청자의 복지를 평가해보자.

〈표-24〉 독점시장과 경쟁시장의 시청자복지 효과

	시청자 집단			시청자복지(총 시청자 수)
	1	2	3	
시청자 크기	5,000	2,500	1,250	
독점방송사의 프로그램공급	○	○	○	V: 8,750 nV: 0
경쟁방송사의 프로그램공급	○○	○	X	V: 7,500 nV: 1,250

* V: 시청자 nV: 非시청자

〈표-24〉에서 보는 바와 같이, ⅰ) 3개의 채널이 공급되고, ⅱ) 3개의 채널을 모두 독점하고 있는 독점방송사와 각 채널을 하나씩 소유하고 있는 3개의 경쟁방송사로 시장구조를 구분하고, ⅲ) 각 채널별 프로그램 유형에 따른 시청자의 선호분포도를 3집단으로 구분하였을 때, 프로그램-1에 대해서는 5,000명, 프로그램-2에 대해서는 2,500명, 그리고 프로그램-3에 대해서는 1,250명씩 각각 분포되었다고 가정해보자. 그 결과는 채널을 모두 소유하고 있는 독점방송사는 전체 시청자의 수를 극대화하고자 하기 때문에 각 채널별로 각기 다른 선호도를 지닌 프로그램을 제공하게 되어 한 명의 시청자도 시청기회를 박탈하지 않음으로써 시청자의 복지를 극대화시켰으나, 반면에 1채널만을 소유하고 있는 3개의 경쟁방송사들은 자기 방송국의 시청자의 수만을 극대화하고자 하기 때문에 시청자들이 가장 많이 분포되어 있는 프로그램-1을 2개의 방송사가 중복편성하고 나머지 다른 한 방송국은 프로그램-2를 제공하게 되어, 그 결과 프로그램-3을 선호하는 1,250명은 방송시장에서 시청기회를 박탈당하게 되어 그만큼 시청자의 복지가 손실된다.

따라서 Steiner의 논리에 따르면, 경쟁시장에서 상품의 유사성이 나타난다는 Hotelling의 주장에서처럼 경쟁적인 방송시장에서도 프로그램의 중복현상이 나타나게 된다는 것이다. 이는 곧 경쟁적인 방송시장에서는 소수취향의 프로그램의 입지가 약화됨으로써 그만큼의 시청자 복지에 손실을 가져올 뿐만 아니라, 유사프로그램에 대한 중복투자로 사회적인 자원의 낭비를 초래하게 되어 매우 비후생적인 시장구조라는 것을 의미하게 된다.

그러나 Steiner가 위에서 제시한 기본전제 중에는 몇 가지 한계점을 안고 있다. 첫째, '시청자들이 오로지 자신이 좋아하는 프로그램 하나만을 선택하여야 된다'라는 것은 현실적으로 불가능에 가까운 가정이다.

특히 오늘날 시청자들은 다미디어 다채널 상황에서 리모콘을 통한 '채널 뛰어넘기'(*channel-shifting*)를 부단히 시도하고 있는 점을 감안할 때 특정 프로그램에 대해서만 시청자들이 집중할 것이라고 기대하기는 어려운 일이다. 이러한 문제는 동일한 프로그램(현실적으로 모든 프로그램은 완전히 동일할 수가 없지만: 즉, 완전한 대체적 프로그램은 존재할 수 없다.)이면 두 프로그램의 시청자의 수가 동일하다는 가정과도 연결된다. 둘째, '방송사들이 모든 시청자들의 가치를 동일하게 취급한다'라는 점도 적합한 전제가 되지 못한다. 특히 광고주에 의존하고 있는 방송사라고 한다면 그것의 프로그램은 광고주가 가장 선호하는 시청자들을 겨냥할 수밖에 없기 때문에 차별적으로 프로그램을 제작하지 않을 수 없다.12) 이 점은 프로그램 생산비용을 무시한다는 전제와도 연결된다.

그러나 이러한 한계점에도 불구하고 Steiner의 논의가 시사하는 바는 채널이 유한하고 채널운영을 광고수입에 의존하고 있는 방송구조 하에서는 경쟁적인 상업방송 제도보다는 독점적인 공영방송 제도가 수용자 복지에 더 많은 기여를 할 수 있다는 점이다.

Rothenberg는 그의 연구에서 시청자 선택권의 확대와 채널제약이라는 두 가지 변인을 추가하여 Steiner주장을 뒷받침하였다.13) 즉, 그는 경쟁적 시장구조를 전제하는 한편, (Steiner 모델에서처럼) 시청과 비시청

---

12) 대체로 35~44세의 사무직에 종사하는 남녀가 미디어이용이 가장 활발하며, 또한 광고상품에 대한 가처분소득이 가장 많기 때문에 공중파 TV프로그램이 이러한 인구학적 속성을 지닌 계층들을 표적시청자(*target audience*)로 간주하는 경향이 있다.(American Demographics, Nov.1990 참조)
장용호 교수도 상업방송의 시장실패론을 주장하면서, 그 이유 중의 하나로 광고주가 선호하는 시청자들의 취향에 맞는 프로그램을 제공하게 되기 때문이라고 지적하였다. 〈장용호(1989), "한국 TV산업의 시장구조, 행위 및 성과에 관한 연구", 『언론학논선』, vol.6, 서강대언론문화연구소, pp.38-39.〉

13) J. Rothenberg(1962), "Consumer sovereignty and the economics of TV programming", *Studies in Public Communication*, vol.4, pp.45-54.

이라는 극단적인 선호도 대신에 시청자가 가장 선호하는 프로그램을 시청할 수 없을 때 대안적인 프로그램을 선택할 수 있음을 가정함으로써 시청자들이 공통적으로 선호하는 차선의 프로그램이 존재할 수 있음을 제안하여 훨씬 더 현실적인 시청자 선택행위에 접근하고 있다. 이러한 그의 논지를 구체적으로 설명하면, 다음의 〈표-25〉와 같다.

〈표-25〉 Rothenberg의 시청자 선택모형

시청자 집단	1	2	3
시청자의 프로그램 선호도 -가장 선호하는 프로그램 -두 번째로 선호하는 프로그램 -세 번째로 〃	pro-1 n.v n.v	pro-2 pro-1 n.v	pro-3 pro-1 n.v

n.v.: 非시청(nonviewing)　　pro-: 프로그램유형

위의 〈표-25〉에서 알 수 있듯이, 3개의 채널과 각각의 방송사 3개가 존재한다고 했을 때, 프로그램-1은 모든 시청자집단이 공통으로 선호하는 프로그램으로서 이러한 조건에서는 각 방송사들이 모두 프로그램-1만을 제공하고 프로그램-2와 프로그램-3은 전혀 제공하지 않게 된다는 것이다. 따라서 이처럼 시청자들이 차선적으로 선호하는 공통 프로그램이 존재할 경우 이 프로그램에 대한 경쟁 방송사들의 중복편성 현상이 훨씬 강하게 나타나게 된다는 것이다. 이러한 Rothenberg의 논리적 추론은 앞서 Steiner가 주장한 것보다도 경쟁시장 구조가 시청자의 복지에 더 커다란 부정적 결과를 가져온다는 점을 강조하고 있는 셈이다.[14] 그러나 그는 경쟁적 시장구조만을 가정하고 있기 때문에 독점적 상황에서의 시청자복지 효과를 간과하고 있다. 따라서 Wiles는 독점과 경쟁의 소

---

14) 그러나 그는 채널의 수가 무한한 경우에는 소수취향의 프로그램도 제공될 수 있기 때문에 시청자복지에 심각한 위협은 초래하지 않는다고 주장하였다.

유구조 변화에 따른 시청자복지의 변화를 예측하였는데, 연구결과에서 독점 혹은 과점시장에서 방송사의 비용과 수입 간의 차이가 가장 적으며, 경쟁적 시장에서는 비용과 수입 간의 차이가 가장 커 결과적으로 경쟁시장에서는 방송사가 초과이윤을 창출함으로써 시청자복지의 손실을 가져오는 것으로 나타났다.[15]

이상에서 살펴본 바와 같이, Steiner의 연구를 비롯한 관련 후속연구들의 중심적인 연구결과는 '한 방송국이 여러 채널을 독점하는 시장구조가 여러 방송사가 존재하는 경쟁적인 시장구조에서 보다 다양한 프로그램을 제공하게 되어 결과적으로 시청자의 복지를 증진하게 된다'는 점이다. 이러한 주장은 텔레비전이 경쟁시장보다는 공영독점적 시장구조하에서 프로그램의 다양성을 확보하게 되어 궁극적으로 텔레비전의 공익성을 구현할 수 있다는 텔레비전의 공공성 이념의 논리적 근거를 제공한다고 볼 수 있다. 그러나 이러한 연구결과들은 초기의 텔레비전시장을 염두에 둔 매우 제한적인 분석의 결과로서 오늘날 상황에서는 많은 문제점들을 내포하고 있다. 그러한 문제점을 인식하고 새롭게 접근하고 있는 프로그램 선택모형이 다음에 살펴보게 될 Beebe의 선택모형이다.

1.2 Beebe의 프로그램 선택이론

앞에서 살펴본 Steiner의 모형이 시청자들의 대안적 선택을 봉쇄함으로써 특정 프로그램에 대한 시청자의 수만을 누계적으로 살펴볼 수 있을 뿐, 시청자의 선호강도를 제대로 파악할 수가 없는 단점을 지니고 있다. 이러한 문제점을 인식하여 Beebe는 시장구조에 따른 시청자

---

15) P. Wiles(1963), "Pilkington and the theory of value", *Economic Journal*, vol.73, pp.183－200.

복지의 변화를 일종의 시뮬레이션을 통해 다양하게 분석하였다.[16] 그
의 기본적인 연구문제는 다음과 같다.

ⅰ) 어떤 시장구조가 시청자들이 제일 선호하는 프로그램을 가장
많이 공급해줄 수 있는가?
ⅱ) 어떤 시장구조가 가장 많은 시청자들을 유인할 수 있는가?
ⅲ) 만약 시청자들이 투표방식에 의해 텔레비전구조가 결정된다면
어떤 텔레비전구조가 가장 우월하다고 판정되는가?

위의 연구문제 중 ⅰ)과 ⅱ)는 방송시장의 변화와 관련하여 대단히
중요한 논점이기 때문에 앞으로 Beebe의 논점들을 설명하면서 그의 입
장을 평가해보기로 하고, 연구문제 ⅲ)은 시청자 선택행위를 올바로 이
해하는 데 도움이 되기 때문에 이에 대한 정리를 먼저 전개하고자 한다.
독점과 경쟁이라는 2개의 시장구조 중에서 하나를 선택하도록 하는
투표방식에서는 모든 시청자들은 단지 '한 표'의 권리밖에 없기 때문
에 시청자들의 선호강도는 반영되지 않는다. 이러한 관점은 바로 앞서
의 Steiner모형이 전제하고 있는 시청자복지에 대한 측정방식이기도
하다. 따라서 이 방식에 의거하여 100명의 시청자들이 독점시장에 찬
성하고 150명의 시청자들이 경쟁시장에 찬성을 했다고 가정한다면, 다
수결의 전제에 의해 50명의 찬성투표가 더 많은 경쟁시장이 채택될
것이다. 그러나 시청자들의 선호도에 차이가 있다고 전제한다면 이러
한 단순한 수적 우열만을 가지고 경쟁시장이 더 좋은 시장형태라고
단정할 수 있는가라는 의문을 가질 수 있다. 그 이유는 하나의 모집단
에서 추출된 두 표본집단의 평균점수가 가지는 의미가 다르듯이 두

---

16) J. H. Beebe(1977), "Institutional structure and program choices in
television markets", *Quarterly Journal of Economics*, vol.91, pp.15－37.

시청자집단의 성격이 완전히 다를 수 있기 때문이다. 즉 선호강도에 있어서 많은 차이가 있을 것이라는 점이다.

이러한 문제를 해결하기 위해서 시청자의 선호도를 화폐가치로 환산하여 추정할 수 있을 것이다. 즉 시청자의 프로그램에 대한 '支拂意思'(*willingness to pay*)를 화폐가치로 표현하여 프로그램에 대한 선호강도를 간접적으로 추정할 수 있는 것이다.[17) 그러나 이러한 방법이 시청자복지를 평가하는 데 어느 정도 유용성을 지니고 있지만, 그것은 어디까지나 임의적인 화폐가치일 뿐 실제 시청자들이 주관적으로 평가하는 선호도를 반영한다고 볼 수 없을 뿐만 아니라, 실제로 시청자들의 어떤 선택이 만족되고 있는지를 평가할 수 없기도 하다. 예를 들어, 가장 선호하는 프로그램선택이 20원의 가치가 있고, 두 번째 선호하는 프로그램선택이 10원의 가치가 있는 것으로 가정한다면, 분석결과 전체 시청자의 만족도가 40원으로 나왔다면, 두 사람이 가장 선호하는 프로그램을 선택한 것인지 아니면 네 사람이 두 번째 선호하는 프로그램을 선택한 것인지를 정확히 알 수가 없다는 것이다. 따라서 Beebe는 이러한 문제점들을 보완하여 여러 가지 변인들을 설정하여 분석을 시도하였다. 분석에 앞서 그는 광고수입을 재원으로 충당하고 있는 공중파텔레비전을 분석대상으로 하되 다음과 같은 기본전제들을 설정하였다.

① 텔레비전시장은 한정된 수의 잠재 시청자들로 구성되어 있다.

② 동일한 시간대에는 모든 채널이 단 하나의 프로그램 유형만을 제공한다.

---

17) 물론 현재 무료로 제공되고 있는 공중파텔레비전의 상황에서는 그러한 화폐가치의 부여는 프로그램의 실제가격과 소비자들이 그것에 부여하는 가치량 간의 차이를 나타내는 소비자잉여를 측정하는 데 유용할 뿐, 생산자잉여의 산출을 통한 전체 사회의 잉여를 추론할 수는 없는 것이다.

③ 시청자 선호도를 파악할 수 있는 한정된 수의 프로그램 유형이 존재한다.

④ 프로그램은 시청자에게 무료이며, 이때 시청시간의 기회비용과 마찬가지로 상품가격을 통해 지불되는 소비자의 광고비용은 무시한다.

⑤ 시청자들은 내적으로 동질적인 속성에 따라 제한된 수의 집단으로 분류할 수 있다.

⑥ 선호도는 실제 제공되는 프로그램의 유형과는 무관하다.

⑦ 동일한 프로그램유형을 동시에 생산하는 모든 채널은 시청자의 수가 동일하다.

⑧ 프로그램의 제작비용은 실제 수용자의 수에 의해 영향을 받지 않는다. (한계수용자의 한계비용은 0이다.)

⑨ 각 프로그램의 유형은 그것의 특성상 각기 다른 생산비용을 지니고 있다. 그러나 프로그램비용은 인기프로그램 여부와는 상관없이 고정되어 있으며, 다만 그것의 차이는 손익분기점이 되는 시청자의 수에 의해 측정된다.

⑩ 시청자당 광고가격은 고정되어 있어, 모든 시청자들은 광고주에게 동일한 가치를 지니게 된다. 따라서 한 프로그램의 광고수입은 실제 시청자의 수에 의해 결정된다.

⑪ i) 독점시장에서 독점방송사는 모든 채널의 공통이익(joint profits)을 극대화하려고 한다. 따라서 어떤 채널이 방송사에 순손실(net loss)을 초래하게 될 때는 그 채널의 방송을 중단한다. ii) 경쟁시장에서 하나의 채널을 가지고 있는 방송사는 다른 방송사와 비담합적인(noncollusive) 경쟁으로 이윤을 극대화하고자 한다. 따라서 순이익이 0일 때는 방송을 중단하게 된다.

이상의 전제 중에서 시청자당 광고비를 동일하게 한다는 가정(⑩)에 의거하여 이 모형이 전제하고 있는 논리들을 용이하게 검증할 수 있다. 즉, 그러한 전제에서 고정된 프로그램비용(가정⑨)은 손익분기점의 최소한의 수용자 수라는 측면에서 추정할 수 있다. 따라서 이윤극대화를 추구하는 방송사는 총 시청자의 수와 손익분기점의 시청자 수 간의 차이를 극대화하게 된다. 이는 곧 방송사 이윤의 척도가 된다. 또한 모든 프로그램 유형에 따라서 손익분기점의 수용자 수는 동일하다고 전제해보면, 독점적 방송사는 모든 채널의 총 시청자 수를 극대화함으로써 이윤을 극대화하며, 경쟁적 방송사는 수용자의 수가 최소한 손익분기점의 수이기만 하면 수용자의 수를 극대화하고자 할 것이다.

한편 프로그램의 유형에 따라 손익분기점의 시청자 수가 동일하다고 하면 (가정⑦), 프로그램비용과 프로그램의 인기도와는 아무런 상관관계가 없는 것 같지만 인기도를 고정시키고 프로그램비용을 변화시키는 것과 비용을 고정시키고 인기도를 변화시키는 것은 서로 대칭관계에 있기 때문에, 시청자의 분포도에 변화를 줌으로써 프로그램인기도와 프로그램비용 간의 상관관계를 파악할 수 있는 것이다.

이상과 같은 Beebe의 논점을 구체적으로 살펴보기 위해 다음의 〈표-26〉과 같이 가상적인 시나리오를 통해 다양한 상황을 조합할 수 있을 것이다.

먼저 같은 시간대에 제공될 수 있는 프로그램의 유형이 5개 있다고 가정하고, 서수적인 선호강도(대안적 선택지의 수)에 따라 시청자 집단을 3개 집단(시청자Ⅰ~시청자Ⅲ)으로 분류하고 다시 각 집단별로 프로그램 유형에 따른 다른 선호도를 가진 시청자집단을 프로그램 유형에 맞게 5개 집단으로 재분류하였다. 또한 프로그램의 유형에 따라 각기 다른 선호분포를 보이고 있는 집단을 그들의 수적 분포에 따라 3개 집단((A)∼(B))으로 분류하였다. 이어서 프로그램 제작비용을 손익분기점의 시청자 수에 의거하여 2개의 유형(高와 低)으로 나누는 한편, 채널의 수도 제한적인 경우(LIM:3개)와 무한한 경우(ULIM)의 둘로 나누었다.

〈표-26〉 Beebe의 기본전제에 의거한 가상적인 텔레비전 시장환경

프로그램명	시청자 I (오직 가장 선호하는 프로그램 하나만을 시청하는 집단)					시청자 II (대안적인 다른 프로그램 1개를 추가로 선택하는 집단)					시청자 III (대안적인 다른 프로그램을 2개까지 추가로 선택하는 집단)				
	1	2	3	4	5	1	2	3	4	5	1	2	3	4	5
서울의 달	1					1	2				1	2	3	3	3
한명회		1					1	2				1	2		
코미디전망대			1					1	2				1	2	
시사토론				1					1	2				1	2
국악춘추					1					1					1

시청자 분포도			(단위: 명)
프로그램명	(A) 매우 편중된 분포(highly skewed)	(B) 편중된 분포(skewed)	(C) 분산 분포(rectangular)
서울의 달	8,000	5,000	1,077
한명회	1,600	2,500	970
코미디전망대	320	1,250	872
시사토론	64	625	785
국악춘추	4	313	707
프로그램 제작비용	高(손익분기점의 시청자 수가 1,200명)	低(손익분기점의 시청자 수가 800명)	
채널의 수	LIM (3개 채널만이 존재)	ULIM (채널이 무한)	

이상의 가정하에서 독점과 경쟁의 두 시장구조에 따라 방송사의 채널공급 전략과 그에 따른 시청자복지의 효과를 평가하기 위해서는 무수한 경우의 수(조합)가 가능하다. 그러나 여기서는 우리의 방송상황과 관련하여 발생가능성이 있다고 생각되는 대표적인 사례 세 가지만을 다음과 같이 가정하여 각각의 결과를 예측해보기로 하겠다.

① 가장 선호하는 프로그램 1개만을 시청하는 집단(시청자 Ⅰ) 프로그램 유형에 따른 선호분포도가 매우 편중되어 있는 집단(A) 각 프로그램의 제작비용은 손익분기점 시청자 수가 800명인 경우(低) 채널이 4개로 유한한 경우(LIM)

② 가장 선호하는 프로그램 1개만을 시청하는 집단(시청자 Ⅰ) 프로그램 유형에 따른 선호분포도가 분산되어 있는 집단(C) 각 프로그램의 제작비용은 손익분기점 시청자 수가 800명인 경우(低) 채널이 4개로 유한한 경우(LIM)

③ 대안적인 다른 프로그램 하나를 추가적으로 선택하는 집단(시청자 Ⅱ) 프로그램 유형에 따른 선호분포도가 편중되어 있는 집단(B) 각 프로그램의 제작비용은 손익분기점 시청자 수가 1,200명인 경우(高) 채널이 4개로 유한한 경우(LIM)

위의 각 사례별로 〈표-26〉을 기준으로 독점시장과 경쟁시장에 따라 프로그램공급과 그에 따른 시청자복지가 어떻게 달라지는지를 살펴본 결과, 다음의 〈표-27〉과 같이 나타났다.

이상의 가상적인 결과를 통해 알 수 있는 것은 (Beebe의 전제에 의거하여) 경쟁시장에서의 방송국들은 프로그램을 중복하거나 모방하여 방영하는 경향이 높고, 독점시장에서는 프로그램의 비용을 줄이기 위해 공통으로 선호하는 프로그램을 추구하는 경향이 높음을 알 수 있다. 경쟁구조 속에서의 프로그램 중복은 특히 시청자들의 분포가 매우 편중되어 있거나 시청자 모두에게 어느 정도 소구력이 있는 최소공배수적(*common denominator*) 프로그램이 존재할 경우 이러한 현상이 뚜렷하게 나타남을 알 수 있다. 이에 반해 독점방송사는 대체재(대안적 프로그램)를 제공하는 데 있어서 비용절감을 감안하여 최소공배수적 프로그램의 제공을 주로 하게 됨을 알 수 있다.(다음 페이지 〈표-27〉 참조) 한편 여기서는 무한채널의 상황은 배제하였는데, 그런 상황에 관한 Beebe의 연구결과에 따르면, 아무리 채널이 무한하다 하더라도 정작 실제로 제공되는 채널의 수는 시청자의 선호도, 프로그램 비용, 그리고 텔레비전산업구조 등의 요인에 의해 결정되는 것이지 무한한 채널이 텔레비전시장에서 활용되지는 못한다는 것이다. 따라서 만약 우리가 시청자의 욕구를 극대화하면서 소수취향의 프로그램도 제공할 수 있는 텔레비전구조를 선택하기 위해서는, 먼저 경쟁적 시장에서 소수의 시청자들을 위한 프로그램을 공급하고자 할 경우에는 ⅰ) 적당한 수의 채널이 필요하며, ⅱ) 특정한 취향을 지닌 시청자의 수가 손익분기점을 넘어서야 한다는 것이다. 그리고 독점시장에서 같은 목표를 실현하기 위해서는 만약 원하는 프로그램이 제공되지 않을 경우 'TV보지 않기 운동' 등과 같은 시청자운동이 필요하다는 것이다.

〈표-27〉 Beebe의 모형에 따른 가상적인 프로그램공급과 시청자복지

사례	시장구조	결 과		비 고
		프로그램공급	시청자복지	
사례①	독점시장	1개 채널: 서울의 달(8,000명) 1개 채널: 한명회(1,600명)	-총 2개 채널이 가동되고 나머지 2채널은 가동되지 않음. -2개 프로그램만 제공(3개 프로그램은 공급되지 않음) 시청충족자: 9,600명 시청기회박탈자: 368명	정태적 균형
	경쟁시장	3개 채널 중복: 서울의 달 (1채널당 2,666명: 총 8,000명)	-총 3개 채널이 가동되고 나머지 1개 채널은 가동되지 않음. -1개 프로그램만 제공(4개 프로그램은 공급되지 않음) 시청충족자: 8,000명 시청기회박탈자: 1,988명	
사례②	독점시장	1개 채널: 서울의 달(1,077명) 1개 채널: 한명회(970명) 1개 채널: 코미디전망대(872명)	-총 3개 채널이 가동되고 나머지 1채널은 가동되지 않음 -3개 프로그램만 제공(2개 프로그램은 공급되지 않음) 시청충족자: 2,919명 시청기회박탈자: 1,492명	불균형 (비담합적 경쟁 가능성)
	경쟁시장	1개 채널: 서울의 달(1,077명) 1개 채널: 한명회(970명) 1개 채널: 코미디전망대(872명)	-총 3개 채널이 가동되고 나머지 1채널은 가동되지 않음 -3개 프로그램만 제공(2개 프로그램은 공급되지 않음) 시청충족자: 2,919명 시청기회박탈자: 1,492명	
사례③	독점시장	1개 채널: 서울의 달(5,000명) 1개 채널: 한명회(2,500명) 1개 채널: 코미디전망대(1,875명)	-총 3개 채널이 가동되고 나머지 1개 채널은 가동되지 않음 -3개 프로그램만 제공(2개 프로그램은 공급되지 않음) 시청충족자: 9,375명(이들 중 625명은 차선을 택한 시청자들이기 때문에 동일한 충족자라 할 수 없음) 시청기회박탈자: 313명	불균형 (비담합적 경쟁 가능성)
	경쟁시장	2개 채널 중복: 서울의 달(5,000명) 1개 채널: 한명회(3,750명)	-총 3개 채널이 가동되고 나머지 1채널은 가동되지 않음 -2개 프로그램만 제공(3개 프로그램은 공급되지 않음) 시청충족자: 8,750명(이들 중 1,250명은 차선을 택한 시청자들이기 때문에 동일한 충족자라 할 수 없음) 시청기회박탈자: 938명	

2. 최근의 프로그램 선택이론

앞에서 Steiner의 프로그램 선택모형이 안고 있는 가장 커다란 한계는 서로 다른 결과들을 비교할 수 있는 방법론이 조야하다는 점이다. 즉 단순히 첫 번째 선택과 두 번째 선택한 프로그램들을 수용하는 수용자들의 수만을 계산해서는 프로그램 선호의 강도($intensity$)를 제대로 설명할 수 없게 된다. 어떤 프로그램을 선택해야 될지 망설이던 시청자가 첫 번째로 선택한 프로그램은 다른 프로그램들보다도 특정 프로그램에 대해서 유독 강한 선호를 보이는 시청자가 첫 번째로 선택한 프로그램과 동일한 비중을 지니고 있다고 볼 수 있다. 또한 Beebe의 선택모형도 차선적 선택의 폭을 제공함으로써 선호의 강도를 측정하는 한편, 시청자의 수와 제작비용의 요인들을 고려하여 시뮬레이션을 통해 다양한 프로그램 선택결과들을 도출하고는 있지만 고정된 조건들을 상정함으로써 동태적 경쟁양상을 측정하는 데는 한계가 있었다. 따라서 이러한 전통적인 프로그램 선택모형들을 극복하기 위한 새로운 시도로서 최근의 선택이론들은 프로그램 선호의 강도를 측정하기 위한 방안으로 화폐가치로 환산된 수용자의 '지불의사'를 조작적 척도로 이용함으로써 보다 다양한 분석을 가능하게 해준다는 점에서 의의를 찾을 수 있다. 그런 점에서 최근의 이론들을 소개하기에 앞서 지불의사라는 새로운 척도를 이용하였을 때 시청자들의 선호양상이 어떻게 달라지는지를 이해하기 위한 기초적인 설명을 제공하고자 한다.

2.1 시청자 선호도 분석 틀

단 하나의 프로그램인 program-1을 시청하고자 하는 3명의 시청자

(A, B, C)가 있다고 하자. 그들이 어느 정도로 그 프로그램을 시청하고 싶어 하는지를 알아보기 위해서는 대안적인 다른 프로그램의 시청이 불가능한 경우 그 프로그램(Program-1)을 시청하는 대가로 어느 정도의 지불의사가 있는지를 측정함으로써 가능하다. 즉, 3사람 중 한 명만이 7~10원의 지불의사를 가지고 있으며, 나머지 두 명은 가격이 4~7원이면, 지불의사가 있다면 세 사람 모두 지불할 수 있는 가격이 4원 정도라 할 수 있다. 따라서 이윤추구를 목적으로 하는 방송사업자라 한다면 판매수익과 프로그램 제작비용 간의 차액을 극대화하고자 할 것이다. 이는 프로그램 제작비용은 그 프로그램 구매자의 수와는 상관없기 때문에 수입을 극대화할 수 있음을 의미한다.[18] 따라서 최대수입은 프로그램 구매자에 따라서 가격을 차별화할 수 있는 판매자의 능력에 달려 있게 된다. 즉, 서로 다른 구매자들에게 서로 다른 가격을 설정함으로써 시청자의 지불의사를 이용하여 더 큰 수입을 올릴 수 있게 된다.[19] (〈표-28〉 참조)

<표-28〉 시청자의 프로그램에 대한 지불의사(수요)

프로그램	시청자		
	A	B	C
program-1	10원	7원	4원

---

[18] 방송상품은 공공재로서 동일 프로그램을 대량 생산하는 경우 초판생산에 대부분의 생산비(*first copy cost*)가 투여되고 再版부터는 단지 복사비용(*replication copy*)만이 추가되기 때문에 한계생산비가 거의 0에 가깝다.

[19] 기업은 소비자계층에 따라 가격을 차별적으로 책정할 수 있는데 소비자들은 수요의 가격탄력성, 구입량 또는 소득수준 등에 의해서 구분될 수 있기 때문이다. 이때 기업에 가장 이상적인 완전가격차별(*perfect price discrimination*)은 모든 상품 한 단위에 대해서 한계 사용가치가 가장 큰 소비자를 찾아내어 가능한 최고가격을 차별적으로 책정하는 방법이다. 그러나 이를 위해서는 기업이 소비자들의 수요에 관한 완전정보를 가지고 있어야 하므로 현실적으로는 불가능하다.

210

〈표-28〉에서 만약 program-1의 방송사가 각 시청자에게 서로 다른 가격을 설정할 수 있다면 방송사는 시청자 A에게 10원, 시청자 B에게는 7원, 그리고 시청자C에게는 4원으로 각기 차별적으로 요금을 책정할 수 있게 된다. 따라서 총수입은 21원이 된다. 반면에 방송사가 시청자에 따라서 가격차별화를 수행할 수 없다면(예를 들면, 방송사가 시청자 전체의 지불의사는 알고 있지만 특정 수용자의 지불의사를 판단할 수는 없을 때) 모든 시청자들에게 단일 가격을 설정할 수밖에 없게 된다. 이때 단일 가격은 7원으로 책정되어, 7원의 요금을 지불하고 시청하고자 하는 두 명의 시청자로부터 얻는 총수입은 14원이 된다. 마찬가지로 최저가격인 4원의 단일 가격을 설정할 경우 3명 모두로부터 얻는 총수입은 12원이며, 또한 최고가격인 10원의 단일 가격을 설정할 경우에는 A라는 시청자 한 명만이 지불의사가 있기 때문에 총수입은 10원이 된다.

같은 문제를 접근할 수 있는 또 다른 방법으로는 처음에는 10원의 가격을 시작해서 시청자 한 명을 추가하는 데 따른 한계수입의 변화를 산출하는 방법이 있다. 따라서 10원에서 7원으로 가격을 인하함으로써 발생되는 한계수입은 4원이 되는데, 이는 두 시청자(A와 B)가 각각 지불한 총계 14원과 시청자 A가 지불하고자 했던 가격인 10원 간의 차액을 의미한다. 이어서 하한가인 4원으로 가격을 인하함으로써 시청자C를 추가하는 데 따른 한계수입은 −2원이 된다. 그 이유는 수입이 14원에서 12원으로 줄어들기 때문이다. 따라서 Program-1의 이윤극대화에 필요한 단일 가격은 7원이 되며, 이때 수용자의 크기는 두 명이 된다.

이와 같은 원리를 좀더 일반화시켜 보면, program-1의 잠재적인 시청자의 수가 A, B, C 3명이라 하고 그들 각각의 지불의사는 프로그

램 시장에서 모든 시청자들의 선호도를 나타내 주는 연속선상에서 3
개의 점으로 표시할 수 있다고 하자. 이들 세 명의 시청자들이 나타내
는 점들을 연결하여 그들의 선호도를 도식화할 수 있을 것이다(〈그림
-14〉 참조). 수요곡선인 D_1이 왼쪽에서 오른쪽으로 기울고 있는데,
이는 판매량이 가격이 인하됨에 따라 늘어나고 있음을 보여주고 있다.
또한 이윤을 극대화할 수 있는 단일 가격 P*는 한계수입이 0인 가격
이며, MR_1(한계수입)은 횡축에 접하게 된다.

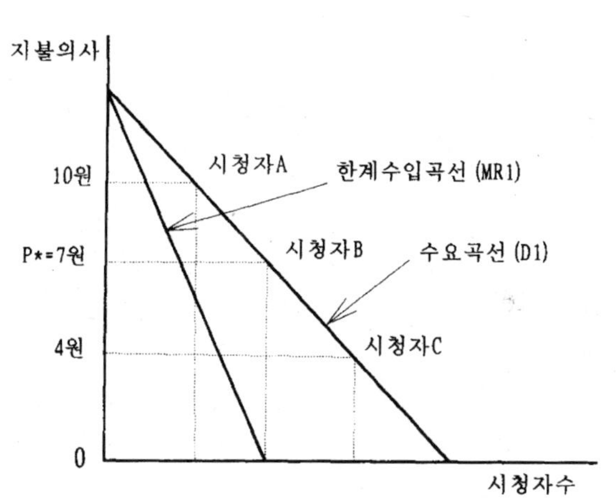

〈그림-14〉 1개의 프로그램에 대한 수요곡선[20]

그러나 이러한 수요분석은 첫 번째로 선택한 프로그램과 불완전한
대체관계에 있는 다른 프로그램들을 고려할 때 훨씬 복잡해진다. 일반
적으로 소비자들이 나름대로 선호하는 프로그램들이 있기는 하지만
비용차가 높지 않다면 한 프로그램을 다른 프로그램으로 대체하려는
가능성이 상존하고 있기 때문에 영상프로그램들은 서로 불완전한 대

---

20) Bruce M. Owen and Steven S. Wildman(1992), *Op Cit.*, p.104.

체관계를 이루고 있다. 방금 살펴본 세 명의 시청자 예를 다시 이용하면, 시청자들이 두 번째로 선호하는 프로그램인 program-2가 있다고 하자. 이때 시청자들은 가격이 개별적으로 책정될 경우 각기 다른 지불의사를 나타내게 된다고 가정하자.(〈표-29〉 참조)

〈표-29〉 2개의 프로그램에 대한 지불의사(수요)

프로그램	시청자		
	A	B	C
program-1	10원	7원	4원
program-2	7원	5원	10원

이처럼 2개의 프로그램 중 하나를 선택해야 될 경우 시청자는 프로그램가격과 개인적으로 판단하는 가치 간의 차이가 가장 큰 프로그램을 선택하게 될 것이다. 다시 말해서 시청자들은 가격이 설정된 후에 시청에 따른 개인적인 이익을 극대화할 수 있는 프로그램을 선택하게 될 것이라는 점이다. 예들 들어, program-2가 무료라고 한다면 시청자 A는 program-1을 시청하는 데는 단지 3원만을 지불하게 되며, 시청자 B는 program-1을 시청하는 데 단지 2원만을 지불하며, 그리고 시청자C는 비록 무료라 할지라도 program-1을 시청하지 않을 것이다.(〈그림-15〉 참조)

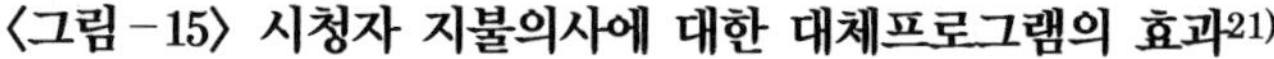

〈그림-15〉 시청자 지불의사에 대한 대체프로그램의 효과[21]

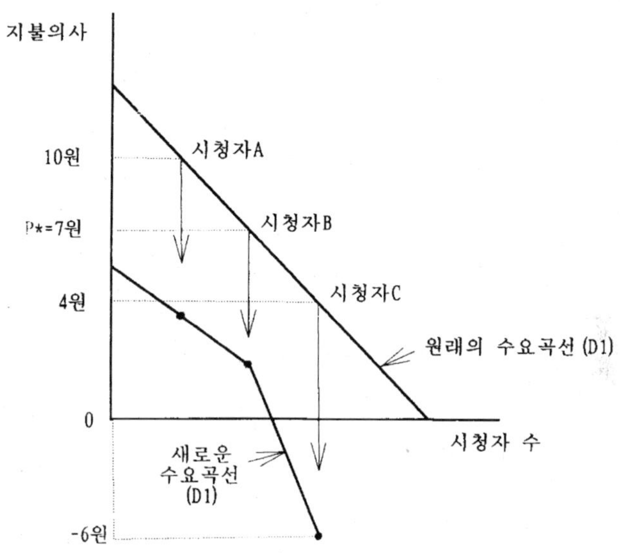

일반적으로 대체제의 가격이 저렴할수록 수요곡선의 하향 폭이 커지게 된다. 수요곡선이 하향 변화하기는 하지만 시청자의 그 프로그램에 대한 이익은 변화하지 않는다. program-1의 방송사가 7원 미만의 가격으로 그 프로그램을 판매해야만 하기 때문에 program-1을 시청하는 데 따른 시청자의 이익은 계속 유지된다.(즉, program-2의 경쟁은 program-1의 방송사가 가격을 통해 확보한 program-1에 대한 시청자의 가치량을 감소시켰다.) 이러한 이유 때문에 전체적으로 시청자들은 경쟁채널들이 시청자를 확보하기 위한 일환으로 가격을 인하할 때 이익을 얻게 된다. 따라서 한 방송사가 2개의 채널을 통제(독점)하게 될 경우 그는 두 프로그램의 가격을 인상함으로써 경쟁을 통해 시청자들에게 전이되었던 일부 시청자잉여를 차지하게 될 것이다.

---

21) *Ibid*, p.105.

그렇다면 이번에는 방송사의 프로그램 생산비용을 추가하여 어떤 프로그램이 시청자에게 더 많은 이익을 제공하게 되는지를 경제적 후생분석을 통해 살펴보자.

경제적 후생분석 (*welfare analysis*)은 이용 가능한 대안들 중 이윤과 비용 간의 차이를 극대화하는 일련의 경제활동을 선택하는 데 주안점을 두고 있는 것으로서, 이때 이익은 시청자의 '지불의사'(만족)로 측정하며, 비용은 프로그램생산에 투입되었던 자원의 가치를 의미한다. 그런 점에서 지불의사에 대한 측정은 경제적 후생분석을 통해 특정한 수요이론의 적용을 가능케 해준다.

이와 같은 경제적 후생분석의 기본원리를 이해하기 위해 앞의 〈표 -29〉에서 program-1과 program-2의 제작비용이 각각 8원과 10원이라고 가정하자. 이때 각 프로그램은 생산비용을 초과하는 개별적인 이익 (*stand-alone benefits*)을 제공하고 있기 때문에 어떤 프로그램을 생산하더라도 순이익을 제공해줄 수 있다. 그러나 두 프로그램 중 한 프로그램만을 생산해야 된다면 program-1을 선택하는 것이 효과적이다. 왜냐하면 시청자들은 program-2를 시청하는 데 총 22원을 지불할 의사가 있는 데 비해, program-1에 대해서는 21원만을 지불할 의사가 있기는 하지만, 그러나 program-2를 생산하는 데는 2원어치의 자원이 더 소모되기 때문이다. 따라서 program-1이 시청자복지에 1원을 더 기여하고 있다고 볼 수 있다.

그렇다면 두 프로그램을 모두 생산하는 데 아무런 제약이 없다면 두 프로그램을 모두 생산하는 것이 효과적인가? 그렇지 않다. 두 프로그램을 모두 시청자들이 접근가능하다면, 시청자 A와 B가 program-1을 시청하고 시청자C가 program-2를 시청함으로써 시청자의 이익은 27원으로 증가하게 될 것이다. program-2를 추가함으로써 전체 시청자의 지불의사(만족도)가 6원 증가하였지만, program-2의 생산비가 10원에 달한다. 따라서 시청자 후생은 실제적으로 4원이 감소하게 되므로 program-2를 생산하지 않는 것이 시청자 후생에 도움이 된다고 할 수 있다.

전체 시청자들에 대한 program-2의 기여도인 6원은 program-1이 무료로 제공된다면 시청자(C)가 program-2를 시청하는 데 따른 지불의사와 같다. 일반적으로 이전에 설정된 가격으로 이미 이용 가능한 특정 프로그램에 새로운 프로그램을 추가하는 데 따르는 전체 시청자의 이익은 시청자들이 새로운 프로그램에 대한 지불의사의 합이 된다. 따라서 이때 시청자 잉여는 해당 프로그램에 대한 수요곡선의 하단면적으로 산출할 수가 있다. Steiner이론과 앞으로 살펴볼 Spence-Owen이론이 가정하고 있듯이 추가적인 시청자들(한계수용자: *marginal audience*)을 제공하는 데 드는 비용이 0이라고 한다면 수요곡선의 하단면적이 적어도 그 프로그램을 생산하는 비용과 동일하다면 그 프로그램을 제공하는 것이 바람직하다고 볼 수 있는 것이다.

2.2 Spence-Owen의 선택이론

현실적으로 텔레비전방송국은 여러 가지 이유 때문에 시청자의 복지를 극대화하는 이상에서 멀어지게 된다. 생산되어 마땅한 프로그램들이 생산되지 않고 생산비가 이윤을 초과하는데도 그런 프로그램들을 생산하기도 한다. 이러한 현상은 텔레비전산업의 구조와 재원조달체계의 특성에서 비롯된다. 따라서 어떤 방송국이 시청자의 이익과 프로그램 생산비용 간의 차이를 극대화하고자 하는 목적에 합당한지를 규명하기 위해서는 서로 다른 환경의 텔레비전산업구조를 비교분석하는 것이 필요하다. 그런 점에서 Spence와 Owen은 네 가지의 극단적

216

인 사례(수용자의 직접적인 요금지불 방식에 의존하고 있는 독점과
경쟁구조/광고수입에 의존하고 있는 독점과 경쟁구조)를 통해 그러한
분석을 시도하고 있다.[22]

물론 프로그램 선택에 관한 Steiner이론도 유사하게 채널의 무한성
과 단일 프로그램 내에서의 경쟁을 상정하고는 있지만, Steiner이론은
동일한 유형의 프로그램은 완전한 대체물이라고 전제하고 해당 프로
그램 유형에 따라서 시청자들을 구분한다. 반면에 Spence-Owen이론
은 모든 프로그램들이 나름대로 어느 정도의 차별성을 가지고 있다고
전제한다.[23] 또한 전달비용은 수용자의 크기와 무관하다는 Spence-
Owen이론의 가정은 공중파텔레비전의 경우에는 해당되지만 CATV에
는 해당되지 않는다고 할 수 있다. 한편 채널의 무한성과 상품(프로그
램)의 차별성은 Spence-Owen경쟁이론이 Chamberlin이 말하는 독점
적 경쟁[24]을 의미하는 것으로 생각된다. 즉, 각 프로그램이 차별성을
지니고 있을 때 각 프로그램의 수요곡선은 하향하게 된다.[25] 이는 곧
가격의 조그만 증가로 모든 수용자들을 잃게 되는 것이 아니라 다른

---

22) A. M. Spence and B. M. Owen(1977), "Television programming,
monopolistic competition and welfare", *Quarterly Journal of Economics*,
vol.91, pp.103-126.

23) 영상물의 저작권이라는 측면에서 이해한다면, 복사한 프로그램이 아닌 한
설령 포맷이나 소재의 유사성이 다소 있다 하더라도 '상당한 정도로 명확하
게' 다른 프로그램의 내용을 복제하지 않는 한 모든 프로그램은 프로그램의
유형에 따라서 대체성의 정도에 차이가 있을 뿐 완전히 같은 것은 없다.

24) E. H. Chamberlin(1956), *The Theory of Monopolistic Competition*,
(Cambridge, Mass.:Harvard University Press).

25) 마치 대체관계에 있는 콜라와 사이다의 두 음료상품 중에서 사이다 가격
은 변화가 없는데 콜라의 가격이 인상되면 콜라의 수요는 감소되는 반면
에 콜라를 마시던 사람들이 상대적으로 저렴한 사이다를 더 찾게 되는 것
과 마찬가지이다.

프로그램의 이용으로부터 더 나은 이익을 얻을 수 있다고 생각하는 수용자들만을 상실하게 된다. 특히 특정 프로그램에 대한 선호도가 강한 시청자들은 다른 프로그램의 존재와 관계없이 선호하는 프로그램을 계속해서 추구하게 될 것이다. 따라서 특정 프로그램의 수용자들은 프로그램 가격이 오른다 하더라도 단번에 그 프로그램에서 이탈하는 것이 아니라 점진적으로 이탈한다고 볼 수 있다.

하향적인 수요곡선에서 이윤극대화가 내포하고 있는 한 가지 의미는 가격이 너무 높아서 각 프로그램이 시청자의 이익을 극대화할 수 없을 것이라는 점이다. 〈그림 - 16〉을 보면, 경쟁적인 텔레비전산업에서 대표적인 한 프로그램이 나타내는 이윤극대화 가격과 수용자 크기는 P*와 V*이다. 이윤극대화라는 것은 가격이 시청자 수의 변화에 따른 수입의 변화(한계수입)가 시청자 수 변화에 따른 프로그램 생산비용(한계 생산비용)과 일치하는 수준에서 설정되어야 함을 의미한다. 이때 한계비용은 0이다. 따라서 가격은 한계수입 곡선이 횡축을 양분하는 점에서 수용자 크기를 결정할 수 있도록 가격이 설정된다. 또한 시청자복지의 극대화라 함은 프로그램 생산비용보다 그 프로그램에 더 가치를 부여하는 시청자들이 배제되어서는 안 되는 가격이 설정되어야 함을 의미한다. 따라서 그 프로그램이 무료로 제공되었더라면 그들 시청자들이 시청함으로써 얻게 될 시청자의 이익이 '후생손실'(*welfare loss* 혹은 *deadweight loss*)이라고 한다.

그런 점에서 독점적 경쟁은 후생손실을 야기하게 되는데, 프로그램 수요곡선하의 면적(시청자에 대한 프로그램의 가치)이 생산비용을 초과하는 한 새로운 프로그램이 제공되어야 함에도 불구하고 경쟁적 프로그램 생산자들은 수입이 최소한 프로그램 생산비용만큼 클 때만 프로그램을 공급하게 된다. 그 결과, 방송사의 수입은 [시청자 수*가격

(〈그림-16〉의 빗금 친 사각형)]만으로 산출하게 되어, 이 가격을 지불할 의지가 없는 시청자의 가치부분(우측하단 삼각형)과 그 프로그램에 가입하고 있는 시청자들이 그들이 지불하고 있는 가격을 상회하는 수준에 가치부여를 하는 가치부분(왼쪽 상단의 삼각형)이 누락하게 된다.(〈그림-16〉 참조)

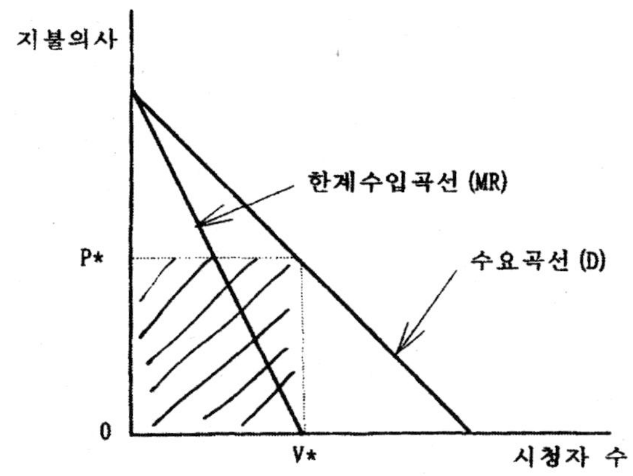

〈그림-16〉 방송사의 이윤극대화와 시청자 후생손실[26]

생산비용에 상응하는 수입을 제공할 수 있는 프로그램만이 경쟁적인 텔레비전산업에 의해 공급되는 까닭에 심지어는 시청자들에게 생산비용보다 더 큰 이익을 가져다주는 프로그램조차도 수입이 불충분할 때는 공급되지 않을 수 있는 것이다. 따라서 경쟁적인 텔레비전산업은 수입이 소량의 총이익을 확보할 정도의 수요를 가지고 있는 프로그램에 대해서는 생산을 주저하게 된다.[27] 만약 두 프로그램의 생산비용이 동일하고 시청자들에게 동일한 총이익을 가져다준다면 방송사는 가장 큰 수입을 창출

---

26) *Ibid.*, p.110.
27) Spence and Owen, *Op Cit*, p.151.

할 수 있는 프로그램만을 제공하게 될 것이다. 시청자의 이익과 비교해볼 때 수입이 적은 프로그램들은 시청자의 이익이 0가격으로 그 프로그램을 시청하고자 하는 소수의 시청자들에게 집중되는 프로그램들이다.

또한 유료프로그램의 독점적인 방송사도 경쟁적인 방송사들에게 적용하였던 모든 편견과 비효율성을 드러내게 될 것이다. 즉 그는 가격을 올리지 않으면 시청하였을 시청자들을 박탈할 만큼 높은 가격을 설정하게 될 것이다. 프로그램 생산비용을 초과하는 시청자 이익을 제공하는 프로그램을 공급하지 않지만 그렇다고 생산비용을 충당할 정도의 충분한 수입을 창출할 수도 없다. 따라서 독점적 프로그램공급자는 다수 시청자의 지불의지를 확보할 수 있는 프로그램을 선택하게 될 것이다. 더욱이 그는 경쟁적 공급자보다도 더 높은 가격을 설정하고 더 적은 수의 프로그램을 공급하게 될 것이다. 새로운 프로그램이 기존 프로그램의 수요에 미치는 영향을 고려하게 될 것이기 때문에 훨씬 적은 프로그램들을 제공하게 될 것이다. 따라서 생산비용을 충당할 정도의 충분한 수입을 창출하게 되는 프로그램은 그것이 다른 프로그램의 수요와 수입을 감소시키게 될 것이기 때문에 독점적 공급자에 의해 제공될 가능성이 희박하다. 즉 그 프로그램에 의해 창출되는 순수입이 생산비용 이하로 줄어들게 될 것이다. 어떤 프로그램의 가격이 시청자들이 접근가능한 다른 대체프로그램의 수에 의해 제약을 받게 되기 때문에 경쟁적인 유료채널보다도 가격이 더 높아지고 프로그램 선택의 폭도 더 제한을 받게 된다.

이러한 프로그램공급의 편향은 광고주후원의 방송사일 때 더 두드러지게 나타나게 된다. 광고가 유일한 수입원일 때 프로그램 선택에서 중요한 것은 0가격으로 창출되는 수용자의 수이기 때문에 결과적으로 프로그램 선택은 여러 가지 방식으로 후생극대화를 제약하게 된다. program-1과 program-2에 대한 수요곡선을 생각해보자.(〈그림-17〉 참조)

〈그림-17〉 2프로그램에 대한 수요곡선

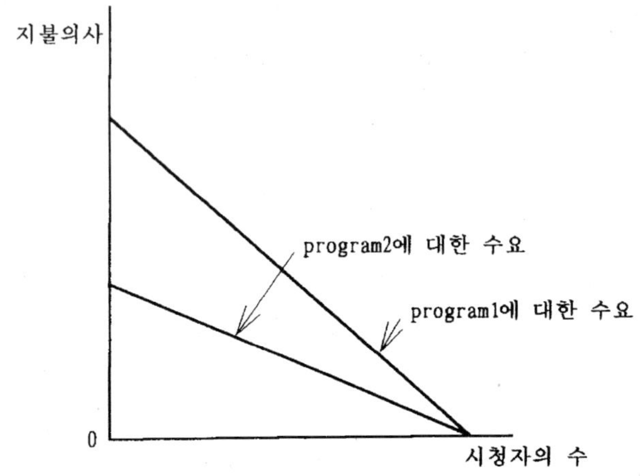

〈그림-17〉에서 비록 program-1의 시청자 이익이 program-2의 시청자 이익보다 크다 할지라도 광고의 후원을 받는 방송사는 program-1의 공급을 꺼리게 된다. 즉 시청자 이익이 소수의 시청자에게 집중되는 프로그램의 공급을 꺼리는 유료채널의 편향은 광고주가 후원하는 채널에서 더욱 크게 나타나게 되는데, 그 이유는 어떤 프로그램에 대해 높은 가치를 부여하는 소수 시청자들의 선호도는 그 프로그램에 대해 별로 흥미를 느끼지 못하는 다수의 시청자들에 의해 가려질 수 있기 때문이다. 특히 이처럼 소수시청자의 강력한 선호도에 맞는 프로그램을 광고주의 후원으로는 원활하게 공급할 수 없기 때문에 광고의 후원을 받는 채널은 시청자의 직접적인 요금에 의존하는 채널보다도 다수의 취향을 공유하지 않고 있는 소수의 시청자들이 높은 가치를 부여하는 프로그램을 공급하는 것을 기피하게 될 것이다. 이러한 결과는 프로그램당 시청자 수의 차이에 따른 방송사의 프로그램선택의 편향을 설명해줄 수 있다. 다음의 〈그림-18〉과 〈그림-19〉는 각각 소수시청자와

다수시청자 분포에 따른 광고주 이익을 나타내 주고 있다.

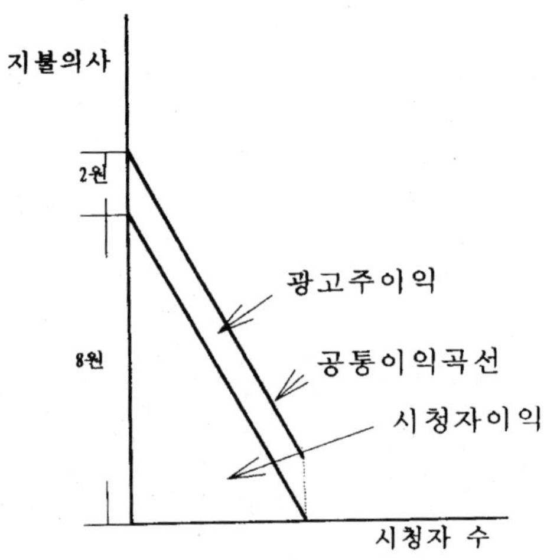

<그림-18> 소수시청자 수요와 광고주이익

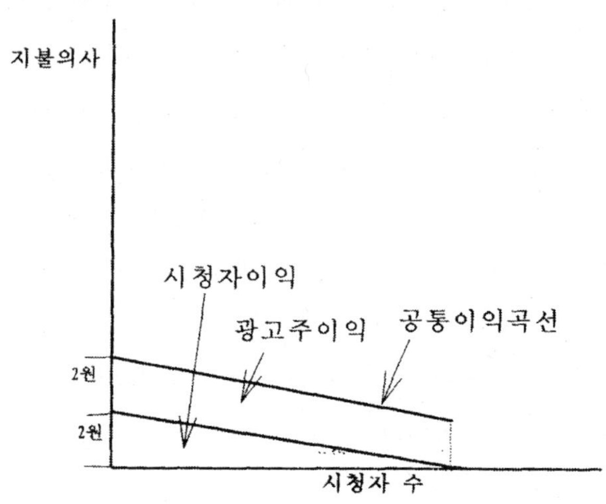

<그림-19> 대규모시청자 수요와 광고주이익

시청자와 광고주의 두 프로그램으로부터 얻는 이익은 동일하지만(공통이익 곡선의 하단면적이 동일함), 〈그림-18〉의 프로그램보다는 〈그림-19〉의 프로그램이 더 많은 시청자들을 제공해준다는 점에서 광고주의 이익이 더 크기 때문에 두 프로그램 중에서 선택해야 하는 광고주 후원 채널은 더 많은 수용자들이 선호하는 프로그램인 〈그림-19〉의 프로그램을 선택하게 될 것이다. 이는 곧 방송사들이 시청자의 이익보다는 광고주의 이익을 더 쫓는 편향의 이유가 된다.

따라서 광고를 주요재원으로 운영되는 방송사는 소수의 수용자에 집중되는 수용자 이익 프로그램에 대한 기피경향과 소수의 수용자들만이 선호하는 프로그램에 대한 기피경향은 경사가 급한 수요곡선(비탄력적 수요)을 지닌 프로그램에 대한 일반적인 기피경향을 적절히 표현해준다고 할 수 있다. 또한 광고주의 후원은 값비싼 프로그램에 대해서도 기피경향을 초래하게 된다. 즉 일반적으로 프로그램공급자들이 동일한 순이익을 제공하는 값비싼 프로그램과 저렴한 프로그램 중에서 하나를 선택해야 될 경우 상대적으로 저렴한 프로그램을 공급하는 경향이 있다는 것이다.

따라서 시청자에 의한 유료TV나 광고주에 의존하는 텔레비전 모두가 소수의 수용자들만이 즐기는 프로그램을 선호하지 않지만, 특히 그러한 편향은 후자의 경우에 더욱 두드러지게 나타난다. 이와 같이 편향이라는 관점에서 보면, 유료TV는 광고 의존적인 텔레비전보다 더 바람직하다고 할 수 있다. 그러나 광고에 의존하는 프로그램의 0가격은 그 프로그램을 즐기는 어떤 수용자도 가격에 의해 배척당하지 않는다는 점을 의미한다. 따라서 가격효과는 광고 의존적인 프로그램에서 더 유효하다고 할 수 있다.

경쟁적인 유료TV 산업이 대체로 모든 채널을 독점하고 있는 유료독점 텔레비전산업보다 유용한 것은 사실이다. 그러나 경쟁적인 유료

TV, 광고주의 후원으로 운영되는 경쟁적 텔레비전산업, 혹은 모든 채널을 독점하고 있으면서 광고주의 후원을 받는 독점적 텔레비전산업이 텔레비전시청의 총잉여를 가장 크게 제공하고 있는가? 이러한 산업구조상의 특성들은 각기 장단점을 지니고 있기 때문에 한마디로 어떤 산업이 절대적으로 유용하다고 선택할 수가 없다. 다만 산업환경에 맞는 최선의 선택을 하는 수밖에는 없을 것이다.

이와 관련하여 Spence와 Owen은 모든 채널들이 각기 서로 대칭적으로 관계하고 있는 것으로 전제하여 각기 다른 산업구조들에 있어서 후생이익이 무엇인지를 산출하고자 하였다. 이러한 분석을 위해서 그들은 ⅰ) 모든 프로그램의 생산비는 동일하고, ⅱ) 프로그램 간의 대체성의 정도도 동일하며, ⅲ) 균형상태에서 모든 프로그램은 동일한 가격으로 판매되며, 그리고 ⅳ) 프로그램당 수용자의 크기도 동일하다는 기본전제를 세움으로써 프로그램 선택과정에서의 방송사의 편견을 의도적으로 배제하였다.

각 산업구조의 후생이익에 대한 비교는 종축에 프로그램의 수를 놓고 횡축에는 수용자의 수를 설정하여 각 산업구조별 좌표상의 균형점을 밝힘으로써 가능하게 된다.(〈그림 -20〉 참조)

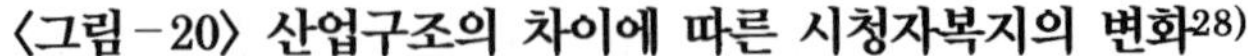

〈그림-20〉 산업구조의 차이에 따른 시청자복지의 변화[28]

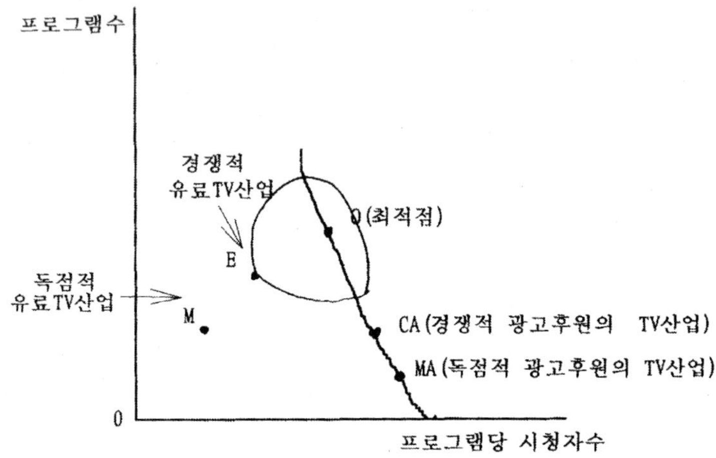

　　시청자복지는 시청자들이 광고주들에게 있어서 평균 수용자들의 가치만큼 프로그램들을 시청할 수 있도록 요금혜택을 받는다면 향상될 수 있을 것이다. 그러나 이러한 가격정책은 현실적으로 불가능한 일이어서 후생의 최적점(*welfare optimum*) 은 총잉여가 0가격으로 극대화되는 점이다.

　　〈그림-20〉에서 O(최적점), E(경쟁적 유료TV 산업), M(독점적 유료TV 산업)의 상대적인 위치를 판단하기는 간단하다. 여기서 O점이 시청자들에게 무제한의 프로그램을 제공할 때 실현할 수 있는 최적점이라는 점을 감안할 때 경쟁적인 유료채널들은 프로그램들이 제공하는 시청자이익만큼 수입을 거둘 수가 없을 것이기 때문에 총잉여에 기여할 수 없는 일부 프로그램들이 공급되지 않게 된다. 그러므로 경쟁적인 유료 TV 산업은 최적의 프로그램 수보다 더 적은 수의 프로그램들을 제공하

---

28) *Ibid.*, p.120.

게 된다. 그 결과 이들 프로그램들이 너무 높은 가격으로 인하여 후생의 효율성을 더 이상 기대할 수 없기 때문에 그 프로그램들로 이익을 얻을 수도 있는 일부 시청자들이 배제되고 만다. 이 때문에 시청자의 크기가 후생극대화에 필요한 수보다 훨씬 적게 된다. 따라서 E는 O의 왼쪽 하단에 위치하게 된다. 반면에 독점적인 유료채널은 경쟁적인 유료채널보다도 더 높은 가격을 설정하고 더 적은 수의 프로그램들을 제공할 것이기 때문에 M은 E의 왼쪽 하단에 위치하게 된다. 따라서 시청자의 순이익은 최적점인 O에서 E로 다시 M으로 변경되면서 줄어들게 된다.

한편 CA(광고주 후원 경쟁적 텔레비전산업)와 MA(광고주 후원 독점적 텔레비전산업)는 프로그램들 간의 대체성의 정도와 시청자가 느끼는 한계적 프로그램(*marginal program*)의 가치가 광고주가 평가하는 수용자의 가치를 초과하느냐에 따라서 평가되어야 한다. 다시 〈그림-20〉에서 O를 잇는 선분은 0(zero)가격으로 프로그램을 제공하는 데 따른 수용자의 크기와 프로그램의 수의 가능한 모든 조합을 보여주고 있다. 이 조합은 왼쪽에서 오른쪽으로 우하향하고 있는데, 그 이유는 프로그램의 수가 감소함에 따라 수용자들이 잔여적인 프로그램들에서 선호도를 선택하게 되어 프로그램당 평균 수용자의 수가 증가하게 되기 때문이다. 이때 CA와 MA는 이러한 O를 잇는 조합선에 걸치게 된다. 그러나 CA는 MA보다 더 많은 프로그램을 공급하게 될 것이기 때문에 MA는 CA의 우측하단에 자리하게 된다. 또한 E점을 지나는 타원형 부분은 E점과 동일한 크기의 총잉여를 제공하는 모든 프로그램의 수와 시청자의 크기의 조합을 연결하여 그린 부분으로서 이때 총잉여란 시청자와 방송사의 총 순이익을 합한 것을 의미하게 된다. 최적 후생상태인 O점은 이 공간 안에 포함되는 반면, M, CA, 그리고 MA는 이 공간 밖에 존재하게 됨을 알 수 있다. 따라서 경쟁적인 유료

226

산업은 경쟁적인 광고주후원 산업이나 광고주후원 독점산업보다도 더 큰 순이익을 제공하고 있음을 알 수 있다. 그러나 CA와 MA는 유사 총잉여선 내에 위치하고 있어 경쟁적인 유료산업보다도 더 많은 총이익(*total benefits*)을 제공해줄 수가 있는데, E, CA, MA에 의해 나타내는 균형점 중 어떤 것이 가장 큰 총잉여를 제공하게 되는가 하는 점은 수용자들이 느끼는 프로그램별 대체성의 정도에 의해 판단할 수 있다. 이를 알아보기 위해 임의적인 출발점으로 E, CA, MA, O의 점들을 선택하여 만약 각 프로그램들이 점차로 대체품에 가까워질 때 각 점의 상대적인 이동을 추적해볼 수 있다.(〈그림 – 21〉 참조)

〈그림 – 21〉 프로그램의 대체성에 따른 후생효과[29]

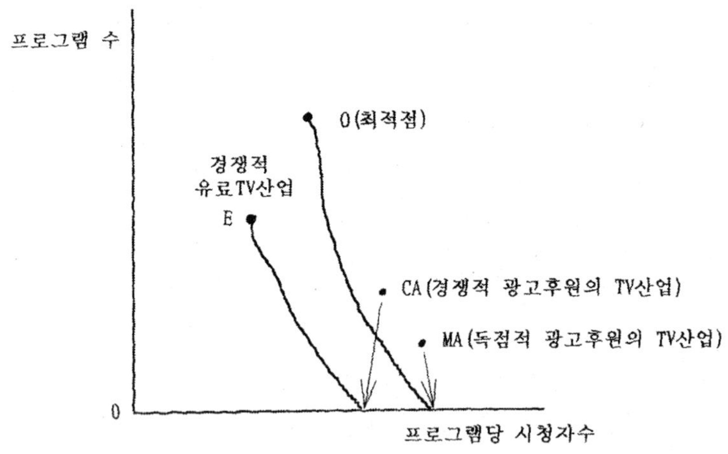

1개 이상의 프로그램을 제공해야 된다는 후생론의 논리적 근거는 차별적인 프로그램의 증가가 시청자들에게 주는 이익이 프로그램 생산비용을 초과한다는 데 있다. 즉, 시청자들이 차별적인 프로그램에

─────────────

29) *Ibid.*, p.122.

대해 선호도를 강하게 보이면 보일수록 시청자 후생(복지)을 극대화
하기 위한 프로그램의 수는 증가하게 된다는 것이다. 만약 시청자의
취향이 변화하고 프로그램들이 점차로 각기 대체품으로 전락하게 될
경우 프로그램 차별성에 따른 시청자의 이익은 감소하고 또한 총잉여
를 극대화하는 데 필요한 프로그램의 수도 감소하게 된다. 그 결과,
일부 프로그램들이 사장되게 되고, 그런 프로그램들을 선호하던 시청
자들은 남아 있는 프로그램들 중에서 선호하는 프로그램을 선택할 수
밖에 없어 각 프로그램당 평균 시청자의 수는 증가하게 된다는 것이
다. 따라서 O는 프로그램들이 점차 대체품화됨에 따라 후하향으로 변
화를 보이게 될 것이다.

　이때 차별화된 프로그램에 대한 시청자들의 지불의사도 그 프로그
램들이 대체품화될 경우 점차 감소하게 될 것이다. 유료TV 산업에서
이러한 상황은 시청자의 전체적인 지불력의 감소와 함께 균형적으로
유지될 수 있는 프로그램 수가 감소하게 됨을 의미하게 된다. 다시 말
해서, 시청자들은 줄어들고 남은 잔여 프로그램들 중에서 다시 선택해
야 됨을 의미하게 되어, E는 프로그램의 대체성의 정도가 증가함에
따라 O와 마찬가지로 우하향하게 될 것이다.

　이처럼 프로그램의 대체성 증가는 또한 광고주후원의 경쟁산업과
광고주후원의 독점산업에서도 새로운 프로그램들이 전과 같이 새로운
시청자들을 유인해주지 않을 것이기 때문에 균형적인 프로그램의 수
는 감소하게 된다. 그러나 그러한 대체성에도 불구하고 프로그램당 평
균 시청자의 수는 동일하게 되는데, 그 이유는 경쟁적인 신규진입자들
이 각 프로그램에 대한 광고수입이 프로그램 생산비용을 상쇄시켜 줄
것이라는 확신 때문이다. 즉 프로그램 생산비용과 시청자 한 명에 대
해 느끼는 광고주의 가치가 불변이라 한다면 프로그램당 수용자의 수

도 변하지 않을 것이다. 따라서 CA는 수직적인 하향곡선을 보이게 되며, 그것은 O를 잇는 선분을 가로지르게 되어 결국은 O에서 최적점과 접근하게 될 것이다.

한편 광고주후원 독점산업(MA)도 프로그램 간의 대체성이 증대함에 따라 제공되는 프로그램의 수를 감소시키게 되는데, 그 이유는 전체 수용자와 광고수입에 대한 한계프로그램의 기여도가 약화되기 때문이다. 따라서 MA는 그림과 같이 우하향하게 되지만, MA가 하향하는 비율이 O에 비해서는 덜하다. MA와 O의 하향경로는 모든 프로그램들이 완전대체제일 때 수렴(접점)하게 된다. 이처럼 완전 대체관계에 있을 때 시청자들은 1개 이상의 프로그램을 시청함으로써 더 이상의 이익을 얻을 수 없게 되어 시청자 후생은 단 하나의 프로그램만으로도 극대화된다. 따라서 광고주에 의해 후원되는 독점산업은 단 하나의 프로그램만을 제공하게 되는데, 그 이유는 추가적인 프로그램의 생산이 프로그램 생산비용만을 누적적으로 증대시킬 뿐 수용자들을 증대시키지는 못하고 단지 기존 수용자들을 분할할 뿐이기 때문이다. 결과적으로 모든 프로그램이 완전 대체관계에 있는 시장환경에서는 텔레비전산업을 광고주후원의 독점적인 단일채널로 운용하는 것이 효율적이라 할 수 있다. 그러나 프로그램들 간의 대체성이 낮을 때는 처음에는 광고주후원의 경쟁산업 구조로 변모하다가 나중에는 시청자유료의 경쟁구조로 변모시키는 것이 더 효과적이라 할 수 있다.

Spence와 Owen은 그들의 연구에서 경제적 후생에 대한 텔레비전산업구조의 기여도는 공중파텔레비전이 지배하는 광고주후원의 균형점에서 점차 경쟁적인 유료산업으로 이행함으로써 증대될 수 있음을 강조한 바 있다. 또한 Noll, Peck, & McGowan은 제4의 방송네트워크를 설립함으로써 시청자이익에 잠재적으로 부가되는 가치가 47억

달러에 달하며 제5의 네트워크를 설립하면서는 38억 달러로 감소된다
는 점을 주장한 바 있다.[30] 동시에 CBS, NBC, ABC 네트워크 방송
사들이 프로그램을 생산하고 운영하는 데 드는 연간 평균비용이 각
방송국당 8억 달러에 달하게 된다는 것이다. 이처럼 시청자의 이익이
점차적으로 증대하여 그것이 새로운 네트워크 방송사를 설립 운영하
는 데 드는 비용을 상당할 정도로 초과하게 되었다. 즉, Crandall의 연
구에서 수용자들은 케이블프로그램보다는 추가적인 네트워크 채널에
더 많은 지불의사가 있는 것으로 나타났다.[31] 한편 Park는 과거에는
제4의 네트워크가 큰 수익을 거두지 못했을 것이라고 추정한 바 있
다.[32] 즉 제4네트워크인 FOX사가 비로소 완전한 제4의 위상을 얻게
된 것은 1980년대 말이었다는 것이다. 그 이유는, 제4의 네트워크텔레
비전이 성공하기 위해서는 전국적인 네트워크에 필요한 주파수대역의
확보가 필수적인데, 미국의 경우 현재 남아 있는 방송주파수는 주로
UHF밖에 없기 때문에 제4의 네트워크텔레비전이 UHF가 가지고 있
는 주파수 도달 범위의 한계를 어떻게 극복하느냐가 중요한 성공의
관건이 되었다는 것이다. 그러나 다행히도 CATV산업이 활성화되어
전국적인 케이블네트워크가 형성되면서 UHF의 기술적인 약점들을
CATV가 보완해줌에 따라 오늘날 FOX가 제4의 네트워크로 성공적
으로 진출할 수 있었던 기술적인 원동력이 되었다. 이외에도 광고수요
의 전체적인 증가와 네트워크텔레비전 시장의 과점구조 약화 등도

---

30) R. G. Noll, M. J. Peck, and J. J. McGowan(1973), *Economic Aspects of Television Regulation*, (Washington, D. C.: Brookings Institution), p.125.

31) R. Crandall(1974), "The economic case for a fourth commercial television network", *Public Policy*, vol.22, pp.513－536.

32) R. E. Park(1975), "New television networks", *Bell Journal of Economics*, vol.6, pp.607－620.

FOX의 진입장벽을 약화시키는 요인으로 작용하였으며, 또한 CATV
와 VCR의 급속한 확산의 결과로 공중파텔레비전 프로그램의 대체재
역할을 하게 되어 영상산업 전체의 경쟁심화가 두드러져 역설적으로
FOX가 시장진입을 하는 데 용이한 발판이 되기도 하였다는 것이
다.33) 특히 오늘날 CATV와 VCR의 폭발적인 증대는 추가적인 텔레
비전채널의 증대에 대한 시청자들의 지불의사를 평가하였던 Spence
& Owen의 이론의 유용성을 짐작케 한다.

2.3 Wildman - Owen의 선택이론

Spence와 Owen이 1970년대 상황을 토대로 독점적이고 경쟁적인
산업구조하에서 유료채널과 광고주후원 채널의 선택지를 비교분석할
당시에는 텔레비전산업이 주로 광고비로 충당하는 공중파 방송 시대,
즉 단일시장 구조였다. 그러나 1990년대 텔레비전산업은 그들이 고
려하였던 산업구조들이 혼합되어 있는 상황이다. 광고비로 재원을 충
당하는 공중파텔레비전들이 광고와 시청자 가입료를 재원으로 하는
basic cable channels와 경쟁을 하고 있으며, 또한 이 두 산업은 HBO,
Showtime, 비디오 등과 같은 유료채널들과 경쟁을 하기도 한다. 따라
서 Wildman과 Owen은 과거의 Spence - Owen모델을 확장하여 유료
채널과 광고채널이 서로 경쟁할 때 그것의 특성을 분석하고자 시도하
였다.34) 특히 그들은 Spence - Owen 모델을 수정하여 광고에 기여하

---

33) Laurie Thomas and Barry R. Litman(1991), "FOX broadcasting
    company, why now?: An economic study of the rise of the fourth
    broadcasting 'network'", *Journal of Broadcasting and Electronic Media*,
    vol.35, pp.153 - 154.
34) S.S. Wildman and B.M. Owen(1985), "Program competition, diversity,

는 프로그램시간량을 프로그램공급업자들이 의사결정을 하는 데 있어서 중요한 변인으로 설정하였다. 이러한 모델수정은 회원방송사에 광고시간량을 배당하는 것을 골자로 하는 美방송인연합회(*National Association of Broadcasters*)의 규정에 대해서 미 법무성이 철퇴를 가하게 됨에 따라 불가피하게 된 것이다. 즉, 1981년 그 규약의 광고시간 규제조항에 대해 법무성이 폐기를 결정한 이후 이제는 각 방송사들이 얼마만큼의 광고시간을 할당할 것인가를 스스로 결정해야 되었다. 따라서 이처럼 방송사가 광고시간량을 결정하기 위해서는 과연 광고가 시청자의 채널선택에 어떤 영향을 미치는지를 신중히 고려하지 않으면 안 되었다. 모든 조건이 동일하다고 할 때는 일반적으로 시청자들은 광고가 있는 프로그램보다는 광고가 없는 프로그램을 선호한다고 가정할 수 있다. 물론 신문독자의 경우 신문의 광고를 제품구입의 중요한 정보원으로 활용하기도 하지만, 텔레비전의 경우는 시청자들이 광고 없는 프로그램을 더욱 선호하는 경향이 있다는 것이 지금까지 연구결과들의 공통적인 결론이다. 이를테면 시청자들은 광고가 없는 유료 케이블채널에 대해서는 프리미엄을 지불하기까지 하며, 또한 많은 시청자들은 광고시간 동안 리모콘을 이용하여 다른 채널로 이동하며 녹화한 텔레비전프로그램에서 광고를 의도적으로 지우기도 한다. 이처럼 인쇄광고와 텔레비전광고에 대해 가지는 수용자들의 태도상의 차이는 곧 신문독자들은 광고에 대한 노출과 시간량을 스스로 통제할 수 있는 반면에 텔레비전시청자들은 리모콘이 없이는 광고에 대한 노출을 피할 수 없다는 사실을 의미한다.

　다음의 분석은 시청자들이 모든 텔레비전광고를 싫어한다는 가정에

---

and multichannel bundling in the new video industry", in E. M. Noam(ed.), *Video Media Competition: Regulation, Economics, and Technology*, (N. Y.: Columbia University Press).

232

서 출발하지 않는다. 다만 시청자들이 어느 정도 광고를 싫어하고 있
다는 것으로도 족하다는 것이다. 설령 광고시간의 증대가 시청자의 상
실을 가져오는 일정한 어떤 범위가 있다고 하더라도 방송업자들은 항
상 광고시간의 한계적인 증대가 수용자의 크기에 부정적인 영향을 미
치기 시작하는 점까지 광고시간을 증대하게 될 것이다. 그런데 만약
시청자들이 광고를 싫어하지 않는다면, 광고시간은 광고에 의해 후원
되는 프로그램을 시청자들이 보기 위해 지불하는 비화폐적 가격으로
간주될 수 있다. 따라서 화폐가치라는 측면에서 프로그램 사이에 끼워
있는 광고시간에 대해 시청자들이 지불하는 가격을 그 프로그램의 수
용자크기와 관련하여 수요곡선을 그려볼 수 있다.(〈그림-22〉 참조)

<h3 style="text-align:center">〈그림-22〉 시청자수요와 광고 간의 관계</h3>

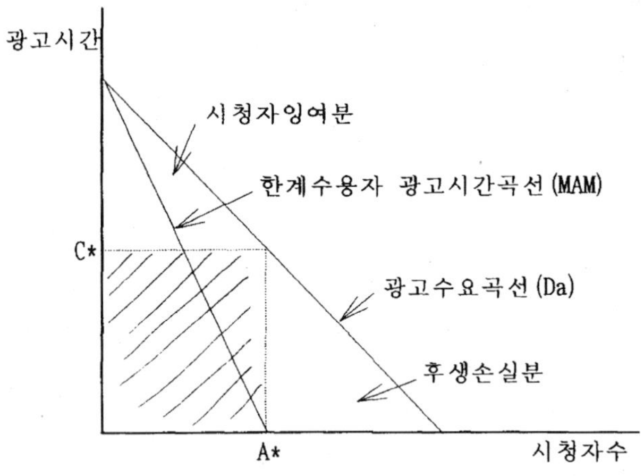

　이때 화폐적 가치를 반영하는 수요곡선과 같이 시청자의 수는 광고
시간이 증대함에 따라 감소하게 되는데, 그 이유는 광고에 대한 시청
자들의 인내의 정도 차이가 있기 때문이다. 즉, 광고에 대해 가장 민

감한 시청자들이 가장 먼저 그 프로그램에서 떠나게 되고, 이어서 광고에 대해 어느 정도 인내심을 가지고 있는 시청자들이 뒤이어 프로그램에서 떠나게 될 것이다. 그러나 그 프로그램을 떠나지 않고 남아 있는 시청자들은 광고에 대해서 별로 무덤덤한 사람이거나, 아니면 그 프로그램의 내용에 대해서 대단한 가치를 부여하여 다른 프로그램에서 대체성을 발견하지 못한 사람일 것이다.

만약 광고시장이 경쟁적이라면, 광고주가 시청자들에게 1분당 노출하는 가격은 일정할 것이다. 이런 경우에 광고시간 판매에 전적으로 의존하는 프로그램에 있어서 이윤을 극대화할 수 있는 광고시간량은 '광고시간*수용자 수'라 할 수 있는 광고단위 시간당 수용자의 수를 극대화하는 광고시간량과 동일하다. 따라서 한 프로그램에서 특정의 광고시간량은 광고시간당 수용자 수(audience minutes)가 광고 수요곡선 하단의 사각형 면적이 된다. 이 면적은 종축의 광고시간량에서 수요곡선까지 수평선을 긋고 횡축까지 내려온 수요곡선상의 점으로부터 수직선을 그어 산출하게 된다. 광고시간의 이윤극대화 수준은 이 사각형 면적을 극대화하는 양이 된다. 이러한 산출방법은 이윤을 극대화하는 가격이 수요곡선상의 가장 큰 이윤사각형(가격*수용자)을 형성하는 것과 같은 논리이다. 마찬가지로 가격수요 곡선상에서 한계수입 곡선을 알 수 있듯이 광고수요 곡선(Da)상에서 한계수용자 광고시간 곡선(marginal audience minutes curve: MAM)을 그릴 수 있다. 따라서 이윤은 수용자의 한계광고시간이 0인 점, 즉 한계수용자 광고시간 곡선이 횡축을 양분하는 점에서 극대화된다. 다시 말해서 〈그림 -22〉에서 이윤을 극대화하는 수용자크기와 광고시간량은 A*와 C*이다. 따라서 광고시간의 증가에 의해 프로그램을 기피하는 시청자들의 시청권을 박탈하게 되는(우측하단 삼각형) 반면에, 더 많은 광고량에 인내심을 갖고 있는 시청자들은 상대적으로 줄어든 광고시간량으로 프로그램을 선택할 수 있는 이익을 제공받게 된다.(좌측상단 삼각형)

그러나 이상의 논의는 광고주의 광고수요와 시청자들의 광고에 대한 부정적 수요 간의 본질적 관계 속에서 방송사는 독점적 이윤을 창출할 수 있음을 간과하고 있다. 다음의 〈그림 -23〉에서와 같이 광고단위당 광고제작비(SS)가 일정하다고 할 때, 광고주의 광고수요(DD)와 시청자의 광고메시지에 대한 수요(D′D′)를 설정할 수 있는데, 이때 시청자의 광고수요가 점차적으로 하락하는 것은 광고메시지가 증가함에 따라 회피경향이 높기 때문이다. 따라서 광고주와 방송사는 이러한 시청자들의 광고회피를 완화하고 시청자들의 관심을 유도하기 위하여 (흥미 있는 프로그램을 만들기 위하여) 광고제작 비용을 광고메시지의 증가에 따라 증대시키게 된다.(곡선 S′S′) 이 결과 처음에는 광고주 수요곡선(DD)과 광고제작비(SS)가 만나는 점인 Q1을 적정의 광고가격과 광고물량으로 설정하였던 것이 다시 시청자의 광고기피 반응이 두드러지면서 광고제작비 곡선(S′S′)과 광고주 수요곡선(DD)이 만나는 점 Q2에서 광고가격과 광고물량을 결정하게 될 것이다. 그러나 독점적인 방송사는 광고주로부터 얻는 한계수입 곡선(MR)과 S′S′곡선이 만나는 점 Q3에서 광고물량을 결정하고 광고의 공급가격을 P3으로 상향조정함으로써 빗금 친 사각형 P3VUT만큼의 독점적 지대를 창출함으로써 초과이윤을 얻게 된다.

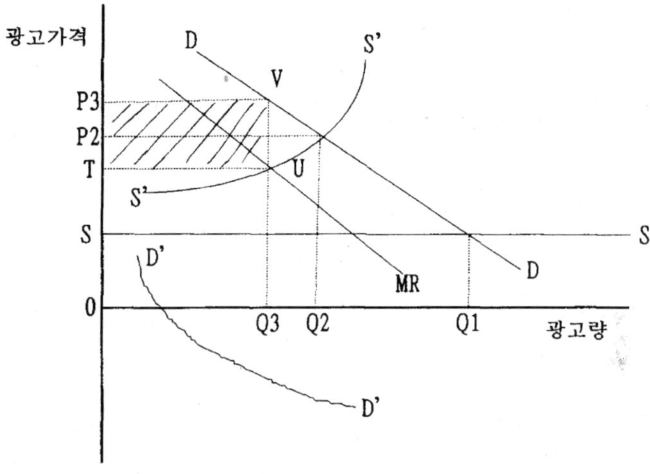

〈그림-23〉 광고량의 증대와 방송사의 초과이윤

2.4 Noam의 공공선택 이론

시청자의 욕구충족을 위한 텔레비전산업의 행위는 프로그램 선택모델이 강조하는 우선적인 공공정책적 관심이 되어왔다. 따라서 이와 관련하여 텔레비전이 시청자의 선호도를 충족시키는 효율성에 영향을 미칠 수 있는 구조적 변인들인 채널의 수, 채널집중의 정도 등에 대한 연구관심이 높아 왔다. 이때 정부는 더욱 직접적으로 텔레비전프로그램 편성에 영향을 미치고 있다. 이를테면 정부는 상업방송에게 애매한 공익이라는 이름으로 비상업적 프로그램을 제공하도록 요구하기도 하며, 또한 외설적 내용을 규제하고 술과 담배광고를 금지하고 있는가 하면, 비상업적 방송국 활용을 위한 목적으로 PBS에 많은 허가권을 할당하고 있다.

Noam[35]은 프로그램 선택이론을 통해 프로그램에 미치는 직접적인 정부의 영향을 분석하고 있는데, 이 모델은 상업성(영업활동)에 영향을 미치는 정부규제의 경제적 결과뿐만 아니라 정치적인 거래를 고려함으로써 공공선택이론의 전통을 따르고 있다. 특히 그는 민영의 독점과 경쟁산업, 국영방송, 그리고 공민영 혼합체제 등을 폭넓게 분석하였다.

여기서는 특히 공민영 방송체제하에서의 프로그램 편성전략의 상호의존성에 대한 Noam의 분석을 살펴보기로 하겠다. 공민영 방송체제에 대한 그의 분석은 다음과 같은 세 가지의 예측을 제공하고 있다. 첫째, 상업방송사의 프로그램 편견은 상업방송의 혜택을 받지 못하는 소수의 수용자들을 대상으로 하는 공영방송의 정치적 수요를 창출해 준다. 둘째, 민영방송은 소수 수용자들을 대상으로 하는 공영방송에 대해서 더욱 다수의 취향에 호소함으로써 반응한다. 셋째, 민영방송의 확산으로 인해 공영방송에 대한 정치적 지원이 약화되고 있다.

Waterman과 마찬가지로 Noam은 프로그램 다양성에 대한 일차원적인 공간적 표상을 이용하고 있는데, 이는 다양한 프로그램들 가운데 시청자의 선호범위와 잠재적인 프로그램의 범위를 나타내 주고 있다. 따라서 프로그램 선택 분석은 초기 Steiner모델의 공간적 뿌리로 돌아왔다. 그런 점에서 Beebe형의 시청자 선호특성은 Noam의 결과를 설명하는 데 충분하다.

다음과 같은 3개의 시청자집단이 있다고 가정하자. 1집단(제1유형의 프로그램만을 선호하고 다른 프로그램은 전혀 시청하지 않는 시청자들로서 1,100명으로 구성되어 있음), 2집단(제2유형의 프로그램을 가장 선호하지만 필요한 경우 제1유형의 프로그램도 시청한다. 그러나 제3유형의 프로그램은 시청하지 않는 시청자들로서 400명으로 구성되

---

35) E. M. Noam(1987), "A public and private-choice model of broadcasting", *Public Choice*, vol.55, pp.163-187.

어 있음), 3집단(제3유형의 프로그램을 가장 선호하고 필요한 경우 제2유형의 프로그램도 시청하기는 하지만 제1유형의 프로그램은 전혀 시청하지 않는 수용자들로서 200명으로 구성되어 있음).

먼저 수용자의 규모는 거대하지만 허가의 제한으로 단지 2개의 채널만이 존재하고 각 채널은 독립된 상업방송 체제라고 가정했을 때, 이윤극대화의 편성전략은 각 채널이 제1유형의 프로그램을 편성하여 유형1과 유형2의 전체수용자 중 절반인 750명을 수용자로 확보하는 방법이다. 이때 유형3의 프로그램을 선호하는 시청자들이 상업방송들이 그들이 선호하는 프로그램을 제공해주지 않는 데 대해 강한 불만을 느끼게 될 경우, 정치인이나 정부관료들은 이들 시청자들의 정치적 후원을 빌미로 유형3 프로그램에 공적 자원을 제공하게 될 것이다. 따라서 제3의 유형의 프로그램은 공영채널이 될 가능성이 높다.

한편 정부가 유형3 프로그램 시청자들의 수요에 반응하여 그런 프로그램을 제공할 수 있는 공영채널을 만든다고 가정해보자. 이는 어떠한 새로운 상업방송의 편성전략에도 영향을 미치게 된다. 예를 들면, 공영채널이 유형3 프로그램을 제공한다고 할 때 제3의 새로운 상업채널이 유형1의 프로그램을 제공하여 유형1과 유형2 프로그램의 시청자들을 대상으로 기존의 두 상업방송과 경쟁을 할 수밖에 없다. 이때 400명의 유형2 프로그램 시청자들은 시청자 집단1과 2를 합한 수인 1,500명의 1/3보다도 더 적은 수가 될 것이다. 그러나 제3유형의 프로그램을 제공하는 공영방송이 등장하지 않으면 제3의 상업방송은 유형2의 프로그램을 제공함으로써 유형1과 2를 시청하는 시청자들 중 600명을 확보할 수 있게 된다. 이는 Noam의 두 번째 예측을 설명해주고 있는데, 즉 공영방송이 소수의 시청자들을 대상으로 할 때 상업방송은 다수취향의 더 많은 프로그램을 제공하게 된다는 것이다. 이때 시청자들이 두 번째로 선택한 프로그램을 시청하려는 의지여부는 이 예측에 중요한 변수로 작용한다. 만약 시청자들이 처음 선택한 프로그램 외에는 시청을 거부한다면 공영방송의 상업적 프로그램에 미치는 영향은 훨씬 줄어들 것이다.

한편 상업방송 채널 수의 증가는 Noam의 세 번째 예측을 설명해준다. 새로운 네 번째 상업방송은 비록 유형3의 프로그램을 제공하는 공영방송이 존재함에도 불구하고 제2유형의 프로그램을 제공하는 것이 이윤이 있는 것으로 판단하게 된다. 왜냐하면 유형3 프로그램의 시청자들은 유형2의 프로그램으로부터도 어느 정도 만족을 얻기 때문에 새로운 상업방송이 제2유형의 프로그램을 제공하게 될 경우 그만큼 유형3 프로그램을 시청하고자 하는 소수 시청자들의 수가 감소하게 되어 이들에 대한 정치적 후원이 약화될 것이다. 만약 상업방송 채널의 수가 계속해서 증가하게 된다면 결국에는 적어도 하나의 상업방송이 유형3의 프로그램을 제공하는 것이 이윤에 도움이 될 것으로 판단하게 될 것이다. 그렇게 될 때 공영방송의 존립근거가 사라지게 된다.

오늘날 미국에서 Noam의 세 번째 예측과 공영방송의 쇠퇴 간의 일치는 매우 설득력이 있다. 케이블네트워크들이 1980년대 급증하고 있으며 그들 중 대부분은 한때는 공영방송의 독점적 영역이라 생각되었던 프로그램도 공급하기 시작하였다. 사실상 케이블네트워크들은 과거에는 PBS에서나 볼 수 있을 법한 프로그램들을 구매하였다. Noam의 공공선택 분석은 그 기간 동안에 공영방송이 연방예산의 심각한 위협에 직면하였다는 것은 우연이 아니다.

최근 Spitzer의 연구[36]는 텔레비전프로그램에 미치는 정부의 역할에 대한 Noam의 설명과 일치하고 있다. 그는 Congressional Research

---

36) M. L. Spitzer(1991), "Justifying minority preferences in broadcasting", *Southern California Law Review*, vol.64, pp.293−361.

Service가 수집한 자료를 이용하여 소수인종 집단이 소유하고 있는 방송국들을 발전시키기 위한 정부정책을 평가하였다. 그런 정책들은 소수인종에 판매된 방송국에 대해 세금우대 조치와 새로운 방송면허 심사과정에서 우월한 지위를 제공하는 것을 골자로 하고 있다. Spitzer에 따르면, 정부정책이 소수인종들이 선호하는 프로그램의 부족을 보상하는 측면에서는 효과적일 수 있는데, 그 이유는 소수인종의 방송국 소유자들은 소수의 수용자들을 대상으로 프로그램을 제공하는 경향이 강하기 때문이라는 것이다.

3. 프로그램선택과 프로그램 質의 문제

지금까지는 프로그램 선택이론들이 어떤 요인이 프로그램의 다양성을 촉진시키고 혹은 위축시키는가라는 점에 초점을 맞추어 시청자의 복지와 사회적 후생을 분석했다. 여기서 살펴보게 될 '프로그램의 질'이라는 개념은 상대적으로 주관적인 개념이기 때문에 이를 경제적 분석의 용이성을 위하여 프로그램 제작비용과의 관계 속에서 그것의 결과를 유추하고자 한다. 왜냐하면 대체로 프로그램의 질은 제작비용과 상관관계가 있는 것으로 판단되기 때문이다.[37]

프로그램 선택이론의 공통적인 가정은 프로그램 생산비용은 고정적이라는 점이다. 이러한 가정은 분석의 용이성 때문이며, 또한 비용보

---

[37] 물론 제작비는 이윤극대화의 가능성을 상정하고 투입되는 것이기 때문에 가장 많은 시청자들이 선호하는 프로그램, 즉 오락프로그램에 투입될 수도 있다. 그러나 여기서는 공익적 기준에 의해 오락과 공적 프로그램에 대한 규범적 가치를 가지고 후자의 프로그램을 공익적이라고 전제하는 것이 아니다. 즉 여기서는 장르별 규범적 가치의 차이는 무시되고 시청자의 선호도에 따른 가치만을 상정하고 있다.

다는 프로그램의 다양성이 논의의 초점이 되기 때문이다. 실제로 방송국에서 프로그램을 선택하는 사람들은 직접적으로 프로그램제작에 예산을 책정함으로써 또는 간접적으로 프로그램제작에 얼마나 많은 돈을 지불할 의지가 있는지를 판단함으로써 프로그램비용에 영향을 미치는 의사결정을 하게 된다.

시청자의 즐거움이 그들이 시청하는 프로그램의 예산에 의해서 영향을 받는다고 한다면 프로그램선택에 있어서 프로그램예산 부분은 분석의 가치가 있는 것이다. 일반적으로 우리는 시청자들이 적은 예산으로 만들어진 프로그램보다는 많은 예산이 투여된 프로그램이 더 많은 관심을 유발한다고 생각할 것으로 예상하는데, 그 이유는 많은 비용을 들인 프로그램은 그만큼 시청자들이 좋아하는 요소들에 추가적인 비용을 들일 수 있기 때문이다. 이를테면 더 인기 있는 배우와 더 좋은 작가와 감독을 기용함으로써 훨씬 대중적인 텔레비전프로그램이나 영화를 만들 수 있는 것이다. 그러나 만약에 프로그램예산을 증대시킨 만큼 그 프로그램에 대한 수용자의 관심을 증대시킬 수 없다면 이윤극대화를 추구하는 생산자는 프라임타임대의 네트워크텔레비전프로그램에서 볼 수 있는 것처럼 엄청난 제작비용(예: 시간당 100만 달러 이상)을 들여 프로그램을 제작하지 않을 것이다.

이와 관련하여 Wildman & Lee는 균형적인 프로그램예산은 시장구조의 변화에 따라 다양하게 반응한다는 점을 주장하였다. 그들에 따르면, 경쟁적인 채널의 수가 증가함에 따라 특정 채널이 프로그램 제작비용을 증대함으로써 수용자를 더 많이 확보할 수 있다고 단정할 수 없다면 방송사들은 더 저렴한 프로그램을 제작 혹은 구매함으로써 경쟁채널의 증가에 반응하게 된다는 점이다.[38] 채널의 증가는 만약 각

---

38) S. S. Wildman and N. Y. Lee(1989), "Program choice in a broadband

채널이 특정 수용자의 취향에 소구하는 프로그램을 제작함으로써 채널 간의 차별성이 존재할 경우에는 더더욱 새로운 시청자들을 확보하는 것을 불가능하게 만든다. 특히 특정 프로그램에 대해서 만족해하는 시청자들은 비용을 많이 들인 다른 프로그램에 쉽게 유인되지 않는 경향이 있다. 결과적으로 프로그램에 투여된 1원당 한계수입은 계속해서 하락하게 될 것이다.

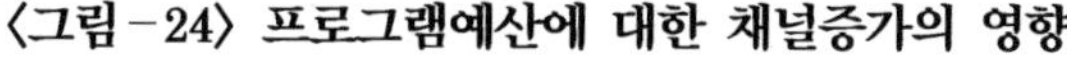

〈그림 - 24〉 프로그램예산에 대한 채널증가의 영향

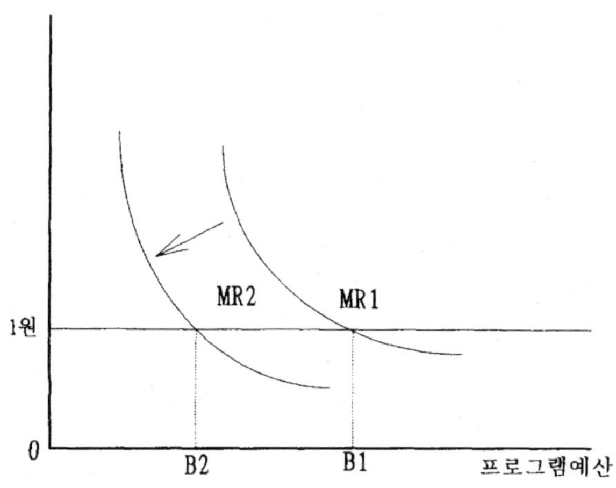

〈그림 - 24〉에서 MR₁은 예산규모의 함수로서 단일 프로그램의 제작비용의 증가에 의해 첫 번째 기간 동안에 창출되는 추가적인(기대되는) 수입(광고판매의 증가, 시청자지불의 증가 등)을 가리키는 한계수입을 의미한다. MR₁이 우하향하는 것은 투자비용당 이윤율의 감소를 반영한다. 한 시청자의 입장에서 5백만 원짜리 프로그램과 1천만 원짜

environment", *Paper presented at Integrated Broadband Networks Conference*, Columbia University, B. M. Owen and S. S. Wildman(1992), *Op Cit*, p.145에서 재인용.

리 프로그램의 차이는 1억 원짜리 프로그램과 1억 1천만 원짜리 프로그램 간의 차이보다 더욱 두드러져 보인다. 따라서 한 프로그램의 예산에 추가되는 1원의 이윤은 예산이 이윤극대화 예산점인 B_1로 증가되었을 때 1달러 하락하게 된다. B_1을 넘어 예산을 증액함으로써 수입이 증대될 수는 있지만 일단 추가적인 수입을 발생하는 비용을 공제하고 나면 프로그램의 이윤은 하락하고 말 것이다.

한편 뉴미디어의 등장과 규제구조의 변화 등으로 제2기간 동안에 새로운 경쟁채널들이 급증하게 될 경우 새로운 채널들이 제1기간 동안의 채널과는 다소 차별성을 보이게 된다고 가정해보자. 이때는 제1기간 동안에 제공되었던 프로그램보다도 일부 시청자들이 더 좋아하는 프로그램들이 제공될 수 있다. 이때 프로그램 유형에 따른 시청자들의 선호도가 다양하게 나타날 것이기 때문에 어떤 한 채널이 프로그램예산을 증액하여 많은 경쟁채널들로부터 새롭게 유인하는 시청자의 수는 하락하게 될 것이다. 이것은 MR_1에서 MR_2로의 한계수입 변화를 나타내며, 이때의 예산의 균형점은 B_2로 하락하게 된다.

그런 점에서 1980년대 중반과 후반에 미국 3대 네트워크사들이 프로그램예산을 삭감한 것은 바로 새로운 경쟁채널의 증가에 대한 반응이었다. 그러나 이러한 예산삭감은 프로그램의 질에 영향을 주게 된다. 경쟁적인 텔레비전시장에는 프로그램의 다양성(경쟁채널의 증가)과 프로그램의 질(프로그램예산의 증가) 사이에 교환관계가 있다. 이때 프로그램의 질은 특정한 심미적 기준이 아닌 시청자소구의 정도에 따른 평가를 의미한다. 이처럼 프로그램의 질과 프로그램의 다양성 간의 관계는 텔레비전정책에 대한 프로그램 선택이론의 적용가능성을 복잡하게 만든다. 경쟁을 장려함으로써 창출되는 다양성은 프로그램 생산비용에 상응하는 시청자이익을 창출할 수 없을 정도의 유사성이 높은 프로그램들에 낭비적인 투자를 높이고 있는 것으로 보인다. 전통적인 프로그램 선택모델에 의하면 다양성은 경쟁채널이 증가함에 따라 증가하는 것으로 보고 이는 곧 시청자의 이익을 증대시키는 것으로 평가하였다.[39] 그러나 최근의 선택모델에서는 채널의 다양성이 증가함에 따라 프로그램의 질적 저하 때문에 오히려 시청자의 복지가 감소할 가능성이 높음을 주장하고 있다. 이와 관련하여 Waterman은 경쟁적인 유료 TV 산업이 다양성을 지나치게 공급하는 반면에 프로그램의 질은 하락시키는 경향이 있음을 지적한 바 있다.[40] 즉 그는 광고재원으로 충당하는 텔레비전산업도 다양성을 과잉공급하고는 있지만 프로그램의 질이 저하되느냐 아니면 향상시키느냐 하는 점은 광고주들이 시청자 1인당 지불하는 광고비에 의해 결정된다는 점을 발견하였다.

경쟁적인 텔레비전시장은 Steiner와 Spence-Owen이론에서 강조하는 品質常數的($qualtity-constant$) 환경에서보다 品質變數的($qualtity-variable$) 환경에서 후생극대화를 가져오는 채널의 수를 초과하여 공급하는 경향이 있다. 즉 경쟁적인 채널의 균형수가 Steiner와 Spence-Owen모델에서의 사회적 최적점을 초과할 수 있다는 것인데, 그 이유는 새로운 채널의 증가는 수용자의 이익보다는 방송사의 이익에 더 기여할 수 있는 상황이기 때문이다. 이러한 현상은 경쟁채널들이 서로 밀접한 대체제일 경우 더욱 두드러지게 나타난다. 새로운 채널을 통해 유인할 수 있는 수용자의 수가 프로그램 제작비용과 운영비용을 충당할 정도의

---

39) 앞의 전통적인 프로그램 선택이론에서 살펴보았듯이, Steiner이론에 의거하여 후속 연구한 Rothenberg는 채널의 수가 증대되면 결국에는 소수 시청자들이 선호하는 프로그램도 채널에 수용될 수 있기 때문에 경쟁적 중복이 시청자복지에 있어 그리 중요한 것은 아니라고 주장하였다.

40) D. Waterman(1990), "Diversity, quality, and homogenization of information products in a monopolistically competitive industry", *Unpublished Manuscript*, Owen and Wildman, *Op Cit*, p.147에서 재인용.

이익을 창출하는 한 새로운 채널들이 도입될 것이다. 그러나 새로운 채널들이 기존 채널의 대체재 역할을 하게 될 때 시청자들은 새로운 채널로부터 추가적인 이익을 거의 얻을 수 없다. 왜냐하면 새로운 채널들은 기존 채널의 수용자와 수입을 분할할 뿐이기 때문이다. 바로 이 점은 Steiner모델에서 강조되고 있는데, 즉 새로운 채널들은 특정 프로그램 유형의 시청자들을 분할할 뿐 정작 시청자의 만족에는 별다른 기여를 하지 못한다는 것이다.

제3절 시청률 경쟁과 프로그램 변동

최근 들어 매체분석가들과 광고주들은 케이블과 VCR 등의 새로운 영상매체들의 시장진입으로 인해 기존 텔레비전수용자들의 분화현상이 두드러지게 나타나고 있음을 우려한 바 있다. 그러한 증거로서 그들은 전체 네트워크텔레비전 시청률의 저하 현상을 지적하고 있다. 그런 점에서 그들은 네트워크텔레비전의 앞으로 전망에 대해서 많은 문제점들을 제기하고 있다. 이를테면, '네트워크사들은 어떤 프로그램을 취소할 것인지 아니면 계속 방송할 것인지에 관해 의사결정을 해야 될 때 시청률 자료를 어떻게 활용하는가?' 또한 '텔레비전산업을 둘러싼 대내외적인 경쟁압력에 대응하여 그동안 네트워크사들은 어떠한 전략을 마련해왔는가?' 하는 문제들을 제기하고 있다.

오늘날 네트워크텔레비전이 국가경제의 가장 중요한 위치를 점하고 있다고는 할 수 없지만 텔레비전산업이 '비가격의 시청률 경쟁'(*nonprice of ratings competition*)[41]이라는 독특한 현상을 지니고 있다는 점에서는 다른 산업과는 매우 다른 양상을 지니고 있다. 특히 텔레비전산업은 소비자들이 상품에 대한 선호도를 직접적으로 명확하게 표현하기보다는 시청률을 통해서 그들의 선호도를 간접적으로 표현한다는 점에서 프로그램 시장의 '단기순환성'(*short—circuiting*)을 지니고 있다는 점이 특징이다.42) 그런 점에서 텔레비전프로그램이 높은 시청률을 지니고 있다고 한다면 텔레비전산업은 이윤기회를 보장받을 수 있지만, 반대로 시청률이 손익분기점(*break—even point*)43)에 미달될 경우에는 커다란 경제적 손실을 입게 된다.44)

이처럼 치열한 시청률 경쟁이 텔레비전의 상업화를 초래하는 원인이라는 점에서 지탄의 대상이 되기도 하지만, 그렇다고 방송사들이 무조건적으로 시청률이 높은 프로그램만을 남기고 시청률이 저조한 프로그램은 방송을 취소하는 것은 아니다. 그런 점에서 시청률은 텔레비전의 공익성을 가늠할 수 있는 하나의 지표가 될 수가 있다. 또한 방송사들은 무한경쟁 체제 속에서 시청률을 경쟁한다고 단정할 수만은 없다. 과점적 시장구조 속에서 네트워크사들은 프로그램 제작과 편성에 있어서 통일적이고 상호의존적인 방식으로 행동하게 되며, 그 결과로 프로그램

---

41) 방송프로그램 자체는 마치 포장(packaging)과 같아서 네트워크사들 간에 가격경쟁을 유발하지 않는다는 점에서 시청률은 일종의 비가격 경쟁의 성격을 지니고 있다. 그러나 방송사들은 더 높은 광고가격을 책정하기 위한 정당화 논리로서 더 많은 시청자들을 확보하기 위해 경쟁하고 있다.

42) Barry R. Litman(1979), *Vertical Integration in the Broadcasting Industry: A Coalescence of Power*, (East Lansing: Michigan State University Press), p.24.

43) 한계수입과 한계비용이 일치되는 점을 가리킨다. 따라서 시청률을 통한 광고수입이 프로그램 제작비 및 전달비용과 같은 경우를 말한다.

44) Alan Pearce(1980), "The economic and political strength of television networks", in Michael Botein and David M. Rice (eds.), *Network Television and the Public Interest*, (Lexington, Mass.:Lexington Books), p.12.

의 다양성이 저하될 수도 있다. 따라서 텔레비전산업의 경쟁과 관련하여 그것이 프로그램의 다양성에 어떤 영향을 미칠 것인지에 관한 미디어 연구자들의 의견도 일치되지 않고 있다. Litman[45]은 경쟁과 프로그램의 다양성 간의 관계에 관한 분석에서 경쟁이 극심했던 1970년대 말 텔레비전사의 이윤은 하락했는데도 불구하고 오히려 프로그램의 다양성은 증대하였음을 밝히고 있다. 그런가 하면 Wakshlag과 Adams[46]는 내용분석을 통해서 네트워크사들이 초기의 협력적 균형상태를 회복하여 결국은 프로그램의 다양성을 약화시키게 된다는 점을 밝혔다.

이와 같은 프로그램 다양성에 관한 연구들이 네트워크사의 수용자 극대화 행동을 측정하고 있는 반면에 시청률이 프로그램 수명을 결정해주는 유일한 예측요인이라는 주장은 Adams 등이 실시한 1974~1979년 기간에 관한 연구를 통해 반박되었다. 그들은 텔레비전프로그램 편성상에 나타난 공익성을 입증하면서, 소위 성공적인 프로그램들(대체로 20% 이상의 시청률을 확보하고 있는)이 오히려 다음 시즌 편성에서 제외되거나 아니면 시청률을 기대할 수 없는 '魔의 시간대'(death slot)에 편성하는 경우도 있음을 지적하였다. 또한 공식적인 프로그램 탈락의 한계점(threshold)이 마련되어 있지는 않지만, 대체로 15% 미만의 시청률을 확보하고 있는 프로그램들은 대부분 탈락하고 있음을 밝히기도 하였다. 따라서 그들은 프로그램이 탈락하는 주요 요인은 줄거리와 제작비용이라는 점을 결론적으로 제시하고 있다.[47]

---

45) Barry R. Litman(1979), "The television networks, competition, and program diversity", *Journal of Broadcasting*, 23(4), pp.393-409.

46) Jacob Wakshlag and William J. Adams(1985), "Trends in program variety and the Prime Time Access Rule", *Journal of Broadcasting & Electronic Media*, 29(1), pp.23-33.

47) William J. Adams, Susan T. Eastman, Larry J. Horney, and Mark N. Popovich(1983), "The cancellation and manipulation of network

그런가 하면, 그들은 1970년대 초 미국사회에 반폭력 운동이 크게 확산되면서 액션물이나 모험극과 같은 텔레비전프로그램의 편성비율이 저하되었는데, 이는 물론 정치사회적인 분위기의 영향도 있으나, 궁극적으로는 그런 프로그램을 제작하는 데 드는 비용이 엄청났기 때문에 그보다는 히트된 프로그램을 재방송함으로써 더 많은 광고수익을 올리고자 하는 네트워크사의 경제적인 이윤동기가 크게 작용하였음을 지적하였다. 따라서 編成의 調整(*schedule manipulation*)이나 정치적인 요인들이 간혹 시청률 경쟁에 영향을 주기도 하지만, 경제적인 이윤동기가 프로그램 편성에 있어서 가장 핵심적인 역할을 하게 되며, 그것이 가장 큰 설명요인이라는 점이다.[48]

이처럼 네트워크 간의 경쟁양태에 따라 방송사의 이윤에 다양한 결과를 가져와 결국은 프로그램의 편성결정에 영향을 미치게 된다는 점을 감안할 때, 이와 관련된 주요 문제는 '네트워크사들이 프로그램의 제작비용과 특정 프로그램의 재편성(*renewal*) 과정에서 유사한 기준들을 준수하고 있는가?'라는 점이다.

이와 관련하여 Owen 등은 네트워크 방송국들 간의 경쟁이 명백하게 드러나는 극히 희귀한 부분 중의 하나가 시청률 경쟁이라는 점을 지적한 바 있다.[49] 이 점을 Litman은 좀더 구체적으로 다음과 같이 부연하고 있다.

---

television prime-time programming", *Journal of Communication*, 33(1), pp.10-28.

48) David Atkin and Barry Litman(1986), "Network TV programming: Economics, audiences, and the ratings game, 1971~1986", *Journal of Communication*, pp.32-50.

49) Bruce M. Owen, Jack H. Beebe, and Willard Manning(1980), *Television Economics*, (Lexington, Mass.: Lexington Books), pp.3-24.

네트워크사들은 경쟁하고 다른 네트워크사들과 적대적인 관계를 형성하여 일시적인 이윤을 노리기보다는 오히려 서로 협력하여 장기적인 이윤의 확보를 추구하게 된다. 그런데 네트워크사들이 서로 협조하는 영역은 가시적이고 조작하기 용이하며, 상대방의 이탈행동을 쉽게 감지할 수 있고, 또한 실제적인 경제적인 이윤이 걸려 있는 부분에 주로 국한되어 있다(예를 들면, 광고가격, 프로그램 제작비용, 지방가맹국 이윤보상금, 시간당 광고시간량 등이 상호 협력하는 영역에 속한다.). 반면에 프로그램의 특질이나 편성과 같은 부문은 쉽게 확인하거나 측정할 수 없는 영역이기 때문에 방송산업에 있어서 경쟁이 가장 치열하게 수렴되는 영역 중의 하나이다.[50]

따라서 여기서는 '프로그램 탈락의 한계점'(*threshold of cancellation*)이라 할 수 있는 시청률의 臨界點(*critical mass of ratings*)이 시간이 지남에 따라 텔레비전산업의 시장원리상 하향곡선을 취하게 됨을 가정할 수 있다. 즉, 동족영상 매체들(VCR, CATV 등)의 시장진입에 따라 프로그램 제작과 수용자 부문에서 경쟁이 갈수록 가속화됨에 따라 불가피하게 네트워크 수용자들을 이들 매체들이 잠식하게 되기는 하지만, 그에 따른 네트워크사의 경제적 손실은 광고가격의 인상과 텔레비전시청세대의 증가에 의해 상쇄되어 왔다는 점이다. 따라서 이들 두 요인들(광고가격의 인상과 텔레비전시청세대의 증가)의 영향으로 네트워크 시청률의 밀도를 더욱 높여 준다는 것이다. 이런 맥락에서 보면, 수입의 증가는 프로그램 탈락 한계점의 하락을 촉진하는 반면에, 비용의 증가는 그것의 증가를 가져온다는 점을 추정할 수 있을 것이다.

따라서 이러한 가설을 토대로 프로그램 유형별 평균 수명 기간이 프로그램 탈락 한계점에 의해 어떻게 영향을 받게 되는지를 분석할 수 있을 것이다.

---

50) Barry R. Litman(1979), *Op. cit.*, p.396.

　먼저 〈그림－25〉에서 볼 수 있듯이, 프로그램의 탈락의 임계점은 총
비용과 정상이윤이 일치하는 점에서 결정됨을 알 수 있다. 따라서 임
계점을 초과하는 시청률을 확보한 프로그램은 방송사에 초과이윤을
제공해줄 수 있는 반면에, 임계점 이하의 시청률을 보이는 프로그램은
경제적 손실을 방지하기 위해 탈락하게 된다. 한편, 시간이 지남에 따
라 총 비용이 증가하는 상황에서는 이윤손실을 방지하기 위해 방송사
는 시청자의 크기를 극대화하여 임계점을 낮추고자 할 것이다.(〈그림
－25〉 참조) 그러나 그러한 전략이 여의치 않을 경우에는 〈그림－26〉
과 〈그림－27〉에서 보는 것처럼 광고가격을 인상하거나 시간당 30초
광고 수를 늘림으로써 프로그램의 탈락 임계점을 낮추고자 할 것이다.

〈그림－25〉 프로그램탈락의 임계점과 방송사의 경제적 이윤

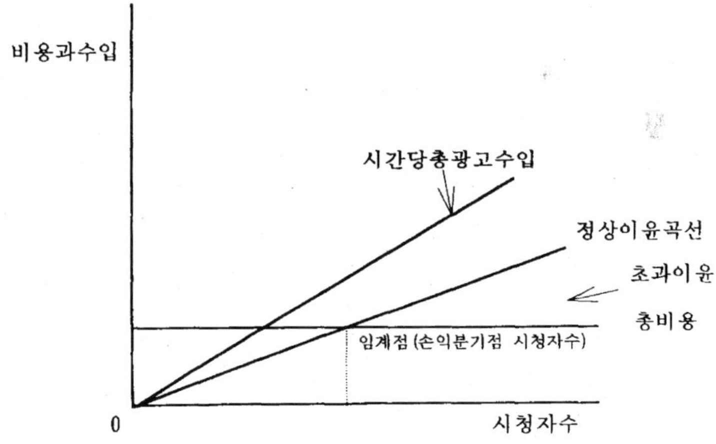

〈그림-26〉 비용증대에 따른 프로그램 탈락의 임계점

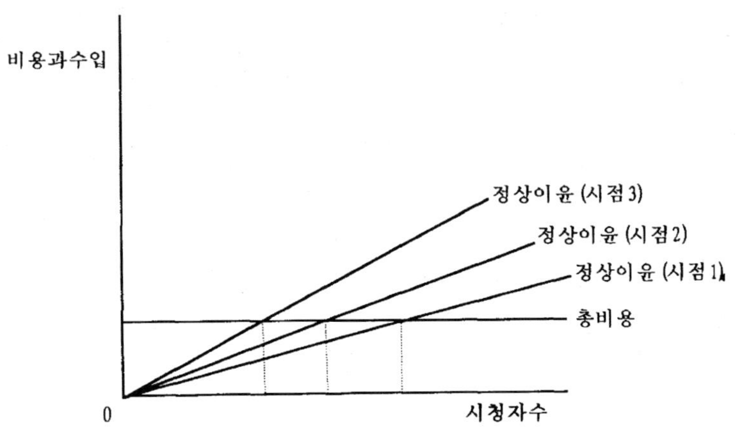

〈그림-27〉 수입증대를 위한 프로그램 탈락의 임계점

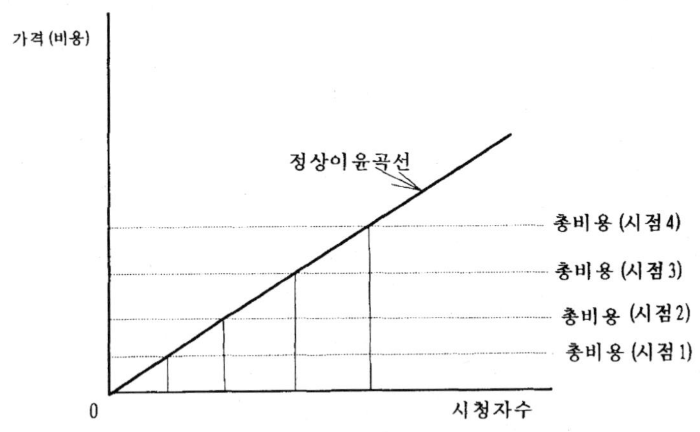

한편 네트워크사들은 프로그램 제작비용의 상승부담을 완화하기 위하여 창작프로그램 대신에 재방송 프로그램에 관심을 기울이기도 한다는 것이다. Litman은 새로운 영상매체들의 시장진입에 대한 대응으

로 네트워크사들은 창작프로그램보다는 재방송 프로그램들의 방송횟수를 증대시킨다는 점을 주장한 바 있다.[51] 실제로 미국의 네트워크사들은 1970년대 말 네트워크사들 간의 경쟁이 극심할 당시에는 창작프로그램의 비율을 60% 이상의 수준으로 늘렸으나, 1980년대 들어 경쟁이 다시 주춤해지자 창작프로그램의 비율이 감소한 반면에 재방송 프로그램에 대한 의존도가 높은 것으로 알려지고 있다.[52] 이처럼 네트워크사들이 재방송 프로그램에 대한 의존도가 높다는 것은 그만큼 프로그램의 탈락 임계점이 낮아진다고 생각할 수 있다.

이처럼 그동안 한 프로그램의 성공 혹은 실패에 미치는 편성의 역할을 여러 가지 방식으로 개념화해왔다. 일반적으로 제공되는 프로그램의 수와 관계없이 수용자의 텔레비전이용시간은 거의 불변이기 때문에 수용자들이 특정 프로그램을 '선택'(selection)한다기보다는 아무 의도 없이 그냥 '시청'(view)한다고 말하는 것이 보다 정확한 표현일 것이다. 이러한 가정은 Goodhardt 등에 의해서 입증되었는데, 그들은 연구를 토대로 시청률이 프로그램 자체보다는 수용자의 가용성(audience availabilty)과 채널 충성도(channel loyalty)에 더 많이 근거하고 있음을 주장하였다.[53] 이는 곧 수용자들이 '가장 부담 없는

---

51) Barry R. Litman(1983), "US TV networks' response to new technology", *Telecommunication Policy*, pp.163−177.

52) David Atkin and Barry R. Litman(1986), "Network TV programming: economics, audiences and the ratings game, 1971∼1986", *Journal of Communication*, p.42.

53) G. J. Goodhardt, A. S. C. Ehrenberg, and M. A. Collins(1979), *The Television Audience*, (Aldershot, England: Saxon House), in William J. Adams, Susan T. Eastman, Larry J. Horney, and Mark N. Popovich(1983), "The cancellation and manupulation of network television prime−time programs", *Journal of Communication*, p.13에서 재인용.

프로그램'(*least objectionable programming*)을 선호한다는 것을 의미하는 것으로서 결국 수용자의 시청행위는 특정의 프로그램과는 무관하게 이루어진다는 점이다. 따라서 한 프로그램이 확보할 수 있는 수용자의 수는 같은 시간에 편성된 다른 채널의 프로그램이 확보하고 있는 수용자의 수와 밀접한 관련이 있다고 할 수 있다.

그러나 방송프로그램의 편성효과 중의 하나는 수용자의 안정적인 확보를 유지하게 해주는 데 있다. 따라서 언제 텔레비전을 시청할 것인가에 대한 수용자들의 의사결정이 프로그램의 내용보다는 방송시간대의 적합성과 커다란 상관관계가 있는 반면에, 그들이 어떤 내용의 프로그램을 시청할 것인가 하는 데는 수용자들의 시청습관, 채널충성도 혹은 프로그램에 대한 기대감 등이 작용하게 될 것이다.[54]

물론 시청자를 확보하기 위한 방송사의 편성전략 이면에는 경제적인 이윤동기가 자리 잡고 있음은 두말할 필요가 없다. 그 단적인 예로서, Persky는 Dominick와 Pearce가 행한 네트워크 프라임타임의 프로그램 편성경향에 관한 연구를 확장하는 한 연구에서 네트워크사의 이윤과 프로그램의 다양성과는 반비례 관계가 있음을 밝힌 것이다.[55] 다시 말해서, 네트워크사의 이윤이 증가함에 따라 그들은 비평균적인(*unusual*) 프로그램을 황금시간대에 편성할 만큼 모험을 하지 않는다는 것이다.

따라서 그동안 방송계 일각에서는 방송사의 편성전략의 문제점들을 지적해왔는데, 그것의 주된 내용을 간추려 보면 다음과 같다.

첫째, 대체로 성공적인 시청률을 확보하고 있는데도 불구하고 해당 프로그램을 폐지하고 있다.

---

54) A. Frank Reel(1979), *The Networks: How They Stole the Show*, (New York: Charles Scribner's Sons), p.15.

55) Joel Persky(1977), "Twenty years of prime time", *Television Quarterly*, 14(2)/14(3), p.50.

둘째, 어떤 프로그램들을 도저히 성공적인 시청률을 확보할 수 없는 시간대에 편성함으로써 저조한 시청률을 구실로 그러한 프로그램을 폐지시킨다.

셋째, 방송시간의 과중한 조정은 시청률 하락에 상당한 영향을 미친다.

넷째, 시청률의 관점에서 한 프로그램의 장기적인 성공과 실패에 대해서 그 프로그램이 처음 방송된 지 4주 정도의 기간 동안의 시청률 지수로는 예측할 수 없다.

먼저 시청률과 프로그램의 수명 간의 관계를 살펴보면, 어느 정도의 시청률이 프로그램의 성공 혹은 탈락을 결정짓는 기준점이 되는가라는 점에서 접근할 수 있다. 여기서 성공적인 프로그램(*successful programs*)은 두 시즌 이상 동안 계속해서 방송되는 프로그램을 의미하며, 탈락한 프로그램(*failed programs* 혹은 *cancelled programs*)은 그것의 수명이 한 시즌 미만인 경우로 조작적으로 정의할 수 있다. 이와 관련하여 Adams 등은 1974~1979년의 5년 기간 동안 미국 네트워크사에 의해서 방송된 500개의 프로그램들을 추출하여 각 프로그램의 시청률 데이터를 활용하여 프로그램의 성공과 탈락의 기준치를 분석하였다. 분석결과, 신규 프로그램의 경우에는 평균 시청률이 18% 이상인 경우, 그리고 기존 프로그램의 경우에는 평균 시청률이 20% 이상인 경우에 대체로 다음 시즌에 재편성되는 것으로 나타났다.[56]

한편 방송시간대 중에는 프로그램의 내용이나 유형에 관계없이 높은 시청률을 기대할 수 없는 소위 '魔의 시간대'(*death slot*)가 존재하는데, 그것은 경쟁하고 있는 다른 방송국의 프로그램이 대다수의 시청자들을 확보함으로써 다른 방송국의 프로그램이 이에 상응하는 높은

---

56) William J. Adams, Susan T. Eastman, Larry J. Horney, and Mark N. Popovich(1983), "The cancellation and manupulation of network television prime-time programs", *Journal of Communication*, pp.13-14.

254

시청률을 확보하기에는 절대적인 수용자층이 부족한 시간대를 가리킨다. 그런 점에서 모든 방송시간대는 가용수용자들의 수와 경쟁의 여부 및 정도에 의거하여 다양하게 분포되어 있기 때문에, 각 시간대의 평균 시청률은 수용자의 선호도와 프로그램의 유형의 변화에 따라서 변화하게 된다. 그렇다면 대체적으로 어느 정도의 시청률이 이러한 '마의 시간대'를 판단해주는 기준이 될 수 있는가 하는 의문을 가질 수 있다. 이에 대한 절대적인 기준은 있을 수 없으며, 다만 방송환경의 특성에 따라서 국가별로 다양하게 나타날 수가 있을 것을 짐작할 수는 있다. 예를 들면, 미국의 경우에는 대체로 프로그램의 내용이나 유형에 관계없이 3~5년 동안 평균 시청률이 15.5% 미만에 머물러 있는 시간대를 마의 시간대로 칭하고 있다.57) 그러나 이처럼 마의 시간대가 존재한다고 해서 그러한 시간대는 마치 어떤 프로그램도 무용지물로 만드는 것이라고는 속단할 수 없다. 왜냐하면, 방송사의 입장에서는 경쟁 때문에 그러한 시간대도 결코 포기할 수 없는 수익자원인 것이다. 다만 우리가 어떤 프로그램의 성공여부를 결정하는 데 있어서 전체 프로그램의 평균 시청률뿐만 아니라, 시간대별 평균 시청률의 편차도 고려해야만 프로그램의 성공여부에 대한 진정한 의미를 찾을 수 있을 것이다. 예를 들어, 어떤 방송시간대가 매년 평균 시청률이 13%에 불과한 마의 시간대였는데, 특정의 프로그램이 그 시간대에서 16%의 시청률을 나타냈다면, 그 프로그램을 실패한 프로그램이라고 단정할 수는 없다는 것이다.58) 그럼에도 불구하고 방송사들은 프로그램 편성과정에서 일부 프로그램들을 일률적인 시청률 평균만을 고려하여 다음 시즌의 편성에서 제외하는 경향이 있다. 그러한 이유는 방송시장

---

57) William J. Adams et al., *Ibid.*, p.15.
58) 일반적으로 시청률 0.5%를 최소변동률로 간주한다.

의 경쟁구조와 관행에 따른 전략적 선택이라는 측면에서 이해할 수 있는데, 그것에는 대체로 그러한 프로그램들의 제작비가 다른 프로그램에 비해서 많이 소요되는 경우, 혹은 수용자층의 인구학적인 속성이 광고주의 이익과 합치되지 않는 비정상적인 분포를 보이는 경우,[59] 또는 정치적인 압력 등을 포함할 수 있다.

한편 방송프로그램의 편성조정(예를 들면, 방송시간의 이동, 예정된 편성시간보다 프로그램의 조기(혹은 늦게) 시작 및 종료 등과 같이 정상적인 방송시간표에 의거하여 해당 프로그램을 정상적으로 시청할 수 없게 만드는 요소들)이 시청률의 하락에 영향을 미쳐, 결국에는 편성조정이 심한 프로그램이 다음 시즌 편성에서 탈락하는 경우가 있다. 물론 이와 같이 방송프로그램을 예정과는 달리 변동을 가하는 것은 방송사 나름대로 인기가 없는 프로그램의 시청률 만회를 위한 전략에서 비롯될 수도 있다. 그렇다면 방송사의 의도대로 그러한 편성조정이 과연 긍정적인 효과를 가져오고 있는가? 이 문제를 해결은 조정이 가하지 않았던 방송프로그램의 초기 시청률과 그러한 시청률에 미치는 편성조정의 정도의 영향관계를 분석함으로써 가능하다. 이와 관련된 연구결과를 보면, 조정을 가하지 않은 신규프로그램의 경우에는 초기 시청률의 44.6%가 후반기에 하락한 반면에, 한 번의 편성조정으로 이전 시청률의 74%가 하락한 것으로 나타났다. 반면에 편성조정을 그만두었을 때는 시청률의 70%가 원래의 상태로 회복된 것으로 나타났다.[60] 또한 김용호 등의 연구[61]에서도 프로그램의 채널이동은 프로그램 시

---

59) 일반적으로 광고주들이 선호하는 프로그램 시청자층의 인구학적 속성 중의 하나는 18~49세에 이르는 대도시거주 남성과 여성이라고 한다.(Les Brown(1971), *Television: The Business Behind the Box*, (New York: Harcourt, Brace, Jovanovich), pp.59-82 참조)

60) William J. Adams et al., *Op cit.*, p.18.

청률에 부정적인 영향을 주는 것으로 나타났다. 따라서 프로그램의 편성조정은 오히려 시청률 증대에 부정적인 영향을 주게 됨을 알 수 있는데, 특히 시청률이 높은 프로그램일수록 편성조정에 따른 역기능이 더욱 큰 것으로 나타났다. 이처럼 프로그램의 편성조정의 결과가 프로그램에 영향을 미치게 하는 요인으로는 다른 네트워크사의 프로그램 경쟁과 강력한 선제편성(*lead-in*)과 같은 대응편성 전략을 들 수 있다. 먼저 전자는 한 방송국의 편성조정이 이루어질 때 해당 프로그램의 시청률을 급속히 하락시키는 요인이 되며, 후자는 편성조정의 의도했던 효과를 무력하게 함으로써 해당 프로그램의 시청률 회복을 지연시키는 요인으로 작용하게 된다. 왜냐하면 특정 프로그램의 시청률은 인접 프로그램의 상황과 관련하여 시청자의 행태에 영향을 주기 때문이다.[62] 그러나 편성조정이 반드시 시청률의 하락을 의미한다고는 볼 수 없는데, 그 이유는 인기 있는 특집 프로그램을 방송하기 위해서 해당 시간대에 편성되었던 프로그램의 시간대를 이동시킬 때는 시청률의 급격한 감소를 막을 수가 있으며, 또한 신규 프로그램의 경우 몇 주 동안 방송을 연기하였다가 새로운 시간대에 재편성할 경우에도 그 프로그램의 시청률 격감을 어느 정도 완화할 수는 있다는 것이다.[63]

한편 특정 프로그램이 높은 시청률을 확보하고 있는데도 불구하고 폐지되는 이유는 무엇인가라는 물음에 대해서 흔히 그 프로그램이 확보하고 있는 시청자들의 인구학적인 구성비와 프로그램 장르의 흥행성, 그리고 프로그램 제작비용의 문제를 지적하게 된다.

---

61) 김용호 외 4인(1992), 『'92 수용자반응 조사 종합보고서』, 방송위원회, pp.108-113 참조.

62) 최양수(1992), "방송편성에 있어서 인접효과에 관한 연구", 한국방송학회 1992년도 춘계 학술대회 발표논문집, pp.1-10.

63) *Ibid.*, p.20.

먼저 시청자의 인구학적인 구성비와 프로그램 탈락 간의 관계에 관한 기존 연구결과들을 검토해보면, 의미 있는 상관성이 없는 것으로 밝혀지고 있다. 탈락한 프로그램들을 대상으로 그것의 시청자 구성비를 분석해본 결과, 소위 '이상적인' 시청자집단을 확보하고 있는데도 특정 프로그램들이 탈락하고 있다는 것이다.

둘째로 프로그램의 흥행성 장르와의 상관성을 살펴보면, 그동안 프로그램이 '폭력성', '화려함', '즐거움' 등의 소위 '재미있고, 자극적이고, 웃기는'(*cop-show-doctor-show-situation-comedy*)[64] 주제를 담고 있을 경우 대체로 시청률 확보에 무난한 것으로 평가되었었다. 그러나 실제 탈락된 프로그램들을 분석해보면 탈락한 프로그램의 약 50%가 그러한 장르에 속했으며, 또한 마의 시간대에 편성된 프로그램들 중 74.5%, 그리고 단기간에 탈락한 프로그램들 중 73.9%가 그러한 장르에 속하는 것으로 나타났다. 그 이유는 그러한 장르의 프로그램들이 계속적인 제작비 상승으로 경제적인 부담이 심화된 데 따른 것으로 판단된다. 따라서 방송사들은 가장 큰 이윤폭을 제공하는 프로그램 장르에 관심을 기울일 수밖에 없는데, 그것의 단적인 예로서 1980년대 들어 앞서의 오락프로그램 장르에서 탈피하여 토론프로그램을 새로운 오락 장르로 개발함으로써 제작비의 절감과 시청률의 지속적인 확보라는 두 가지의 이윤목적을 실현하고 있다.

이상의 결과들을 종합해볼 때, 시청자의 이익은 방송사의 이윤 및 프로그램 내용의 표준화 정책과 대립되지 않을 때만 방송사의 배려를 받을 수 있다는 점을 짐작할 수 있다.

---

64) *TV Guide*, September 15, 1979, p.A-1.

제4절 텔레비전 시장경쟁과 시청자복지에 대한 분석결과

앞에서 방송사의 프로그램 선택이 어떤 요인에 의해서 영향을 받으며, 그 결과 시청자의 후생에 어떤 효과를 가져오는지에 관해 경제적 원리를 통해 추론하였다. 즉 방송사가 이윤극대화를 전제하여 프로그램을 선택할 때 그것은 시장구조의 형태, 경쟁사의 수, 프로그램 제작 비용, 그리고 시청률 등의 요인에 의해 각기 다른 선택을 하게 됨을 프로그램 선택이론들을 통하여 살펴보았다. 따라서 『연구문제 -4』에서는 그러한 이론적 논의를 뒷받침하기 위한 일환으로 프로그램의 다양성과 시청자의 후생효과에 관한 구체적인 분석을 시도하였다. 국내 방송시장이 공영독점에서 SBS의 출현 이후 공민영 과점적 경쟁체제로 변모되었음을 감안하여 그러한 시장체제의 변화를 전후하여 프로그램 편성상에서 어떤 변화를 보이고 있는지를 분석하였다. 구체적인 경쟁전략 행위로서 시청자 자원을 극대화하기 위해 방송사들이 어떤 편성전략을 나타내고 있는지를 분석하는 데 초점을 맞추고, 구체적으로 여기서는 중복편성의 정도를 측정함으로써 시장변화가 프로그램의 공급과 시청자후생에 어떤 영향을 미쳤는지를 간접적으로 추론하고자 하였다. 이때 다양성은 채널 내 다양성과 채널 간 다양성으로 구분하여 각각의 측정공식을 마련하여 분석을 시도하였으며, 또한 시청자 후생효과를 측정하기 위해서는 프로그램과 채널에 대한 시청자의 선택의 폭을 척도로 삼았다.

1. 장르별/채널별/시기별 편성의 특성 분석결과

1.1 장르별 특성

뉴스장르의 경우, KBS-1이 가장 많은 편성의 비율을 보여주고 있는
데 1992년 봄을 기점으로 꾸준한 증가세를 보이고 있다. 반면에 MBC
는 SBS의 출현과 함께 잠시 증가를 나타내다가 1993년 봄을 기점으로
급격한 감소현상을 나타내고 있다. 마찬가지로 KBS-2도 1993년에 잠
시 급격한 증가를 보이다가 이후 하락세를 나타내고 있다. 이러한 현상
은 정부의 개혁과 사정바람의 결과로 나타난 뉴스량의 증가가 일시적
으로 편성에 영향을 준 것으로 이해할 수 있다.(〈그림-28 참조〉)

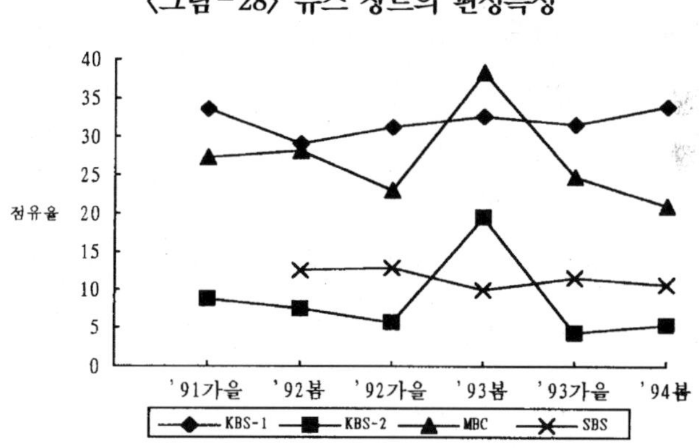

〈그림-28〉 뉴스 장르의 편성특성

시사특집 장르는 다른 장르에 비해 상대적으로 저조한 편성비율을
보이고 있으며, 특이한 점은 SBS가 1993년 봄에 일시적으로 다른
채널보다도 월등히 많은 편성비율을 보이고 있는 점이다.(〈그림-29
참조〉)

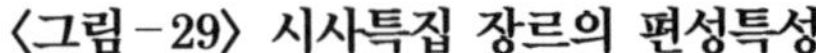

〈그림-29〉 시사특집 장르의 편성특성

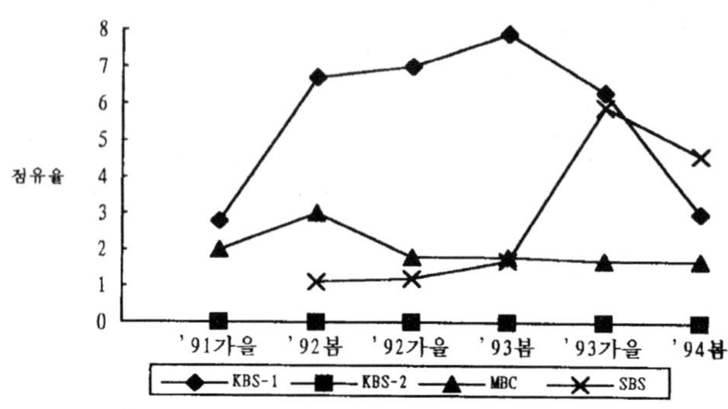

다큐멘터리 장르의 편성특성을 살펴보면, 전체적으로 다른 장르에 비해서 상대적으로 저조한 편성비율을 나타내고 있다. 그러나 KBS-1은 1993년 봄에 다소 감소추세를 보이다가 그 이후 다른 채널에 비해서 가장 많은 편성비율을 보이고 있다. 이것은 경쟁시장에서 효과적으로 대응하기 위해 KBS-2와의 차별화 전략의 일환인 것으로 생각할 수 있다.(〈그림-30〉 참조)

〈그림-30〉 다큐멘터리 장르의 편성특성

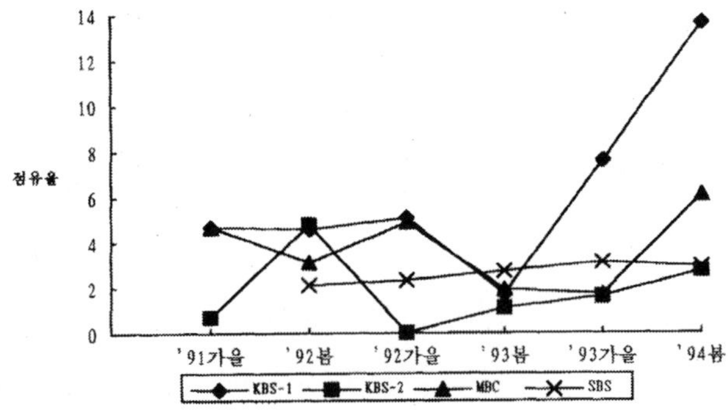

　토론/대담 장르의 편성특성을 살펴보면, 전체적으로 다른 장르에 비
해서 저조한 편성경향을 나타내고 있다. 1991년 봄 이후 계속적인 감
소추세를 보이고 있는데 이는 대통령 및 국회의원 선거와 관련하여
초기에는 어느 정도 편성비율을 유지하다가 SBS출현 이후 급속한 감
소추세를 보이고 있다.(〈그림-31〉 참조)

〈그림-31〉 토론/대담 장르의 편성특성

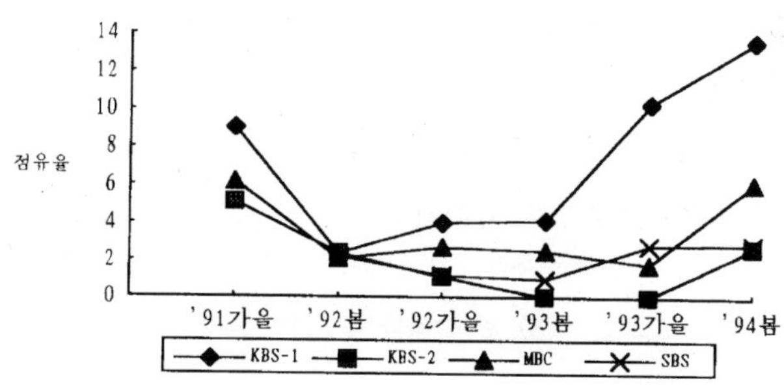

　생활정보 장르의 편성특성을 살펴보면, 전체적으로 앞서의 뉴스보도
장르에 비해서는 상대적으로 높은 편성비율을 보이고 있다. 이 부문에
대해서는 SBS와 KBS-1이 93년 봄 이후 나란히 가장 많은 증가추세
를 보이고 있다. 특히 이 장르는 주로 여성과 주부대상 프로그램이 주
된 특성이라는 점에서 정보교양 장르이면서도 새로운 경쟁장르로 인
식되고 있는 것으로 평가할 수 있다.(〈그림-32〉 참조)

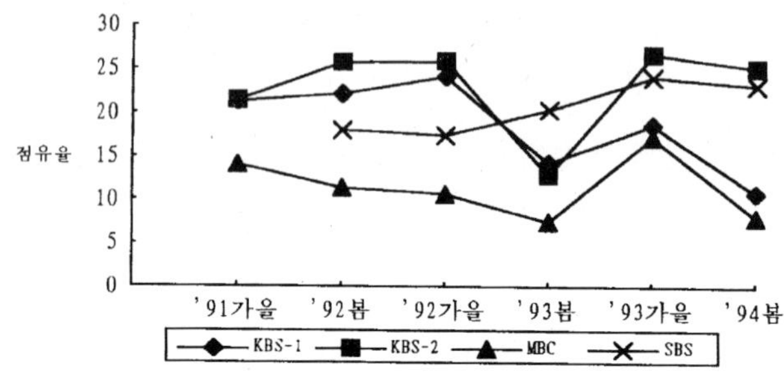

〈그림-32〉 생활정보 장르 편성특성

순수예술 장르의 특성을 보면, 매우 저조한 편성비율을 나타내고 있
다. 특히 최근 들어서는 MBC와 SBS가 이 부문에 대한 편성을 거의
고려하지 않고 있는 것으로 나타났다.(〈그림-33〉 참조)

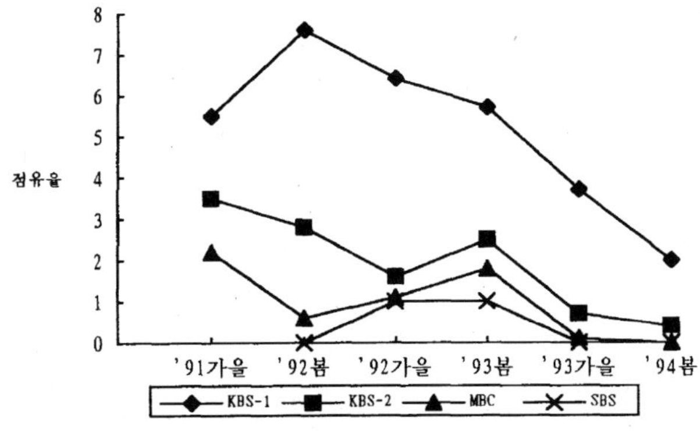

〈그림-33〉 순수예술 장르의 편성특성

학습 장르의 편성특성을 살펴보면, 다른 장르에 비해 저조한 실정이
기는 하지만 93년 가을 이후 MBC와 KBS-2가 편성비율을 높이고
있음을 알 수 있다.(〈그림-34〉 참조)

<그림-34> 학습 장르의 편성특성

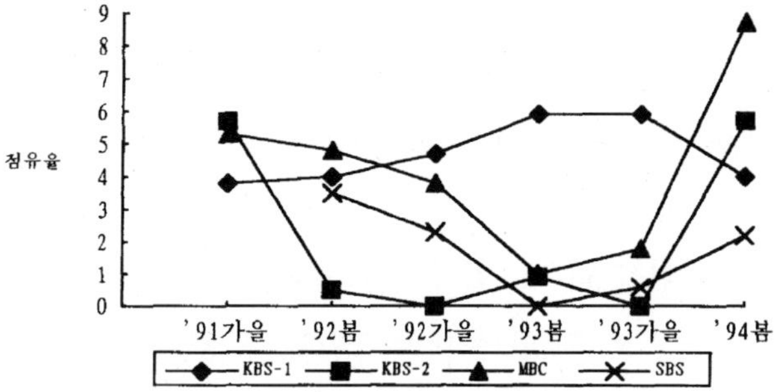

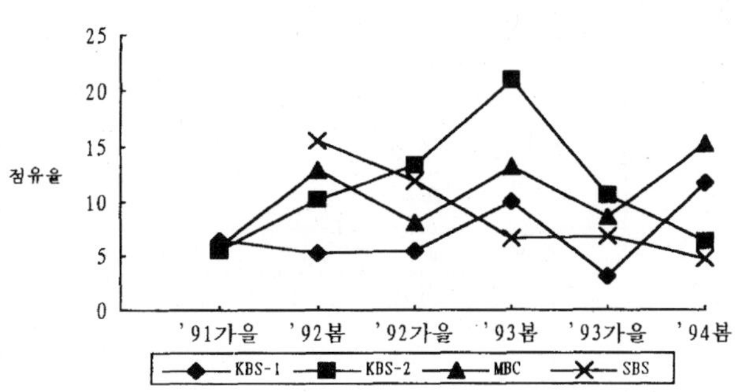

쇼/버라이어티 장르의 편성특성을 살펴보면, SBS출현을 기점으로 잠시 증가추세를 보였으나 이후 완만한 감소경향을 보이고 있으며, KBS-2는 93년 봄을 기점으로 급속한 감소경향을 나타내고 있다. 그러나 최근 들어서는 KBS-1과 MBC가 이 부문에 대한 편성을 증대하고 있다.(<그림-35> 참조)

<그림-35> 쇼/버라이어티 장르의 편성특성

코미디 장르의 편성특성을 살펴보면, 이 장르에 대한 편성비율이 높지 않으면서도 각 채널들이 급격한 변화를 나타내고 있음이 주목된다. 비록 장르의 특성상 많은 편성을 할 수는 없지만 이 장르가 많은 시

264

청률을 나타내 준다는 점에서 방송사로서는 간과할 수 없는 장르이기 때문이다. SBS의 출현을 전후로 KBS-1이 코미디장르를 KBS-2에 이양하고 있음을 확연히 보여주고 있으며, MBC도 SBS의 출현 이듬 해부터 꾸준한 증가경향을 보이고 있다. SBS도 93년 봄 이후 꾸준한 증가를 보이고 있다. 실제로 SBS는 개국 이후 토크쇼 및 공개 오락프 로그램을 대폭 편성했는데, 봄철 프로그램 개편에서 KBS와 MBC의 편성에 이 같은 프로그램이 뚜렷한 증가를 보였다. 또 SBS가 황금시 간대인 저녁 1시간 길이의 코미디 '꾸러기 대행진'을 2시간 길이의 '초 특급 꾸러기대행진'으로 개편하자 KBS는 '전원집합 토요대행진'을 그 리고 MBC는 '특종 TV연예' 등 몇몇 쇼코미디 프로그램을 와이드 물 로 확대 개편하였다.(〈그림-36〉 참조)

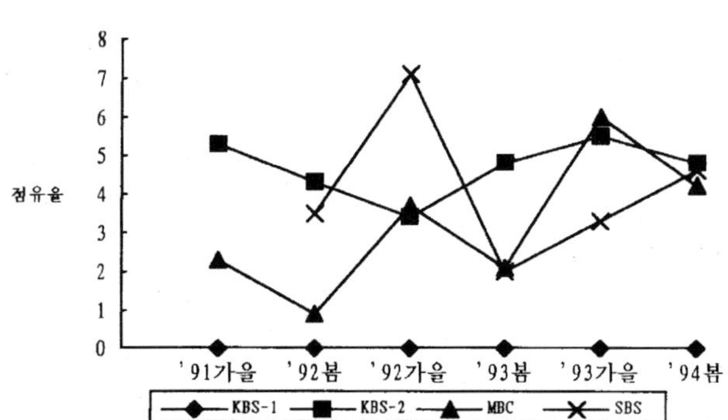

〈그림-36〉 코미디 장르의 편성특성

퀴즈/게임 장르의 편성특성을 살펴보면, SBS출현 이후 이 장르에 대한 관심이 증가되고 있음을 보여주고 있으며, 최근에는 이 부문에 대해 SBS와 KBS-2가 높은 비율을 할당하고 있는 것으로 나타났다. 이와 같이 퀴즈/게임 장르에 대한 편성비율이 증대되고 있는 데는 제

작비의 부담을 고려한 결과로 이해된다. 퀴즈/게임 장르는 다른 오락
장르에 비해서 적은 비용으로 제작할 수 있을 뿐만 아니라 안정적인
시청률을 확보할 수 있는 비용효율적인 장르라는 점에서 경쟁이 증대
되면서 이 장르에 대한 각 방송사의 선호가 높아지고 있는 것으로 이
해된다.(〈그림-37〉 참조)

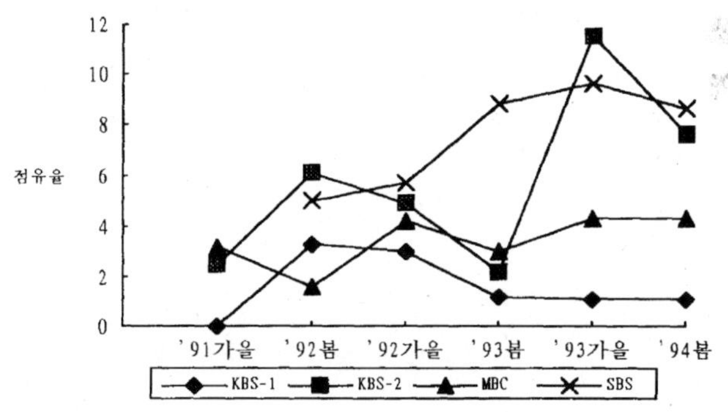

〈그림-37〉 퀴즈/게임 장르의 편성특성

　　스포츠 장르의 편성특성을 살펴보면, 다른 채널에 비해 SBS가 이
부문에 대해 의욕적인 관심을 보이고 있음을 알 수 있다.(〈그림-38〉
참조) 전체적으로는 편성비율이 낮은 것으로 분석되었으나, 분석대상
이 정규프로그램 편성표인 관계로 수시로 편성되는 이 장르의 방송편
성의 특성을 제대로 반영하지 못한 것으로 생각한다.

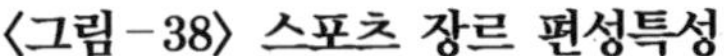

〈그림-38〉 스포츠 장르 편성특성

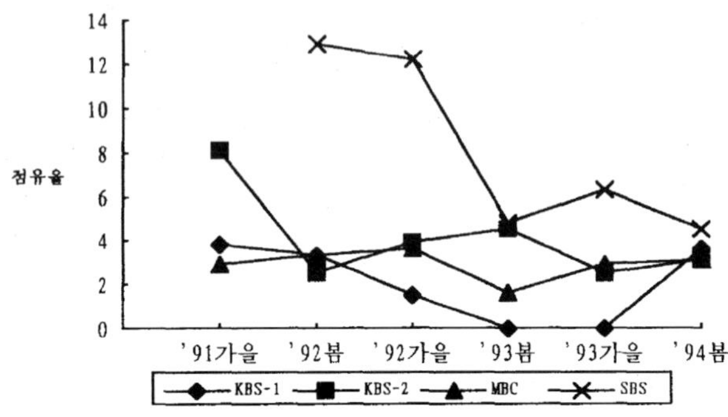

영화 장르의 편성특성을 살펴보면, SBS의 출현을 기점으로 각 채널
들이 이 부문에 대한 편성비율을 증대시켰으나, 최근에는 SBS만이 가
장 많은 편성비율을 보이고 있다.(〈그림-39〉 참조)

〈그림-39〉 영화 장르의 편성특성

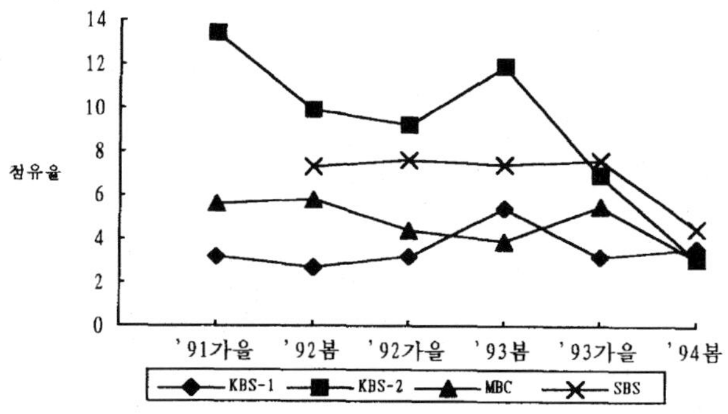

만화 장르의 편성특성을 살펴보면, 역시 SBS출현과 함께 잠시 이
부문에 대한 각 채널의 편성비율이 증대되었으나 93년 봄을 기점으로
KBS-2가 가장 많은 편성비율을 보이고 있으며, 최근 들어 SBS도
비중을 증대하고 있는 것으로 나타났다.(〈그림-40〉 참조)

〈그림-40〉 만화 장르의 편성특성

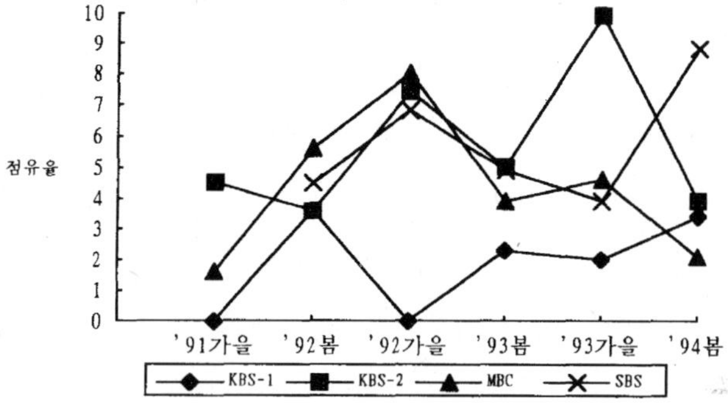

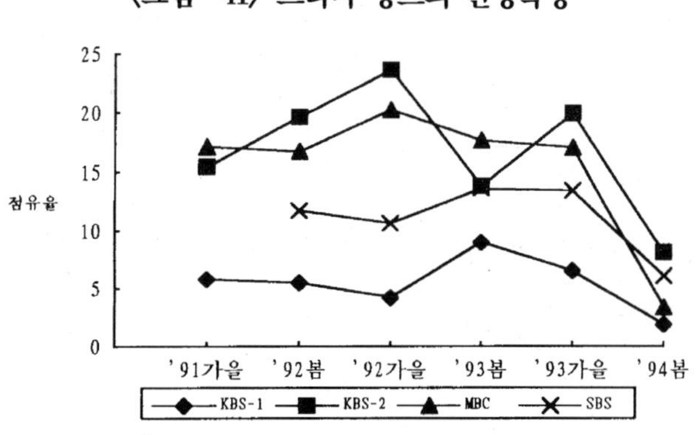

　　드라마 장르의 편성특성을 살펴보면, 드라마 장르는 다른 장르에 비해 매우 많은 편성비율을 차지하고 있는 장르로서 SBS의 출현과 함께 각 채널들이 경쟁의 주요 거점으로 이 장르를 고려하고 있는 것으로 평가된다. 특히 KBS-2는 92년 봄에 급격한 증가세를 보인 이후 하향세를 보이다가 93년 봄 이후 다시 증가세를 보이고 있다. SBS도 이 부문에 대한 비율을 서서히 증가시키고 있음도 주목된다.(〈그림-41〉 참조)

〈그림-41〉 드라마 장르의 편성특성

1.2 주시청시간대 프로그램 편성의 특성

한편 시청자들의 수요도가 가장 많이 집중되는 주시청시간대에 방송사들의 편성특성을 살펴봄으로써 보다 구체적으로 방송사의 편성전략을 파악할 수 있을 것으로 생각된다. 그런 점에서 이하에서는 연도별 각 장르에 대한 방송사의 프로그램 편성특성을 분석하고자 한다.

먼저 '91년 봄에는 뉴스 장르에 대해서 MBC가 가장 많은 편성비율을 나타냈으며, 드라마 장르에 대해서는 KBS-2와 MBC가 가장 많은 편성비율을 보이고 있다. 그러나 다른 장르에 대해서는 채널별로 커다란 차이를 나타내지 않고 있다.(〈그림-42〉 참조)

〈그림-42〉 1991년 봄 채널별 편성의 특성

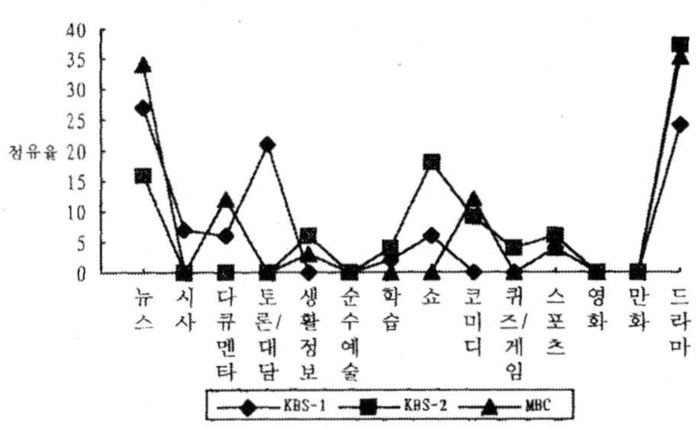

이어서 '91년 가을에는 뉴스 장르에 대해서 KBS-1이 가장 많은 편성비율을 보였으며, 드라마 부문에 대해서는 MBC가 가장 독보적인 편성의 증가를 나타내고 있다.(〈그림-43〉 참조)

〈그림-43〉 1991년 가을 채널별 편성의 특성

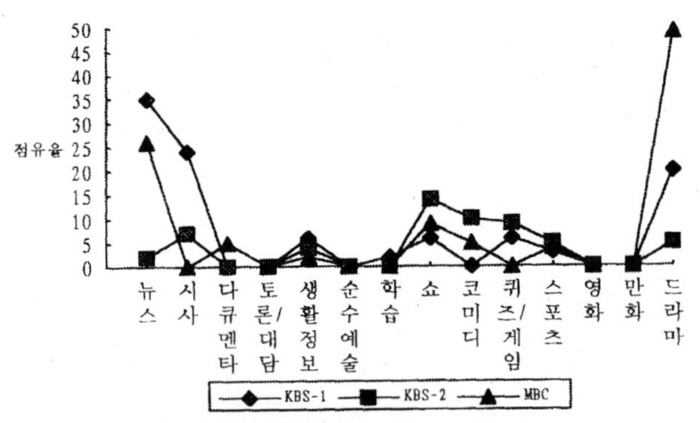

'92년 봄에는 SBS가 처음 시장에 진입하는 시기로서 전년도에 비해 상대적으로 뉴스장르에 대한 편성비율을 낮추고 있음을 알 수 있으며, 그 대신에 드라마 부문에 대한 편성비율을 증대하고 있음을 알 수 있다.(〈그림-44〉 참조)

〈그림-44〉 '92년 봄 채널별 편성의 특성

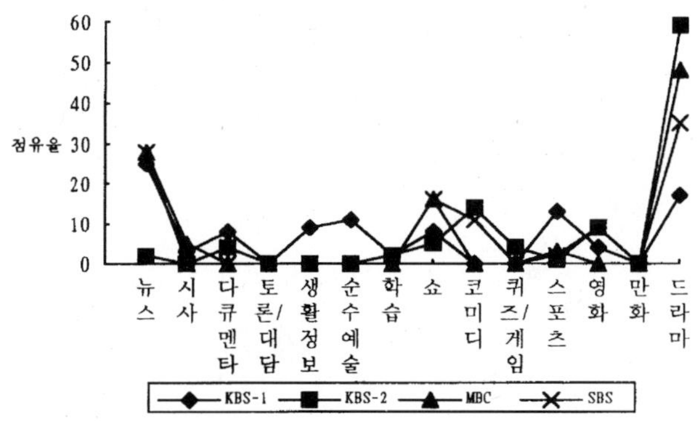

270

'92년 가을에도 봄 편성의 기조를 그대로 유지하고 있음을 알 수 있
는데, 각 채널들이 더욱 두드러지게 주시청시간대에 주로 드라마를 편
성하고 있음을 알 수 있다.(〈그림-45〉 참조)

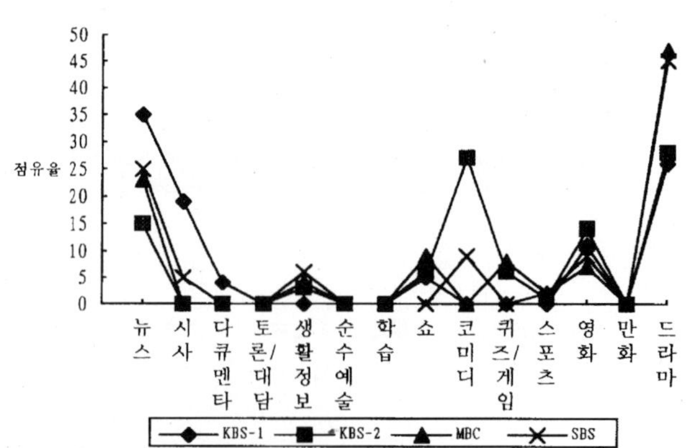

<그림-45〉 '92 가을 채널별 편성의 특성

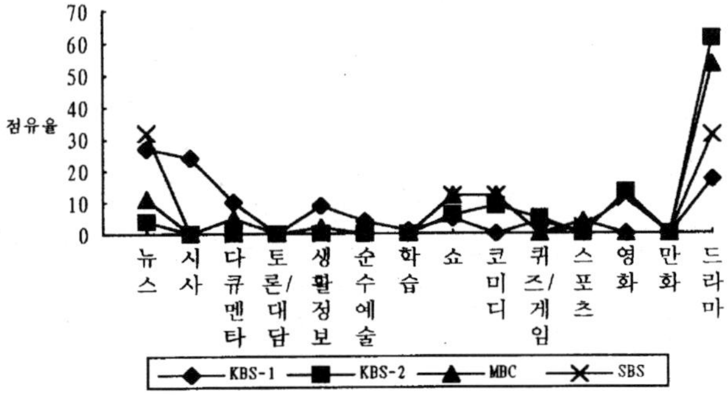

그러나 92년에 비해서 '93년 봄에는 드라마에 대한 편성비율을 다소
감소시키고 대신에 뉴스보도와 코미디 장르에 대해 편성비율을 분배
하고 있음을 알 수 있다.(〈그림-46〉 참조)

〈그림-46〉 1993년 봄 채널별 편성의 특성

'93년 가을에는 뉴스와 드라마 장르에 대한 집중도에 있어서 채널별 차별성이 어느 정도 나타나고 있으며, 시사특집에 대한 SBS의 관심이 두드러지고 또한 KBS-2가 코미디 장르에 대한 관심을 보이고 있음을 알 수 있다. 드라마 장르에 대해서는 KBS-2가 가장 많은 편성비율을 보이고 있으며, 이어서 MBC가 그리고 SBS와 KBS-1이 나란히 경합하는 추세를 보이고 있다.(〈그림-47〉참조)

〈그림-47〉 1993년 가을 채널별 편성의 특성

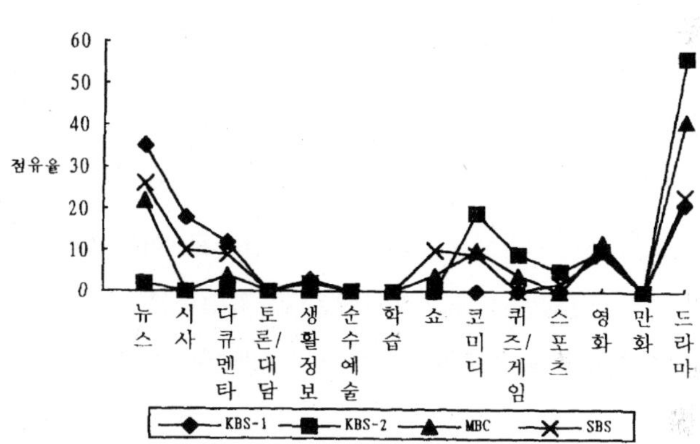

'94년 봄에는 SBS가 뉴스와 드라마를 양축으로 이중경쟁의 양상을 보이고 있다. 즉 뉴스보도 부문에 대해서는 KBS-1에 이어 두 번째로 많은 편성비율을 보임으로써 다른 채널과의 차별성을 시도하고 있으며, 또한 드라마 부문에서는 약진을 통해 MBC와 나란히 경합하는 추세를 보이고 있다.(〈그림-48〉참조)

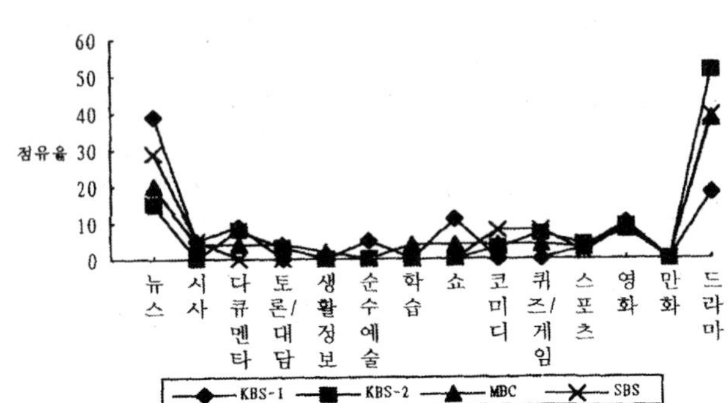

〈그림-48〉 1994년 채널별 편성의 특성

2. 편성의 다양성 분석

여기서는 방송사들의 프로그램 경쟁의 결과로 어느 정도의 프로그램 편성의 다양성(중복성)을 가져왔는지 지수화를 통해 분석하고자 한다. 새로운 채널의 도입으로 과연 프로그램이 다양하게 편성되고 있는지를 측정함으로써 채널증가가 어느 정도 시청자후생에 이바지하고 있는지를 간접적으로 추론할 수 있을 것으로 기대된다.

2.1 전체 방송시간대의 다양성 분석

먼저 전체 방송시간대에 편성되어 있는 모든 프로그램들을 대상으로 시기별 다양성에 대해 분석한 결과를 개괄적으로 살펴보면 〈그림-49〉 와 같다. 전체적으로 SBS가 출현한 이후 연도별 평균 다양성의 수준이 점차 향상되어 가는 추세를 보이고 있다. 즉 SBS가 출현하기 전인 '91년 가을에는 3개 채널 평균 다양성 지수가 .1167이었던 것이 '94년 봄에는 .1034로 낮아진 것으로 나타나 상대적으로 다양성이 증대되었음을 알 수 있다. 또한 SBS의 출범초기인 '92년 봄에 SBS가 다른 방송사에 비해 상당히 높은 다양성 지수를 보임으로써 프로그램의 다양성의 정도가 매우 낮은 것으로 나타났으나 그 이후 점차적으로 다양성이 향상되고 있음을 보여주고 있다. 그러나 여전히 다른 채널에 비해서 SBS의 다양성 수준이 낮은 것으로 나타났다. 반면에 전체적으로 MBC는 '93년 가을을 제외하고 다른 채널에 비해 상대적으로 다양성 수준이 높음을 알 수 있다.

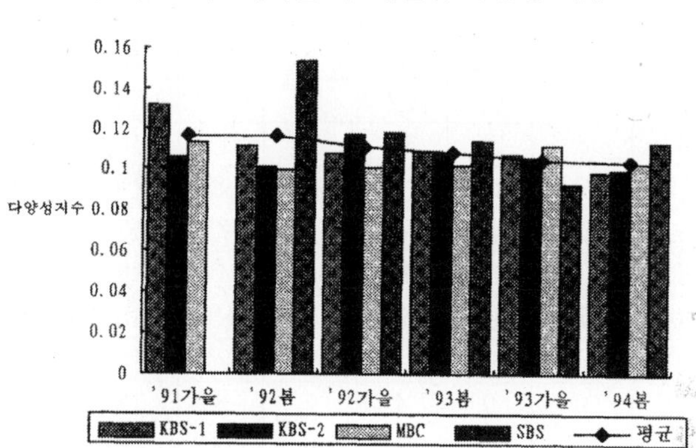

〈그림-49〉 시기별 각 채널의 다양성 지수

한편 보다 구체적인 분석결과는 다음의 〈표-30〉~〈표-35〉에 나타나 있다. SBS가 출현하기 전인 91년 가을에는 채널 내의 프로그램 편성의 다양성이 상대적으로 낮게 나타났으나, SBS가 출현한 '92년 봄에는 SBS의 프로그램 다양성이 다른 채널에 비해 매우 낮은 반면에 MBC의 다양성이 전년에 비해 상당히 높았으며, KBS의 두 채널도 전년도에 비해 다양성이 약간 향상된 것으로 나타났다. 이어서 '92년 가을~'93년 봄까지는 전체적으로 다양성이 향상되면서 평준화된 모습을 띠었으며, '93년 가을에는 SBS의 프로그램 다양성이 괄목하게 증대되었다. 그러나 '94년 봄에는 KBS-1, KBS-2 두 채널의 다양성이 상당히 향상된 것으로 나타났다. 이처럼 각 채널의 프로그램다양성이 일관성 없이 변화를 보이고 있는 것은 새로운 경쟁환경이 조성된 지 아직은 짧은 기간이라는 점과 그에 따른 각 방송사의 경쟁전략이 일관되게 정착되지 못하고 일시적인 대응전략을 구사한 데 따른 결과인 것으로 추론할 수 있다.

〈표-30〉 채널 내 전체 프로그램의 다양성

장 르	KBS-1			KBS-2			MBC		
	A[1]	B[2]	A×B	A	B	A×B	A	B	A×B
P-1	56	10	560	14.4	10	144	45.8	14	641.1
P-2	4.7	1	4.7	0	0	0	3.3	4	13.2
P-3	7.8	4	31.3	1.2	1	1.2	7.8	1	7.8
P-4	15	8	120	8.3	5	41.5	2.6	5	13.0
P-5	35.5	9	319.5	34.8	13	452.8	2.9	3	8.7
P-6	9.2	5	46	5.7	3	17.1	3.7	5	18.5
P-7	6.3	3	18.9	9.3	8	74.4	8.8	10	88
P-8	10.7	7	49.9	9	7	63	9.8	12	117.6
P-9	0	0	0	8.7	6	52.2	3.8	6	22.8
P-10	0	0	0	4	2	8	5.3	8	42.4
P-11	6.3	3	18.9	13.2	9	118.8	4.8	7	33.6
P-12	5.3	2	10.6	21.8	11	239.8	9.3	11	102.3
P-13	0	0	0	7.3	4	29.2	2.7	2	5.4
P-14	9.7	6	58.2	25	12	300	28.7	13	373.1
총계(∑A×B)			1238.0	(∑A×B)		1542.0	(∑A×B)		1487.5
다양성 지수			.1318	다양성 지수		.1055	다양성 지수		.1129

$$\text{채널내 프로그램장르의 다양성} = \cfrac{1}{\cfrac{\sum (\text{점유율순위} * \text{프로그램수})}{\sum \text{전체 프로그램수}}}$$

★ 점수가 높을수록 다양성의 정도가 낮음
1) A: 프로그램의 방송시간을 30분으로 환산하여 추출된 빈도수
2) B: 역순으로 산정한 프로그램빈도(A)의 순위
P-1: 뉴스/P-2: 시사특집/P-3: 다큐멘터리/P-4: 토론/P-5: 생활정보/
P-6: 순수예술/P-7: 교육/P-8: 쇼/P-9: 코미디/P-10: 퀴즈/
P-11: 스포츠/P-12: 영화/P-13: 만화/P-14: 드라마

〈표-31〉 '92년도 봄 프로그램의 다양성

장 르	KBS-1			KBS-2			MBC			SBS		
	A[1]	B[2]	A×B	A	B	A×B	A	B	A×B	A	B	A×B
P-1	47.5	12	570	13.2	10	132	43.8	14	613.2	21.5	9	193.5
P-2	11	9	99	0	0	0	4.7	5	23.5	1.8	1	1.8
P-3	7.5	6	45	8.5	8	68	4.8	6	28.8	3.7	2	7.4
P-4	4	1	4	4.3	2	8.6	3.3	4	13.2	3.8	3	11.4
P-5	36.2	11	398.2	4.5	4	18	17.7	11	194.7	30.7	12	0
P-6	12.5	10	125	5	5	25	1	1	1	0	0	0
P-7	6.5	5	32.5	0.8	1	0.8	7.5	8	60	6	4	24
P-8	8.5	7	59.5	18	12	216	20.2	12	40.4	26.5	11	291.5
P-9	0	0	0	7.5	7	52.5	1.5	2	3	6	4	24
P-10	5.3	3	15.9	10.8	9	97.2	2.5	3	7.5	8.5	6	51
P-11	5.3	3	15.9	4.5	3	13.5	5.2	7	36.4	22	10	220
P-12	4.3	2	8.6	17.5	11	192.5	9	10	90	12.5	7	87.5
P-13	5.8	4	23.2	6.3	6	37.8	8.7	9	78.3	7.7	5	38.5
P-14	9	8	72	34.5	13	483	26	13	338	20	8	160
총계(ΣA×B)			1468.8	(ΣA×B)		1344.9	(ΣA×B)		1528.0	(ΣA×B)		1110.6
다양성 지수			.1114	다양성 지수		.1007	다양성 지수		.0993	다양성 지수		.1536

〈표-32〉 '92년 가을 프로그램의 다양성

장 르	KBS-1			KBS-2			MBC			SBS		
	A[1]	B[2]	A×B	A	B	A×B	A	B	A×B	A	B	A×B
P-1	51.7	12	620.4	10	6	60	37.5	13	487.5	22.2	11	244.2
P-2	11.7	10	117	0	0	0	3	2	6	2	2	4
P-3	8.5	7	59.5	0	0	0	8	9	72	4	3	12
P-4	6.7	4	26.8	2	1	2	4.3	3	12.9	2	2	4
P-5	40	11	440	45.2	11	497.2	17.2	11	189.2	30	12	360
P-6	10.7	9	96.3	2.8	2	5.6	1.8	1	1.8	1.7	1	1.7
P-7	7.8	6	46.8	0	0	0	6.2	6	37.2	4	3	12
P-8	9	8	72	23.3	9	209.7	13	10	130	20.5	9	184.5

장르	KBS-1			KBS-2			MBC			SBS		
	A[1]	B[2]	A×B	A	B	A×B	A	B	A×B	A	B	A×B
P-9	0	0	0	6	3	18	6	5	30	12.2	6	73.2
P-10	5	2	10	8.5	5	42.5	6.8	7	47.6	9.8	4	39.2
P-11	2.5	1	2.5	6.8	4	27.2	5.8	4	23.2	21	10	210
P-12	5.3	3	15.9	16.2	8	133.6	7.2	8	57.6	13.2	7	92.4
P-13	0	0	0	13	7	91	13	10	130	11.7	5	58.5
P-14	7	5	35	41.3	10	413	32.8	12	393.6	18.3	8	164.4
총계(∑A×B)			1542.2	(∑A×B)		1465.8	(∑A×B)		1618.6	(∑A×B)		1460.1
다양성 지수			.1075	다양성 지수		.1172	다양성 지수		.1005	다양성 지수		.1182

〈표-33〉 '93년 봄 프로그램의 다양성

장르	KBS-1			KBS-2			MBC			SBS		
	A[1]	B[2]	A×B	A	B	A×B	A	B	A×B	A	B	A×B
P-1	55.5	12	666	29.7	11	326.7	62.3	12	747.6	20	9	180
P-2	13.5	8	108	0	0	0	3	3	9	33.8	11	371.8
P-3	3	2	6	1.7	2	3.4	3.3	4	13.2	5.3	3	15.9
P-4	7	4	28	0	0	0	4.3	6	25.8	2	1	2
P-5	24.2	11	266.2	19.5	9	175.5	12.7	9	114.3	40.5	12	486
P-6	9.7	6	58.2	3.8	4	15.2	3	3	9	2	1	2
P-7	10	7	70	1.3	1	1.3	1.7	1	1.7	0	0	0
P-8	17	10	170	31.8	12	381.6	22.7	10	227	13.2	7	92.4
P-9	0	0	0	7.3	6	43.8	3.7	5	18.5	4	2	8
P-10	2	1	2	3.3	3	9.9	5.2	7	36.4	17.5	8	140
P-11	0	0	0	6.8	5	34	2.7	2	5.4	9.5	4	38
P-12	9.2	5	46	18.2	8	145.6	6.7	8	53.6	14.7	6	88.2
P-13	3.8	3	11.4	7.7	7	53.9	6.7	8	53.6	9.8	5	49
P-14	15.3	9	137.7	21	10	210	30.2	11	332.2	27.2	10	272
총계(∑A×B)			1569.5	(∑A×B)		1400.9	(∑A×B)		1647.3	(∑A×B)		1745.3
다양성 지수			.1085	다양성 지수		.1086	다양성 지수		.1019	다양성 지수		.1138

〈표-34〉 ’93년 가을 프로그램의 다양성

장 르	KBS-1			KBS-2			MBC			SBS		
	A[1]	B[2]	A×B	A	B	A×B	A	B	A×B	A	B	A×B
P-1	53	12	636	7.3	5	36.5	41.2	12	494.4	20.3	13	263.9
P-2	10.7	7	74.9	0	0	0	2.8	1	2.8	10.3	7	72.1
P-3	12.8	9	115.2	2.7	3	8.1	2.8	1	2.8	5.5	4	22
P-4	17.3	10	173	1.1	1	1.1	3	2	6	5	3	15
P-5	31.3	11	344.3	45.5	12	546	28.7	11	315.7	42.3	14	592.2
P-6	6.2	5	31	1.2	2	2.4	4	3	12	2	2	4
P-7	10	6	60	0	0	0	3	2	6	1	1	1
P-8	5.2	3	15.6	18.2	9	163.8	14.3	9	128.7	12	9	108
P-9	0	0	0	9.3	6	55.8	10	8	80	5.8	5	29
P-10	2	1	2	19.7	10	197	7.2	5	36	16.8	11	184.8
P-11	0	0	0	4.3	4	17.2	4.8	4	19.2	11	8	88
P-12	5.3	4	21.2	11.8	7	82.6	9.2	7	64.4	13.3	10	133
P-13	3.3	2	6.6	17	8	136	7.7	6	46.2	6.8	6	40.8
P-14	11	8	88	34	11	374	28.3	10	283	23.7	13	308.1
총계(ΣA×B)			1567.8	(ΣA×B)		1620.5	(ΣA×B)		1497.2	(ΣA×B)		1861.9
다양성 지수			.1073	다양성 지수		.1055	다양성 지수		.1116	다양성 지수		.0925

〈표-35〉 ’94년 봄 프로그램의 다양성

장 르	KBS-1			KBS-2			MBC			SBS		
	A[1]	B[2]	A×B	A	B	A×B	A	B	A×B	A	B	A×B
P-1	58.7	13	763.1	10.3	7	72.1	35.2	13	457.6	18	10	180
P-2	5.2	4	20.8	0	0	0	2.8	1	2.8	7.8	5	39
P-3	23.6	12	283.2	5.2	3	15.6	10.2	8	81.6	4.8	3	14.4
P-4	10	9	90	3.2	2	6.4	7.3	7	51.1	1.3	1	1.3
P-5	18.7	10	187	47.7	12	572.4	13.3	9	125.1	39	12	468
P-6	3.5	3	10.5	0.8	1	0.8	0	0	0	0	0	0
P-7	7	7	49	10.8	8	86.4	14.5	10	145	3.7	2	7.4
P-8	20.3	11	223.3	12	9	108	25.5	11	280.5	8	6	48
P-9	0	0	0	9.2	6	55.2	7	5	35	7.8	5	39

장 르	KBS−1			KBS−2			MBC			SBS		
	A[1]	B[2]	A×B	A	B	A×B	A	B	A×B	A	B	A×B
P−10	2	1	2	14.5	10	145	7.2	6	43.2	14.5	8	116
P−11	6.2	6	27.2	5.8	4	23.2	5.2	3	15.6	7.7	4	30.8
P−12	5.8	5	29	7.3	5	36.5	3.5	2	7.0	14.8	9	133.2
P−13	3.3	2	6.6	15.3	11	168.3	5.7	4	22.8	10.3	7	72.1
P−14	9	8	72	47.8	13	621.4	30.2	12	362.4	31	11	341
총계(ΣA×B)			1763.7	(ΣA×B)			1911.3	(ΣA×B)			1629.7	(ΣA×B)			1490.2
다양성 지수			.0982	다양성 지수			.0994	다양성 지수			.1028	다양성 지수			.1133

2.2 주시청시간대 프로그램의 다양성

먼저 전체적인 추이를 살펴보면 〈그림−50〉에 나타난 바와 같이, 주시청시간대에도 SBS의 출현 이전보다는 다양성이 향상되고 있음을 보여주고 있다. 그러나 '92년 가을에 평균 다양성 점수가 최저치를 보이다가 그 이후 최근까지 점차적으로 증가하고 있어 다양성이 다시 감소하고 있는 것으로 나타났다. 이러한 현상은 SBS의 출현과 함께 프로그램의 선정성과 중복경쟁에 대한 사회적인 비판여론이 비등해지자 잠시 주춤했다가 서서히 다시 프로그램경쟁이 높아지는 추세를 보이고 있는 것으로 생각한다. 한편 특이한 점은 KBS−1은 '92년도에는 다른 채널에 비해 다양성이 매우 높은 것(다양성 지수가 가장 낮은)으로 나타났으나 그 이후 프로그램 다양성의 정도가 상당히 감소한 것으로 나타났다. 이는 새로운 경쟁환경에서 효율적으로 경쟁이익을 극대화하기 위해 KBS−2와의 채널차별화 전략을 세운 데 따른 불가피한 프로그램 집중현상으로 판단된다. 또한 SBS는 출범 원년에는 프로그램 다양성이 매우 저조하였으나 '93년도에는 괄목할 정도로 다양성이 향상된 것으로 나타났다. MBC의 경우에도 '92년 봄을 제외하고는 프로그램의 다양성을 어느 정도 이룩하고 있는 것으로 나타났다. 이에 관한 구체적인 분석결과는 다음의 〈표-36〉~〈표-41〉에 나타나 있다.

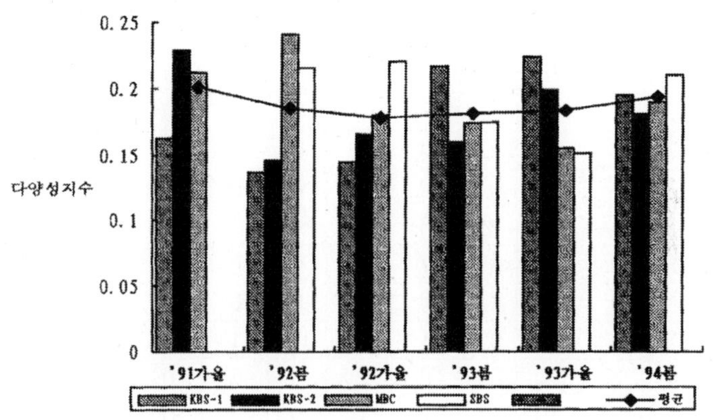

〈그림-50〉 주시청시간대 프로그램다양성 추이

〈표-36〉 '91년 가을 프로그램의 다양성

장 르	KBS-1			KBS-2			MBC		
	A[1]	B[2]	A×B	A	B	A×B	A	B	A×B
P-1	11	8	88	6.7	4	26.8	10.8	5	54
P-2	3	4	12	0	0	0	0	0	0
P-3	2.3	3	6.9	0	0	0	3.7	3	11.1
P-4	8.7	6	52.2	0	0	0	0	0	0
P-5	0	0	0	2.3	2	4.6	0.8	1	0.8
P-6	0	0	0	0	0	0	0	0	0
P-7	0.7	1	0.7	1.7	1	1.7	0	0	0
P-8	3.3	5	16.5	7.3	5	36.5	0	0	0
P-9	0	0	0	3.7	3	11.1	3.8	4	14.2
P-10	0	0	0	1.7	1	1.7	0	0	0
P-11	1.7	2	3.4	2.3	2	4.6	1.3	2	2.6
P-12	0	0	0	0	0	0	0	0	0
P-13	0	0	0	0	0	0	0	0	0
P-14	9.7	7	67.9	15.2	6	91.2	11	6	66
총계(∑A×B)			247.6	(∑A×B)		178.2	(∑A×B)		148.7
다양성 지수			.1629	다양성 지수		.2288	다양성 지수		.2119

〈표-37〉 '92년 봄 프로그램의 다양성

장 르	KBS-1			KBS-2			MBC			SBS		
	A[1]	B[2]	A×B	A	B	A×B	A	B	A×B	A	B	A×B
P-1	10.5	10	105	0.8	2	1.6	10.2	4	40.8	10.5	5	52.5
P-2	1.3	2	2.6	0	0	0	1.7	2	3.4	0	0	0
P-3	3.3	5	16.5	1.8	4	7.2	0	0	0	0	0	0
P-4	0	0	0	0	0	0	0	0	0	0	0	0
P-5	3.7	6	22.2	0	0	0	0	0	0	0	0	0
P-6	4.7	7	32.9	0	0	0	0	0	0	0	0	0
P-7	0.7	1	0.7	0.8	2	1.6	0	0	0	0	0	0
P-8	3.3	4	13.2	2	5	10	5.7	3	17.1	6	4	24
P-9	0	0	0	5.7	7	39.9	0	0	0	4	3	12
P-10	0	0	0	1.7	3	5.1	0	0	0	0	0	0
P-11	5.3	8	42.4	0.3	1	0.3	1.2	1	1.2	0.7	1	0.7
P-12	1.7	3	5.1	3.7	6	22.2	0	0	0	3.3	2	6.6
P-13	0	0	0	0	0	0	0	0	0	0	0	0
P-14	7	9	63	24.2	8	193.6	17.5	5	87.5	13.3	6	79.8
총계(ΣA×B)			303.6	(ΣA×B)		281.5	(ΣA×B)		150.0	(ΣA×B)		175.6
다양성 지수			.1366	다양성 지수		.1456	다양성 지수		.2410	다양성 지수		.2151

〈표-38〉 '92년 가을 프로그램의 다양성

장 르	KBS-1			KBS-2			MBC			SBS		
	A[1]	B[2]	A×B	A	B	A×B	A	B	A×B	A	B	A×B
P-1	11.3	9	101.7	1.7	2	3.4	4.2	4	16.8	10.5	6	63.0
P-2	10	8	80	0	0	0	0	0	0	0	0	0
P-3	4.3	6	25.8	0	0	0	1.8	3	5.4	0	0	0
P-4	0	0	0	0	0	0	0	0	0	0	0	0
P-5	3.7	5	18.5	0	0	0	0.8	1	0.8	0	0	0
P-6	1.7	3	5.1	0	0	0	0	0	0	0	0	0
P-7	0.5	1	0.5	0	0	0	0	0	0	0	0	0
P-8	2	4	8	2.5	4	10.0	4.3	5	21.5	4	3	12
P-9	0	0	0	3.7	5	18.5	4.5	6	27	4	4	16

장 르	KBS-1			KBS-2			MBC			SBS		
	A[1]	B[2]	A×B	A	B	A×B	A	B	A×B	A	B	A×B
P-10	1.7	2	3.4	1.8	3	5.4	0	0	0	0	0	0
P-11	0	0	0	0.3	1	0.3	1.5	2	3	0.7	1	0.7
P-12	0	0	0	5.2	6	31.2	0	0	0	3.7	2	7.4
P-13	0	0	0	0	0	0	0	0	0	0	0	0
P-14	7	7	49	24	7	168	19.5	7	136.5	10.5	5	52.5
총계(ΣA×B)			292.0	(ΣA×B)		236.8	(ΣA×B)		211.0	(ΣA×B)		151.6
다양성 지수			.1445	다양성 지수		.1656	다양성 지수		.1795	다양성 지수		.2198

〈표-39〉 '93년 봄 프로그램의 다양성

장 르	KBS-1			KBS-2			MBC			SBS		
	A[1]	B[2]	A×B	A	B	A×B	A	B	A×B	A	B	A×B
P-1	12.2	6	73.2	4.2	6	25.2	10	6	60	10.5	6	63
P-2	6.5	4	26	0	0	0	0	0	0	2	2	4
P-3	1.5	1	1.5	0	0	0	0	0	0	0	0	0
P-4	0	0	0	0	0	0	0	0	0	0	0	0
P-5	0	0	0	0.8	2	1.6	1.8	2	3.6	2.5	3	7.5
P-6	0	0	0	0	0	0	0	0	0	0	0	0
P-7	0	0	0	0	0	0	0	0	0	0	0	0
P-8	1.7	2	3.4	1.7	3	5.1	4	5	20	0	0	0
P-9	0	0	0	7.3	7	51.9	0	0	0	4	5	20
P-10	0	0	0	1.7	4	6.8	3.7	4	14.8	0	0	0
P-11	0	0	0	0.3	1	0.3	0.7	1	0.7	0.7	1	0.7
P-12	4	3	12	4	5	20	3.2	3	9.6	3.7	4	14.8
P-13	0	0	0	0	0	0	0	0	0	0	0	0
P-14	9	5	45	7.8	8	62.4	20.7	7	144.9	19.3	7	135.1
총계(ΣA×B)			161.1	(ΣA×B)		173.3	(ΣA×B)		253.6	(ΣA×B)		245.1
다양성 지수			.2160	다양성 지수		.1592	다양성 지수		.1736	다양성 지수		.1742

〈표-40〉 '93년 가을 프로그램 다양성

장 르	KBS-1			KBS-2			MBC			SBS		
	A[1]	B[2]	A×B	A	B	A×B	A	B	A×B	A	B	A×B
P-1	11.6	6	69.6	0.8	1	0.8	9.8	7	68.6	10.7	9	96.3
P-2	6	4	24	0	0	0	0	0	0	4	7	28
P-3	4	3	12	0	0	0	1.8	3	5.4	3.7	3	11.1
P-4	0	0	0	0	0	0	0	0	0	0	0	0
P-5	1	1	1	0	0	0	0.8	1	0.8	0.8	2	1.6
P-6	0	0	0	0	0	0	0	0	0	0	0	0
P-7	0	0	0	0	0	0	0	0	0	0	0	0
P-8	0	0	0	0	0	0	2	4	8	4	6	24
P-9	0	0	0	7.3	5	36.5	4.7	5	23.5	3.8	4	14.4
P-10	0	0	0	3.3	3	9.9	1.8	2	3.6	0	0	0
P-11	0	0	0	2	2	4	0	0	0	0.7	1	0.7
P-12	3.7	2	7.4	3.8	4	15.2	5.5	6	33	3.8	5	19
P-13	0	0	0	0	0	0	0	0	0	0	0	0
P-14	7	5	35	21.7	6	130.2	18.3	8	146.4	9.7	8	77.6
총계(∑A×B)			149.0	(∑A×B)		196.6	(∑A×B)		289.3	(∑A×B)		272.7
다양성 지수			.2232	다양성 지수		.1984	다양성 지수		.1548	다양성 지수		.1511

<표-41> '94 봄 프로그램의 다양성

장 르	KBS-1			KBS-2			MBC			SBS		
	A[1]	B[2]	A×B	A	B	A×B	A	B	A×B	A	B	A×B
P-1	15.2	7	106.4	7	6	42	9.5	6	57	12.5	5	62.5
P-2	2	2	4	0	0	0	1.8	3	5.4	2	2	4
P-3	3.5	3	10.5	3.5	4	14	1.8	3	5.4	0	0	0
P-4	0	0	0	1.5	1	1.5	1.8	3	5.4	0	0	0
P-5	0	0	0	0	0	0	1	1	1	0	0	0
P-6	2	2	4	0	0	0	0	0	0	0	0	0
P-7	0	0	0	0	0	0	1.8	3	5.4	0	0	0
P-8	4.5	5	18	0	0	0	2	4	8	0	0	0
P-9	0	0	0	1.5	1	1.5	2	4	8	3.7	3	11.1
P-10	0	0	0	3	3	9	1.8	3	5.4	3.7	3	11.1
P-11	1	1	1	2	2	4	1.5	2	3	0.7	1	0.7
P-12	4	4	16	3.8	5	19	3.5	5	17.5	4	4	16
P-13	0	0	0	0	0	0	0	0	0	0	0	0
P-14	7	6	42	23	7	161	17.8	7	124.6	17	6	102
총계(ΣA×B)			201.9	(ΣA×B)		252.0	(ΣA×B)		246.1	(ΣA×B)		207.4
다양성 지수			.1942	다양성 지수		.1799	다양성 지수		.1890	다양성 지수		.2096

2.3 채널 간 다양성 분석결과

이번에는 채널 간에 어느 정도 다양성을 확보하고 있는지를 분석하고자 한다. 채널 내 다양성이 시청자의 종적인 선택지를 높여줌으로써 시청자후생에 기여한다고 한다면, 채널 간의 다양성은 시청자의 횡적인 선택지를 넓혀줌으로써 시청자 후생을 더욱 확장해주게 된다. 또한 채널 간 다양성의 정도를 평가함으로써 채널 간의 직접적인 프로그램 경쟁을 평가할 수가 있다.

  SBS의 출현이 있기 전인 1991년 봄에는 3개 채널 모두의 편성이 상당한 다양성을 보여주고 있다. 중복성의 정도가 20% 미만으로 나타났다. 그러나 SBS의 출현 이후 채널 간 프로그램의 중복편성이 두드러지게 나타나고 있다. 즉 92년 봄의 경우에는 4개 채널 전체의 중복이 약 24.4%였으며, KBS-1과 MBC가 가장 높은 중복률을 보였으며, 이어서 KBS-2와 SBS가 높은 중복률을 보인 것으로 나타났다. 이러한 현상은 93년 봄까지 지속되어 나타나고 있음을 알 수 있다. 그러나 93년 가을에는 채널 간의 중복편성이 눈에 띄게 감소하고 있음을 알 수 있다. 즉 전체 채널 간 중복률이 19.2%이며, 두 채널 간의 중복률도 20~30% 수준으로 감소하고 있는 것으로 나타났다.(〈표-42〉 참조)

〈표-42〉 채널 간 편성의 다양성

채 널	1991년 봄	1992년 봄	1992년 가을	1993년 봄	1993년 가을
전 체	12.8	24.4	29.4	24.2	19.2
KBS-1/KBS-2	2.3	8.1	10.8	7.1	8.0
KBS-1/MBC	18.5	40.1	43.3	41.2	18.4
KBS-2/MBC	17.7	30.7	27.2	25.6	21.0
KBS-1/SBS	–	9.5	16.3	13.5	13.2
KBS-2/SBS	–	31.5	37.1	33.9	29.9
MBC/SBS	–	26.3	26.4	23.7	24.1

3. 프로그램 변동률 분석

  방송사들이 프로그램 개편 시 기존 프로그램을 폐지하고 새로운 프로그램을 신설하는 행위뿐만 아니라 수시로 부분개편을 통해서 기편성된 방송시간을 조정하고 프로그램을 이동하는 행위들은 그만큼 방송시장의 경쟁과 밀접한 관련을 맺고 있다고 할 수 있다. 왜냐하면 기존 프로그램을 신규 프로그램으로 대체하거나 방송시간을 변경하는 행위는 시청자들의 프로그램 선택행위와 밀접한 관련을 맺고 있기 때문이다. 그런 점에서 여기서는 91~93년의 기간 동안 각 방송사들이 얼마나 빈번하게 프로그램의 변동을 나타내고 있는지를 분석함으로써 간접적으로 방송사들 간의 경쟁의 정도를 평가할 수 있는 기준으로 삼고자 한다. 이를 위해서 그동안 각 방송사들이 프로그램의 신설, 폐지, 시간조정 등의 빈도를 측정하여 장르별 분포도를 분석하였다.

먼저 KBS-1의 경우 91~93년 기간 동안 주로 뉴스, 다큐멘터리, 생활정보 부문에 대한 변동을 빈번히 해온 것으로 나타났다.(〈그림-51〉 참조) 특히 93년에는 생활정보에 대한 변동이 매우 두드러지게 나타났다.

〈그림-51〉 KBS-1 TV의 프로그램 변동률

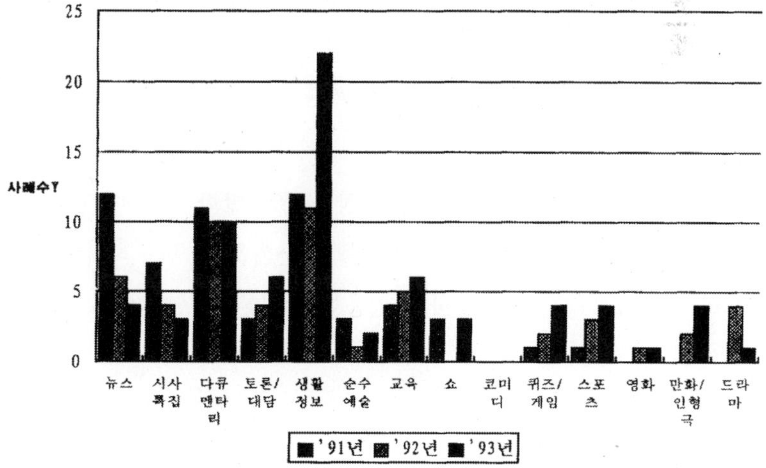

KBS-2의 경우, 91년 동안에는 프로그램 변동이 빈번하지 않다가 92년 이후부터 주로 오락 장르와 생활정보 장르에 대한 변동을 추구해온 것으로 나타났다. 이는 곧 KBS-2가 SBS출현 이후 오락 장르에 대한 경쟁력을 염두에 두고 치열한 시장활동을 벌여온 것으로 평가할 수 있다.(〈그림-52〉 참조)

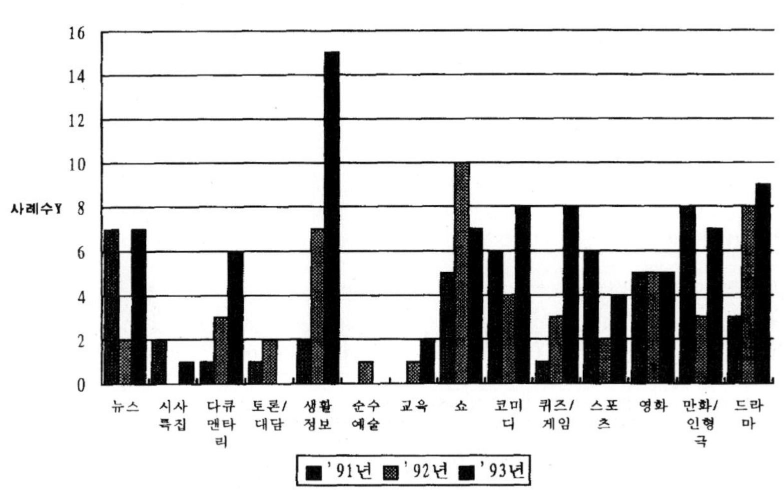

〈그림-52〉 KBS-2 TV의 프로그램 변동률

MBC의 경우에는 다큐멘터리, 생활정보, 쇼, 만화, 드라마의 순으로 매우 다양한 장르에 걸쳐 빈번한 변동을 추구해온 것으로 나타났다. 특히 93년 들어 그 빈도가 증가하고 있음이 주목된다.(〈그림-53〉 참조)

〈그림-53〉 MBC-TV의 프로그램 변동률

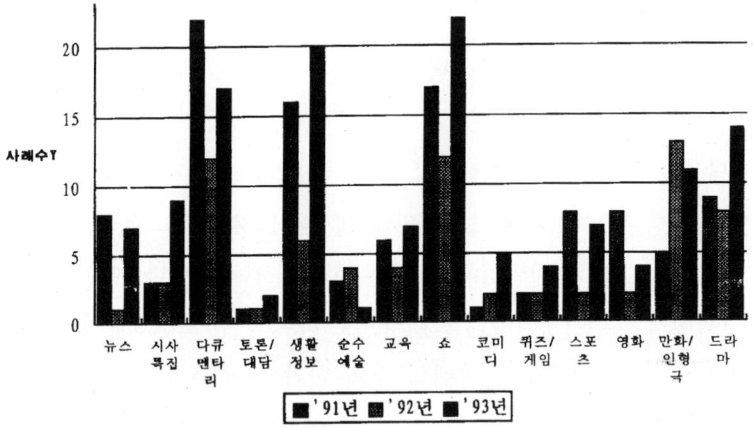

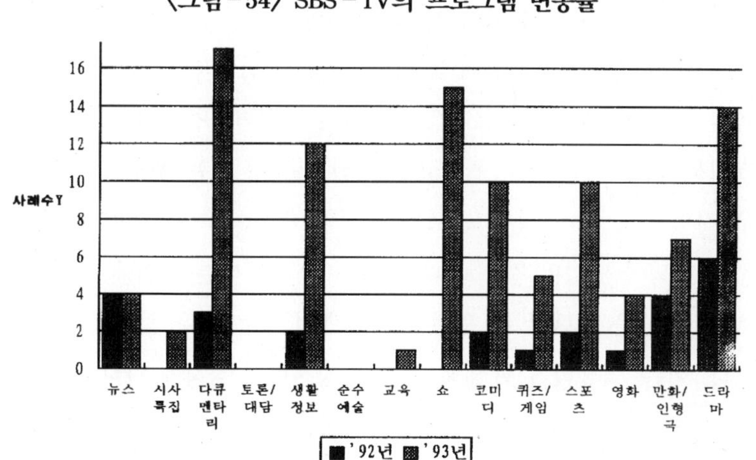

SBS의 경우에는 출범 원년에는 별로 변동을 보이지 않다가 93년 들어 주로 오락 장르와 다큐멘터리 장르에 대한 변동을 빈번히 하고 있음을 알 수 있다.(〈그림-54〉 참조)

〈그림-54〉 SBS-TV의 프로그램 변동률

4. 시청자복지 분석결과

4.1 시청자의 프로그램 선택폭

채널증가에 따른 프로그램경쟁이 결과적으로 시청자복지에 어떤 영향을 가져다주는지를 알아보기 위해 방송사들의 프로그램공급이 시청자들의 프로그램 선택범위에 미치는 효과를 측정하였다. 이를 위해서 이 분석에서는 주시청시간대를 대상으로 하여 i) 한 프로그램이 끝난 후 선택할 수 있는 다음 프로그램의 수의 합과 전체 프로그램 수의 관계 (A/B)를 측정하였으며, ii) 한 프로그램이 끝난 후 다음 프로그램을 선택할 때 상이한 장르를 선택할 수 있는 프로그램의 수와 전체 프로그램 수의 관계(C/B), 그리고 iii) 한 프로그램이 끝난 후 다른 채널을 이용할 수 있는 프로그램의 수와 최대 가능한 다른 채널 프로그램의 수의 관계(D/D') 등으로 나누어 각각의 특성을 살펴보았다. 이처럼 시청자의 프로그램 선택폭을 다양하게 측정함으로써 프로그램경쟁이 미치는 시청자의 후생효과를 보다 구체적으로 평가할 수 있을 것으로 판단하였다.

먼저 평일의 주시청시간대에 대한 시청자 선택폭을 측정한 결과는 다음의 〈표-43〉과 같다. SBS가 출현하기 직전인 '91년 가을에는 한 프로그램을 선택한 후 다른 프로그램을 선택할 수 있는 프로그램의 수가 매우 적었으며, 특히 다른 장르를 선택할 수 있는 장르선택의 범위는 극히 제한되어 있었던 것으로 나타났다. 그러나 다른 시기에 비해 동시에 다른 채널을 선택할 수 있는 프로그램의 수는 매우 많은 것으로 나타났다. 이는 '엇물리기 편성'과 같은 편성전략이 심하게 나타나지 않았음을 반증해준다고 할 수 있다. 즉 각 채널의 프로그램들이 다른 채널의 프로그램의 중간에 시작되거나 종료되지 않고 같은 시간에 시작되고 종료됨으로써 다음 프로그램을 선택할 때 시청자들이 자연스럽게 다른 채널로 손쉽게 이동할 수 있는 가능성이 높다고 할 수 있다.

'92년 봄에는 선택가능한 프로그램의 수와 장르선택의 폭도 약간 향상되었으나 오히려 다른 채널에 대한 선택폭은 전년에 비해 급격히 감소된 것으로 나타났다. 이는 새로운 프로그램 경쟁시장에서 각 채널들이 시청자극대화를 도모하고 상대채널의 시청자들을 분산시키기 위해서 '엇물리기 편성'이 심화되었음을 반증해준다 할 수 있다. 이어서 '92년 가을에는 '92년 봄에 비해 전체적으로 약간씩 향상된 것으로 나타났다. 그러나 이듬해인 '93년 봄에는 프로그램의 선택폭과 장르의 선택폭이 모두 전년도 시즌에 비해 감소하였으며, 반면에 타 채널 선택폭은 약간 향상된 것으로 나타났다. 이어서 '93년 가을에는 다시 프로그램 선택폭과 장르의 선택폭이 약간 향상된 반면에 타 채널 선택폭은 약간 감소한 것으로 나타났다. 그리고 '94년 봄에는 프로그램 선택폭과 타 채널 선택폭이 약간 향상되었으나 장르의 선택폭은 다소 감소한 것으로 나타났다.

이상에서 평일 주시청시간대에 프로그램경쟁이 미치는 시청자 후생효과들을 측정한 바와 같이, SBS의 출현 이후 타 채널 선택폭을 제외하고는 전체 프로그램 선택폭과 장르의 선택폭은 어느 정도 향상되고 있음을 알 수 있다.

〈표-43〉 시청자의 프로그램 선택폭(평일)

연 도	A(B)	A/B	C(B)	C/B	D(D´)	D/D´(%)
'91년 봄	90(74)	1.22	70(74)	0.94	60(120)	50.0
'92년 봄	125(98)	1.28	116(98)	1.18	42(249)	16.9
'92년 가을	169(98)	1.72	134(98)	1.37	49(249)	19.7
'93년 봄	131(95)	1.38	103(95)	1.08	66(246)	26.8
'93년 가을	139(99)	1.40	155(99)	1.57	60(255)	23.5
'94년 봄	161(108)	1.49	110(108)	1.02	66(249)	26.5

1) A: 선택가능한 프로그램의 수
2) B: 총 프로그램의 수
3) C: 선택가능한 다른 장르의 프로그램 수
4) D: 선택가능한 다른 채널의 프로그램 수
5) D´: 다른 채널을 통해 시청할 수 있는 가상적인 총 프로그램 수

한편 이번에는 주말의 주시청시간대에는 프로그램경쟁이 시청자후생에 어떤 효과를 미치고 있는지를 측정하였다. 다음의 〈표-44〉에 나타난 바와 같이, 전체적으로는 평일과는 달리 SBS의 출현 이전에 비해 장르의 선택폭과 다채널에 대한 선택폭이 향상된 것으로 나타났으며, 반면에 전체 프로그램의 선택폭은 '92년 봄과 '93년 가을에 큰 폭의 향상을 보였으나 최근에는 다시 감소하고 있는 것으로 나타났다. 이러한 현상은 주말시간의 범위 자체가 평일에 비해 좁기 때문에 방송사들이 다양한 편성전략을 구사할 수 있는 공간적인 한계에 직면하기 때문이라고 판단한다.

〈표-44〉 시청자의 프로그램 선택폭(주말)

연 도	A(B)	A/B	C(B)	C/B	D(D´)	D/D´(%)
'91년 봄	45(29)	1.55	28(29)	0.97	16(50)	32.0
'92년 봄	93(41)	2.27	49(41)	1.19	18(99)	18.0
'92년 가을	55(39)	1.41	47(39)	1.21	22(81)	27.2
'93년 봄	56(37)	1.51	74(37)	2.00	40(84)	47.6
'93년 가을	52(25)	2.08	43(25)	1.72	24(51)	47.1
'94년 봄	60(40)	1.50	58(40)	1.45	36(87)	41.4

4.2 프로그램 편성과 시청자 수요 간 상관도

프로그램 편성의 집중도와 시청률 분포의 집중도 간의 상관관계를 통해서 공급과 수요 간의 일치여부를 분석하였다. 방송사의 프로그램 공급과 시청자들의 프로그램시청이 일부 장르의 프로그램에 대해서 어느 정도 편중 혹은 분산되었는지를 비교함으로써 프로그램의 공급과 수요가 어느 정도 일치하는지를 간접적으로 평가할 수 있다. 다음의 〈표-45〉에 나타난 바와 같이, '91년 가을에는 MBC의 프로그램공급이 상대적으로 일부장르에 편중되었으나, 시청자들은 그와는 반대로 MBC프로그램에 대해서 분산시청하고 있는 것으로 나타났다. '92년 봄에는 KBS-1과 MBC가 가장 높은 프로그램편중을 보였으며, 시청률의 집중도는 MBC, KBS-2, SBS의 순으로 나타났다. 이는 KBS-1을 제외한 다른 채널들이 SBS의 출현과 함께 오락프로그램에 대한 편성비율을 높임에 따라서 그런 장르의 프로그램에 대한 시청자들의 수요가 높았음을 짐작할 수 있다. 또한 '92년 가을에는 KBS-1과 KBS-2의 편성집중도가 높은 것으로 나타났으며, 시청자들은 KBS-2의 프로그램에 대한 시청의 집중성을 보였으나 KBS-1에 대해서는 가장 낮은 집중성을 보이고 있다. '93년 봄에는 MBC와 KBS-1이 가장 높은 편성의 집중도를 보였으나, 시청자들은 SBS프로그램에 대해서 시청의 집중성을 보인 것으로 나타났다. 그러나 '93년 가을에는 KBS-1과 KBS-2가 상대적으로 높은 편성의 집중도를 나타내고 있지만 시청자들의 프로그램집중도는 비슷한 수준인 것으로 나타났다.

이상의 결과에 따르면, SBS의 출현 이후 특히 KBS-1과 KBS-2가 새로운 경쟁시장 환경에 대응하기 위해서 일종의 역할분담 형식으로 보도/교양과 오락부문을 채널 특화함으로써 이들의 프로그램공급의 집중도가 높게 나타났으나, 반면에 시청자들은 SBS출현 초기인 '92년 봄 이후부터 특히 '93년에 들어서는 점차 안정적인 시청행위를 보이고 있음을 알 수가 있다.

<표-45> 프로그램 편성과 시청률의 집중도

연 도	채 널	프로그램 편성			시청률		
		표준편차	평 균	집중도[1]	표준편차	평 균	집중도
'91 가을	KBS-1	457.3	354.6	0.776	6.524	8.421	0.775
	KBS-2	271.1	351.8	0.771	6.940	9.443	0.743
	MBC	306.5	364.9	0.840	11.874	18.214	0.652
'92 봄	KBS-1	385.3	350.4	1.100	2.910	3.536	0.823
	KBS-2	374.2	377.9	0.990	5.950	6.393	0.931
	MBC	348.2	333.9	1.043	12.600	11.400	1.105
	SBS	289.0	365.7	0.790	4.652	5.443	0.855
'92 가을	KBS-1	433.5	355.4	1.220	3.498	5.464	0.640
	KBS-2	424.2	375.4	1.130	7.114	8.357	0.851
	MBC	313.4	348.6	0.899	10.187	13.229	0.770
	SBS	261.1	369.6	0.706	7.638	9.457	0.808
'93 봄	KBS-1	413.2	364.6	1.133	4.639	7.043	0.659
	KBS-2	318.7	326.1	0.977	5.850	7.457	0.785
	MBC	506.2	367.1	1.379	9.085	11.771	0.772
	SBS	359.8	427.5	0.842	8.799	9.700	0.907
'93 가을	KBS-1	418.2	388.2	1.077	4.652	6.229	0.747
	KBS-2	397.0	366.4	1.083	4.664	6.679	0.698
	MBC	349.5	357.9	0.977	8.117	10.807	0.751
	SBS	313.3	377.1	0.831	4.641	5.893	0.788

제5절 다채널 상황에서 프로그램경쟁과 시청자복지
효과에 관한 논의

우리나라는 공중파방송 5개 채널에 불과하던 것이 1995년에 접어들어 전국 50여 개 지역에서 20개 채널의 종합유선 방송이 실시되고, 그리고 부산, 대구, 광주, 대전 등 4개의 대도시 지역에서는 지역민방이 본격 가동됨에 따라 1995~1996년에는 적어도 29~34개 채널의 텔레비전 방송이 실시되는 그야말로 '폭발적인 채널증가'를 경험하게 되었다. 따라서 이처럼 채널의 다양성이 과연 프로그램의 다양성과 질을 확보해줄 수 있는가 하는 점은 학문적으로는 물론 사회적으로도 대단히 중요한 관심사가 아닐 수 없다. 따라서 여기서는 이 연구에서 살펴본 이론적 논의들과 실제 분석결과들을 토대로 앞으로 전개될 다채널 상황에서 공중파텔레비전이 시장경쟁력을 유지하여 궁극적으로 안정적인 이윤을 확보하기 위해 프로그램 선택행위에 어떤 변화를 보이게 되는지를 논리적으로 추론해보고자 한다.

먼저 다채널상황에서 공중파텔레비전이 직면하게 될 경제적 타격으로는 그동안 희소한 전파자원에 대한 배타적 사용을 통해 누려왔던 독점지대의 상당부분이 유실될 것이며, 또한 규모의 경제와 수직적 통합을 통해 향유해왔던 안정적인 이윤구조가 붕괴될 것이라는 점이다. 다시 말해서 텔레비전산업의 의존자원인 시청자의 수와 시청시간이 매우 한정되어 있는 데 비해 그것들을 공통자원으로 의존하게 될 뉴미디어들이 시장에 진입하게 될 경우 시청자 자원의 미분화에 따른 시장정보의 불확실성이 가속화되어 그만큼 예산상의 비용부담이 늘어날 수밖에 없다는 것이다. 이 점을 프로그램 선택행위에 국한하여 생각할 때, 그 결과는 프로그램 예산과 프로그램 질에 직접적인 영향을 미치게 된다. 즉 방송사들이 경쟁 초기에는 어느 정도 비용부담을 안고 프로그램 제작비용에 많은 예산을 소요하게 되겠지만 점차적으로 출혈적인 비용증가를 최소화하기 위해 비용효율적인 프로그램제작에 관심을 갖게 되며, 그것은 곧바로 프로그램의 질에 영향을 미치게 될 것이라는 점이다.

일반적으로 우리는 시청자들이 적은 예산으로 만들어진 프로그램보다는 많은 예산이 투여된 프로그램이 더 많은 관심을 유발할 것으로 예상하는데, 그 이유는 많은 비용을 들인 프로그램은 그만큼 시청자들이 좋아하는 요소들에 추가적인 비용을 들일 수 있기 때문이다. 이를테면 더 인기 있는 배우와 더 좋은 작가와 감독을 기용함으로써 훨씬 대중적인 텔레비전프로그램이나 영화를 만들 수 있는 것이다. 그러나 만약에 프로그램예산을 증대시킨 만큼 그 프로그램에 대한 수용자의 관심을 증대시킬 수 없다면 이윤극대화를 추구하는 방송사는 엄청난 제작비용을 들여 프로그램을 제작하지 않을 것이다.

특히 경쟁적인 텔레비전시장에는 프로그램의 다양성(경쟁채널의 증가)과 프로그램의 질(프로그램예산의 증가) 사이에 교환관계가 있게 마련인데, 이때 프로그램의 질은 특정한 심미적 기준이 아닌 시청자소구의 정도에 따른 평가를 의미한다는 점에 주목할 필요가 있다. 따라서 경쟁을 장려함으로써 창출되는 다양성은 프로그램 생산비용에 상응하는 시청자이익을 창출할 수 없을 정도의 유사성이 높은 프로그램들에 낭비적인 투자를 높일 것으로 보인다. 이와 관련하여 제4장의 프로그램선택 이론에서 살펴본 바에 따르면, 전통적인 프로그램 선택 모델에 의하면 다양성은 경쟁채널이 증가함에 따라 증가하는 것으로 보고 이는 곧 시청자의 이익을 증대시키는 것으로 평가하였다. 그러나 최근의 선택모델에서는 채널의 다양성이 증가함에 따라 프로그램의 질적 저하 때문에 오히려 시청자의 복지가 감소할 가능성이 높음을 주장하고 있다.

이러한 사실은 균형적인 프로그램예산은 시장구조의 변화에 따라 다양하게 반응한다는 점에서 찾아볼 수 있다. 즉, 경쟁적인 채널의 수가 증가함에 따라 특정 채널이 프로그램 제작비용을 증대함으로써 수용자를 더 많이 확보할 수 있다고 단정할 수 없다면 방송사들은 더 저렴한 프로그램을 제작 혹은 구매함으로써 경쟁채널의 증가에 반응하게 될 것이다. 그러나 채널의 증가는 만약 각 채널이 특정 수용자의 취향에 소구하는 프로그램을 제작함으로써 채널 간의 차별성이 존재할 경우에는 더더욱 새로운 시청자들을 확보하는 것을 불가능하게 만든다. 특히 특정 프로그램에 대해서 만족해하는 시청자들은 비용을 많이 들인 다른 프로그램에 쉽게 유인되지 않는 경향이 있다. 결과적으로 프로그램에 투여된 비용당 한계수입은 계속해서 하락하게 될 것이다. 또한 광고재원으로 충당하는 텔레비전산업도 다양성을 어느 정도 공급하게는 되겠지만 프로그램의 질이 저하되느냐 아니면 향상시키느냐 하는 점은 광고주들이 시청자 1인당 지불하는 광고비에 의해 결정된다고 할 수 있기 때문에 시청자 1인당 광고가치를 거의 동일하게 평가하는 광고주 입장에서는 소수취향의 프로그램에 대해서는 외면하는 경향을 보일 것이다. 그런 점에서 소수채널의 과점적 시장이나 다채널의 경쟁시장 모두 프로그램공급이 제한된다고 예상할 수 있다. 과점적 시장에서는 대안적 프로그램을 제공하는 데 있어서 비용절감을 감안하여 최소공배수적 프로그램을 주로 제공하게 되며, 또한 경쟁시장에서는 가장 많은 시청자들을 좇아 프로그램의 중복현상이 나타나기 때문이다.

　따라서 채널이 아무리 무한하다 하더라도 수익성을 감안하여 일부 채널을 死藏시키기 때문에 프로그램의 다양성에는 별다른 효과를 주지 못할 것이며, 대신에 채널의 손실과 프로그램의 중복을 피할 수 있는 적정채널을 공급하는 것이 무엇보다 중요하다고 생각된다.

　그렇다면 다채널이 시청자복지에는 어떤 효과를 가져올 수 있는가?

　경쟁적인 텔레비전시장은 Steiner와 Spence-Owen이론에서 강조하는 品質常數的($qualtity-constant$) 환경에서보다 品質變數的($qualtity-variable$) 환경에서 후생극대화를 가져오는 채널의 수를 초과하여 공급하는 경향이 있다. 경쟁적인 채널의 균형수가 Steiner와 Spence-Owen모델에서의 사회적 최적점을 초과할 수 있다는 것인데, 그 이유는 새로운 채널의 증가는 수용자의 이익보다는 방송사의 이익에 더 기여할 수 있는 상황이기 때문이다. 이러한 현상은 경쟁채널들이 서로 밀접한 대체제일 경우 더욱 두드러지게 나타난다. 새로운 채널을 통해 유인할 수 있는 수용자의 수가 프로그램 제작비용과 운영비용을 충당할 정도의 이익을 창출하는 한 새로운 채널들이 도입될 것이다. 그러나 새로운 채널들이 기존 채널의 대체재 역할을 하게 될 때 시청자들은 새로운 채널로부터 추가적인 이익을 거의 얻을 수 없다. 왜냐하면 새로운 채널들은 기존 채널의 수용자와 수입을 분할할 뿐이기 때문이다. 바로 이 점은 Steiner모델에서 강조되고 있는데, 즉 새로운 채널들은 특정 프로그램 유형의 시청자들을 분할할 뿐 정작 시청자의 만족에는 별다른 기여를 하지 못한다는 것이다.

　결론적으로, 광고후원의 후원으로 운영되는 공중파텔레비전 산업은 프로그램을 한계비용(0가격)으로 공급하고 있기 때문에 시청자의 취향이 상대적으로 동질적일 때 후생효과를 높일 수 있으나, 프로그램의 다양성에 대한 선호가 증대될 경우(다채널 상황) 처음에는 광고후원의 공중파텔레비전 산업이 후생효과를 극대화시킬 수 있겠으나, 점차적으로 유료TV 산업이 더욱 큰 효과를 나타낼 수가 있을 것이다. 또한 채널의 수가 점차 증대하게 될 경우에는 새로운 상업방송사들이 시장에 진입하여 시장의 '適所'를 찾아 공영방송이 제공하던 소수취향의 프로그램들을 제공할 가능성이 높아 결과적으로 공영방송의 정치적 기반을 약화시키게 되어 공영방송의 존립이 어려워질 것으로 전망된다.

제6절 小結論

　이상의 프로그램 선택이론을 통해서 알 수 있는 공통점은 유료TV와 공중파텔레비전 모두 세 가지 공통적인 편견을 가지고 있다는 점이다. 즉, 텔레비전산업은 소수취향의 프로그램을 기피하며, 값비싼 프로그램을 기피하며, 다수의 수용자를 확보할 수 있는 프로그램을 선호한다는 점이다.[65] 따라서 이상에서 살펴본 것처럼 후생적 관점에서 볼 때, 어떤 텔레비전산업구조를 선택하는 것이 사회적 후생을 극대화할 수 있는지에 대해서 학자에 따라서 상이한 결론을 제시하고 있어 어느 하나를 분명하게 선택할 수는 없다.

　먼저 Steiner는 소수채널에 의해 운용되는 과점적 시장구조에서는 경쟁산업보다는 독점산업이 프로그램의 다양성이 더 증대된다는 점을 밝히고 있다. 그 이유는 상품시장에서처럼 시청자의 수를 극대화하는 프로그램에 각 방송사들이 집중하게 되어 결과적으로 프로그램의 중

---

[65] 물론 유료TV는 시청자의 선호도를 가격으로 반영할 수 있기 때문에 상대적으로 그러한 편견이 약하다고 할 수는 있다.

복현상이 나타나 그만큼 시청자의 프로그램선택권을 박탈하기 때문이라는 것이다.

Beebe는 독점시장이나 경쟁시장 모두 프로그램공급이 제한된다고 결론을 내리고 있다. 독점시장에서는 대안적 프로그램을 제공하는 데 있어서 비용절감을 감안하여 최소공배수적 프로그램을 주로 제공하게 되며, 또한 경쟁시장에서는 가장 많은 시청자들을 좇아 프로그램의 중복현상이 나타나기 때문이다. 따라서 그는 채널이 아무리 무한하다 하더라도 수익성을 감안하여 일부 채널을 사장시키기 때문에 프로그램의 다양성에는 별다른 효과를 주지 못한다고 보고, 채널의 손실과 프로그램의 중복을 피할 수 있는 적정채널을 공급하는 것이 중요하다고 결론을 내리고 있다.

Spence와 Owen은 그들의 연구결과, 경쟁적 유료TV 산업이 독점적 유료TV 산업보다 항상 사회후생에 더 큰 기여를 하고 있는 것으로 평가하고 있으며, 독점적 유료TV를 제외한 3개의 산업구조(경쟁적 유료TV, 광고재원의 경쟁적 공중파텔레비전 산업, 광고재원의 독점적 공중파텔레비전 산업) 중에서 어떤 것이 가장 적합한 구조인가 하는 점은 다양한 프로그램에 대한 시청자들의 선호도에 달려 있다고 생각하고 있다. 즉, 광고후원의 독점적 공중파텔레비전 산업은 프로그램을 한계비용(0가격)으로 공급하고 있기 때문에 시청자의 취향이 상대적으로 동질적일 때 후생효과를 높일 수 있으며, 독점방송사는 유사한 프로그램들을 과도하게 중복편성하지는 않을 것이다. 그러나 프로그램의 다양성에 대한 선호가 증대될 경우(다채널 상황) 처음에는 광고후원의 경쟁적 공중파텔레비전 산업이 후생효과를 극대화시킬 수 있겠으나, 점차적으로 유료TV 산업이 더욱 큰 효과를 나타낼 수가 있다는 것이다.

한편 정치체제는 상업방송으로부터 배제된 소수취향의 프로그램을 제공하기 위해서 공영방송을 후원함으로써 상업방송의 이윤극대화 전략을 어느 정도 견제할 수가 있다. 그러나 채널의 수가 점차 증대하게 될 경우에는 새로운 상업방송사들이 시장에 진입하여 시장의 '適所'를 찾아 공영방송이 제공하던 소수취향의 프로그램들을 제공할 가능성이 높아 결과적으로 공영방송의 정치적 기반을 약화시키게 된다는 것이 Noam이 주장하고 있는 공공선택이론의 결론이다.

그러나 이상의 선택이론들은 생산자(방송사)와 소비자(시청자)가 모두 시장에서 자신의 이익극대화라는 매우 엄격한 경제적 합리성에 기초하여 확률론적인 논거를 전개하고 있다. 이를 위해서 그들은 시청자의 서열적 선택행위를 가상한 방송사의 선택행위, 혹은 가상적인 지불의사를 시청자의 프로그램에 대한 수요로 조작하여 그에 따른 방송사의 프로그램공급가격을 추산하고 있어, 현재 무료인 공중파텔레비전에 대한 정확한 분석에는 적합하지 않다. 따라서 생산자와 소비자 간의 집합적인 선택의 결과를 가지고 어떤 산업구조가 시청자에게 더 많은(혹은 적은) 프로그램을 제공하는가를 평가할 수밖에 없는 한계를 지니고 있다. 그런 점에서 이 이론들은 실제로 방송사가 시청자를 확보하기 힘든 프로그램들도 제공하고 있다고 한다면 그 이유는 무엇인가에 대해서 명확한 대답을 줄 수가 없다.

그럼에도 불구하고 이 이론들은 방송산업의 부분적인 프로그램전략들을 설명하는 데는 한계가 있지만, 산업구조의 특성이라는 제약하에서 집합적으로 어떤 선택행위를 하게 될 것인가라는 점에서는 탁월한 논리성을 제공해준다고 할 수 있다. 따라서 본 연구는 이 이론들을 검토함으로써 시장구조가 방송사의 프로그램 선택행위에 얼마나 커다란 영향을 미치는지를 이해할 수 있는 논거를 마련할 수 있었다.

이상과 같이 산업구조의 특성하에서 구체적으로 방송사가 시청자와의 관계 속에서 어떻게 프로그램 선택을 결정하게 되는지에 관한 대안적인 분석 틀을 고안할 필요가 있다. 따라서 본 연구에서는 서론에서도 밝혔듯이, 현실적으로 무료로 프로그램이 공급되고 이용하는 공중파텔레비전의 시장환경 속에서는 방송사의 프로그램에 대한 현시성은 프로그램의 편성에서 드러나며, 시청자의 소비현시성은 시청률에서 구체적으로 드러난다고 보고, 프로그램 편성과 시청률이 어떤 관계를 나타내게 되는지를 규명함으로써 간접적으로 방송사의 시장경쟁 행위를 추론할 수 있다고 판단하였다. 그런 점에서 다음에서는 프로그램 편성과 시청률 간의 관계에 관한 이론적 근거를 살펴보고, 구체적으로 프로그램의 변동과 시청률 간의 관계를 분석하였다.

이상과 같은 이론적 관점을 토대로 프로그램 선택의 경제적 원리가 실제 방송시장에서 어떻게 나타나는지를 평가하기 위한 실증분석을 실시하였다. 분석결과를 종합하면 다음과 같다.

첫째, 편성의 다양성에서 전체 시간대는 SBS의 출현 이후 다양성이 근소하게 증대되고 있는 것으로 나타났다. 4개 채널 중 SBS가 다양성이 가장 저조하게 나타났으며, MBC가 가장 높은 다양성을 보였다. 이어서 주시청시간대에 대한 분석결과에서는 전체 시간대보다도 전반적으로 다양성이 낮게 나타났으며, 특히 SBS출현 원년인 92년 봄에 다양성이 가장 저조한 것으로 나타났으며, 그 이후 다소 향상을 보이고 있는 것으로 나타났다. 채널 중에서는 SBS가 가장 낮은 다양성을 보였고, KBS-1이 SBS와 비슷한 수준의 낮은 다양성을 보였다. 이처럼 SBS가 다양성 면에서 낮은 결과를 나타내고 있는 점은 상업방송으로서 최소공배수적인 장르의 프로그램에 집중적인 편성할당을 하고

있음을 알 수 있다. 또한 KBS는 두 채널을 소유한 일종의 독점방송
사로서 채널 간 특화를 통해 시청자극대화를 추구하고 있음을 알 수
있다. 이러한 사실은 Ⅳ장에서 살펴본 프로그램 선택이론에서 Steiner
가 주장한 바와 같이, 오히려 소수의 과점시장에서는 독점채널이 경쟁
의 효율성을 바탕으로 프로그램의 다양성을 이룩하는 데 도움을 준다
는 점을 간접적으로 입증한 셈이다.

둘째, 채널 간 프로그램 다양성에 대한 분석결과를 보면, SBS출현
이후 채널 간 중복현상이 두드러진 것으로 나타났다. 특히 KBS-2와
SBS 그리고 SBS와 MBC의 순으로 채널 간 중복률이 높게 나타났다.
따라서 SBS는 다른 두 채널과 이중경쟁을 벌이고 있음을 알 수 있다.
이러한 결과는 기존의 지배적 사업자였던 KBS와 MBC가 신규사업자
인 SBS에 대해서 일종의 담합적으로 진입장벽을 강화하고 있는 듯한
양태를 보이고 있다고 할 수 있다.

셋째, 이상에서처럼 채널 간 다양성이 약화되고 있는 가운데 시청자
들의 수요는 SBS출현 초기에는 매우 높은 집중화를 보였으나 해가
지나면서 안정적인 수요를 보이고 있는 것으로 나타났다. 이는 SBS
초기에는 시청자들이 새로운 프로그램에 대한 호기심으로 특정장르에
대한 집중선호 성향이 높았으나 그 이후 점차적으로 그러한 성향이
누그러지고 있음을 알 수 있다.

넷째, 채널증가가 시청자후생에 어떤 영향을 미치고 있는지를 알아
보기 위해 프로그램, 장르, 그리고 채널의 세 가지 선택지에 대한 시
청자의 선택폭을 분석하였다. 분석결과, 프로그램 선택의 폭은 다소
향상되었으나, 장르선택과 채널선택의 폭은 저조한 것으로 나타났다.
이는 곧 채널증가가 양적인 측면에서는 어느 정도 다양성과 시청자의
프로그램선택권을 높여준다고 할 수 있으나 질적인 측면에서는 오히

려 저하되고 있음을 알 수 있다.

이상의 결과에서 추론할 수 있는 점은 소수의 경쟁시장에서는 단지 1개 채널의 증가 그것도 상업방송의 추가가 프로그램의 다양성과 시청자의 후생에 커다란 도움이 되지 않는다는 점이다.

참고문헌

〈국내문헌〉

1. 논문 및 보고서

강대인(1993), 〈한국텔레비전 편성의 특성과 전략에 관한 연구: 방송운
행표(Program Log)분석을 중심으로〉, 고려대학교 박사학위논문.

강상현(1994), "방송환경의 변화와 지역방송의 과제: 지역방송의 다중
적 위기와 그 해소책을 중심으로", 『방송연구』(방송위원회), 통
권 38호.

김경모(1992), 〈국가개입과 신문산업의 시장구조 변동에 관한 연구: 6
공화국의 중앙 일간지를 중심으로〉, 연세대학교 석사학위논문.

김동규(1992), "1980년대 한국 방송산업의 경제적 특성에 관한 연구",
『언론문화연구』 제10집, 서강대언론문화연구소.

김동규(1994), "지역방송의 활성화를 위한 산업적 분석", 『방송연구』
(방송위원회), 통권 38호.

김명준(1992), "탈규제적인 텔레커뮤니케이션정책에 대한 비판적 고
찰", 『한국언론학보』, 제28호.

김승현(1993), "방송환경의 변화와 커뮤니케이션정책", 『커뮤니케이션
과학』, 고려대학교 신문방송연구소, vol.12.

김용호 외 4인(1992), 『'92 수용자반응 조사 종합보고서』, 방송위원회.

김지운(1993), "공영방송의 재원구조와 공익성의 관계에 대한 연구",

『방송문화연구논총1』

노병성(1992), 〈1980년대 한국 출판산업의 산업조직론적 특성에 관한 연구〉, 서강대학교 박사학위논문.

박홍수 外(1994), 『UR 이후 개방화 대비 한국언론의 경쟁력 강화방안』, (한국언론연구원/한국방송개발원).

심현우(1994), "한국방송 독립제작사 발전을 위한 제언", 『방송문화』.

안정임, 송현경, 전경란(1993), 『텔레비전프로그램 유형분류기준에 관한 연구』, 방송위원회보고서.

원우현, 남궁 협(1993), "복지언론의 위상과 전망", 『복지언론의 위상과 전망』, 고려대학교 신문방송연구소 주최 국제학술 심포지엄, pp.96-131.

원우현(1994), 『한국언론의 장기발전 방안에 관한 연구』, 고려대학교 신문방송연구소.

유세경(1994), "다채널·다미디어 시대 방송의 공익성 개념정립을 위한 이론적 고찰", 『방송연구』, 통권 38호.

유의선(1994), "국제화 시대의 방송정책", 『방송연구』, 통권 38호.

이관열, 박기성(1992), 『방송관련 연구실태 및 경향분석 연구』, 방송개발원연구보고서.

이권영(1993), 〈방송매체의 규제완화 정책동인에 관한 연구〉, 고려대 대학원 박사학위논문.

이민호, 송윤섭(1993), 『무선정책에 관한 연구: 미국과 유럽사례를 중심으로』, 한국이동통신주식회사.

이성춘(1993), "방송산업 구조와 KBS의 프로그램선택에 관한 연구", 『방송연구논문집』, KBS.

이진영(1992), 〈한국 방송채널 증가 이후 시청행위 변화과정에 관한 연구: 서울 방송국 개국 이후 시청정보조사자료를 중심으로〉,

고려대학교 석사학위논문.

장용호(1987), "매체경제학의 연구방향", 『언론문화연구』, 제5집, 서강대학교언론문화연구소.

장용호(1989), "한국 TV산업의 시장구조, 행위 및 성과에 관한 연구", 『언론학논선』 제6집, 서강대언론문화연구소.

장용호(1989), "한국 방송이념에 대한 경제적 접근", 『언론문화연구』, 제7집, 서강대학교언론문화연구소.

장용호(1991), "언론 노동운동과 합리적 선택", 『언론문화연구』 제9집, 서강대학교언론문화연구소.

장용호(1992), "언론 노동운동의 물질적 기반과 운동행위자의 선택", 『한국언론학보』 제28호.

장용호(1993), 〈매체경제와 산업정책〉, 〈미간행물〉.

장용호(1993), "탤런트 노동시장 연구", 『한국언론학보』 제30호.

장용호(1994), "방송산업 구조변동과 제작진 노동시장", 『한국언론학보』 제31호.

전환성(1986), "텔레비전프로그램 선택이론 연구: 선택모델(Models of Choice)을 중심으로", 『言論文化硏究』, 서강대학교언론문화연구소.

정윤식(1991), 『방송정책 발전에 관한 연구』, 전파연구소·통신개발연구원.

정윤식(1993), 『방송발전 장기전략 수립』, 통신개발연구원.

조병량(1990), "방송에 있어서 광고의 기능에 관한 고찰", 『방송문화연구』, KBS.

조은기(1989), 〈대중매체의 비공식거래에 관한 연구: 조직 간 관계구조를 중심으로〉, 서강대학교 석사학위논문.

조항제(1994), 〈1970년대 한국 텔레비전의 구조적 성격에 관한 연구〉, 서울대 박사학위논문.

진현승(1992), 〈대중매체 산업의 스타시스템에 관한 연구〉, 서강대학
　　교 석사학위논문.

최양수(1992), "방송편성에 있어서 인접효과에 관한 연구", 한국방송
　　학회 1992년도 춘계 학술대회 발표논문집.

최양수(1993), "방송다채널 시대의 시청자복지 문제", 『'92 방송편성 ·
　　정책연구위원회 종합보고서』, 방송위원회.

한균태(1994), "지역민방TV의 바람직한 운영방안", 『한국방송학회 춘
　　계학술대회발표논문집』.

한진만(1989), 〈한국 텔레비전내용의 다양화에 대한 연구: 프로그램
　　편성표 분석중심으로〉, 고려대학교 박사학위논문.

한진만(1992), 『텔레비전 편성의 다양화 분석』, '92 방송문화진흥회 연
　　구보고서.

한진만, 오창호(1992), "위성방송시대의 지역방송의 진로", 『방송연구』, p.82.

공영방송발전연구위원회(1994), 『공영방송 발전방안에 관한 연구』.

방송위원회(1994), "특집: 국제화, 지방화 시대의 방송", 『방송연구』,
　　통권 38호.

방송제도연구위원회(1990), 『2,000년대를 향한 한국방송의 좌표』.

KBS, "특집 I : 공영방송의 새로운 조류와 전망", 『방송문화연구』.

한국방송학회(1994), 『다채널시대의 공영방송』, 한국방송학회 특별세
　　미나(1994. 6. 9.: 한국프레스센터).

2. 단행본

강상호, 이원락(편역), 『현대자본주의와 매스미디어』, (서울: 미래사).

김대식, 노영기, 안국신(1993), 『현대경제학원론』, (서울: 박영사).

방송위원회(역: 1992), 『다채널시장에서의 공중파TV방송』, FCC Office of Plans and Policy, *Broadcast Television in a Multichannel Marketplece.*

원우현(역, 1985), 『자유언론의 테크놀로지』, (서울: 전예원), pp.191 -192. Ithiel de Sola Pool, *Technologies of Freedom.*

윤창호, 이규억(1993), 『산업조직론』, (서울: 법문사).

이종범, 하현길, 조철옥(역: 1988), 『장외영향력과 조직』, (서울: 정음사).

장용호(1989), 『한국 TV산업의 시장구조, 행위 및 성과에 관한 연구』, 언론학논문 6(서강대언론문화연구소).

최병선(1992), 『정부규제론: 규제와 규제완화의 정치경제』, (서울: 법문사).

3. 자료집(신문, 연감, 토론회 자료)

KBS, 『KBS年誌』, 1992, 1993, 1994.

KBS(1993), 『KBS統計便覽: 1983~1992』.

KBS, 『KBS저널』, 1993년 4월 호.

MBC, 『文化放送 年誌』, 1992, 1993, 1994.

대한상공회의소(1993), 『주요업체 재무제표 요람』.

매일경제신문사(1993), 『회사연감』.

방송위원회, 『텔레비전수용자 반응조사 평가지수 보고서』, 1992~1994.

『서울신문』, 1992년 12월 19일자, 11면.

통계청, 『도시가계연보』, 1981~1990.

한국방송개발원(1994), 『텔레비전 수용행태와 미래 한국방송에 대한 시청자의식조사』.

308

한국언론학회(1991), 『쟁점과 토론: 정부의 방송구조 개편안에 관한 대토론회』.

한국방송학회(1993), 『방송정책 방향에 관한 토론회』.

한국언론학회(1993), 『쟁점과 토론: 방송구조 개편에 관한 대토론회』.

『한겨레신문』, 1993년 3월 22일자 12면.

『한겨레신문』, 1994년 11월 9일자(水), 16면.

『한겨레신문』, 1993년 5월 19일자, 12면.

한국은행(1993), 『1990년 산업연관표 작성보고서』.

한국은행(1994), 『기업경영 분석』.

『한국일보』, 1994년 3월 8일자, 19면.

『한국일보』, 1994년 1월 20일자 19면.

〈외국문헌〉

1. 논 문

Adams, William J. et al(1983), "The cancellation and manipulation of network television prime-time programming", *Journal of Communication*, 33(1).

Atkin, David and Litman, Barry R.(1986), "Network TV programming: Economics, audiences, and the ratings game, 1971~1986", *Journal of Communication*.

Bates, Benjamin J.(1987), "The role of theory in broadcasting economics: A review and development", in Margaret L. McLaughlin(ed.), *Communication Yearbook*, vol.10, (Beverly

Hills: Sage).

Becker, G. S.(1965), "A theory of the allocation of time", *Economic Journal*, vol.75.

Beebe, J. H.(1977), "Institutional structure and program choices in television markets", *Quarterly Journal of Economics*, vol.91.

Bell, Desmond and Meehan, Niall(1989), "Cable, satellite and the emergence of private TV in Ireland: From public service to managed monopoly", *Media, Culture and Society*, vol.11.

Besen, Stanley M.(1976), "The value of television time", *Southern Economic Journal*.

Blau, Robert T., Johnson, Rolland C. and Ksobiech, Kenneth J.(1976), "Determinants of TV station economic value", *Journal of Broadcasting*, vol.20.

Block, Martin(1979), "Time in mass communication research", in Melvin J. Voigt and Gerhard J. Hanneman(eds.), *Progress in Communication Sciences*, vol.1, (Norwood, NJ: Ablex).

Blumler, J. G.(1991), "In pursuit of programme range and quality", *Studies of Broadcasting*, No.27.

Blumler, J. G.(1991), "The new television marketplace: Imperatives, implications, issues", in James Curran and Michael Gurevitch(eds.), *Mass Media and Society*, (N. Y.: Edward Arnold).

Braunstein, Y. M.(1979), "The potential for increased competition in television broadcasting: Can the market work?", in *Canadian −U. S. Conference on Communications Policy, Culture in collision: the Interaction of Canadian and U. S. Broadcast Television Policies*, (N. Y.: Praeger).

Campbell, D. T.(1969), "Variation and retention in socio-cultural evolution", *General Systems*, vol.14.

Coase, R.(1960), "The problem of social cost", *Journal of Law and Economics*, vol.3.

Coase, R. H.(1966), "The economics of broadcasting and government policy", *American Economics Review*, vol.56.

Crandall, Robert W.(1972), "FCC regulation, monopsony, and network television program costs", *The Bell Journal of Economics*.

Crandall, Robert W.(1974), "The economic case for a fourth commercial television network", *Public Policy*, vol.22.

Dahlman, Carl J.(1988), "The problem of externality", in Tyler Cowen(ed.), *The Theory of Market Failure*, (Fairfax, Virginia: George Mason University Press).

Demesetz, H.(1966), "Some aspects of property rights", *Journal of Law and Economics*, vol.61.

Demesetz, H.(1970), "The private production of public goods", *Journal of Law and Economics*.

Dimmick, John and Rothenbuhler, Eric(1984), "The theory of the Niche: Quantifying competition among media industries", *Journal of Communication*, vol.34.

Dimmick, J., Dobos, J., and Lin, C.(1985), "The niche and media industries: A uses and gratifications approach to measuring competitive superiority", *Paper presented to the International Communication Association*, (Honolulu, HI).

Dimmick, J. and Wallschlaeger, M.(1986), "Measuring corporate diversification: A case study of new media ventures by television network parent companies", *Journal of Broadcasting and Electronic Media*, vol.30.

Dyson, Kenneth and Humphreys, Peter(1988), "The context of new media politics in Western Europe", in Kenneth Dyson and Peter Humphreys(eds.), *Broadcasting and New Meida Politics in Western Europe*, (London: Routledge).

Ehrlich, P. and Holm, H.(1962), "Patterns and populations", *Science*, vol.137.

Ehrlich, I. and Fisher, L.(1982), "The derived demand for advertising: A theoretical and empirical investigation", *American Economic Review*, vol.72.

Falkenberg, Hans-Geert(1983), "No future? A few thoughts on public broadcasting in the Federal Republic of Germany, spring 1983", *Media, Culture and Society*, vol.5.

Finkelstein, M.O. and Friedberg, R.M.(1967), "The application of an entropy theory of concentration to the Calypton Act", *Yale Law Journal*.

Fowler, Mark S. and Brenner, Daniel L.(1983), "A marketplace approach to broadcast regulation", in Ellen Wartella and D. Charles Whitney(eds.), *Mass Communication Review Yearbook*, vol.4.

French, W.A. and McBrayer, J.T.(1979), "Arriving at television advertising rates", *Journal of Advertising*, vol.8.

Fullerton, Hugh S.(1988), "Technology collides with relative constancy: The pattern of adoption for a new medium", *Journal of Media Economics*, vol.1

Gerbner, G.(1969), "Institutional pressures upon the mass communicators", *Sociological Review*, vol.13.

Gerbner, G.(1973), "Cultural indicators: The third voice", in G Gerbner, L. Gross, and W. H. Melody(eds.), *Communications Technology and Social Policy*, (N. Y.: Wiley).

Greenberg, E.(1969), "Television station profitability and FCC regulatory policy", *Journal of Industrial Economics*, vol.10.

Greenberg, E. and Barnet, H. J.(1971), "TV program diversity: New evidence and old theories", *American Economic Review*, vol.61.

Hall, W. C. and Batlivala, R. B.(1971), "Market structure and duplication in TV broadcasting", *Rand Economics*, vol.47.

Hannan, M. T. and Freeman, J.(1977), "The population ecology of organizations", *American Journal of Sociology*, 82.

Harwood, K.(1984), "Productivity of labor and capital in radio and television broadcasting in the United States", *Journal of Broadcasting*, vol.28.

Hawley, A. H.(1944), "Ecology and human ecology", *Social Forces*, vol.22.

Hawley, A. H.(1981), "Human Ecology: Persistence and change", *American Behavioral Scientist*, vol.24.

Heath, Carla W.(1988), "Private sector participation in public service broadcasting: The case of Kenya", *Journal of Communication*, vol.38.

Hewes, Dean E.(1980), "An axioruatized, stochastic model of the behavioral effects of message campaigns", in Donald P.

Cuchman, Robert D. McPhee(eds.), *Message－Attitude－ Behavior Relationship,* (Academic Press: N. Y.).

Holman, T. and Epperson, A.(1984), "Family and leisure: A review of the literature with research recommendations", *Journal of Leisure Research,* vol.16.

Holtz－Bacha, Christian(1991), "From public monopoly to a dual broadcasting system in Germany", *European Journal of Communication,* vol.6.

Hotelling, H.(1957), "Stability in competition", *Economic Journal,* vol.34.

Hughes, Gordon and Vines, David(1989), "Regulation and strategic behaviour in commercial television", in Gordon Hughes and David Vines(eds.), *Deregulation and the Future of Commercial Television,* (Glasgow: Aberdeen University Press).

Hutchinson, G. E.(1957), "Concluding remarks", *Cold Spring Harbor Symposium on Quantitative Biology,* Vol.22.

Jhally, Sut and Livaut, Bill(1986), "Watching as working: The volarization of audience consciousness", *Journal of Communication,* vol.36.

Johnson, M. B.(1966), "Travel time and the price of leisure", *Western Economic Journal.*

Katz, Helen(1989), "The future of public broadcasting in the U.S.", *Media, Culture and Society,* vol.11.

Kline, F. Gerald(1977), "Time in communication research", *Strategies for Communication Research,* (Beverly Hills, CA: Sage).

Krulwich, Robert(1990), "The television environment in the 1990s"

314

in Keynote Address to conference on *Exploring Primetime*, *Public Broadcasting Service and Corporation for Public Broadcasting*, Washington, DC.

Larson, T. L.(1980), "The U. S. television industry: Concentration and the question of network divestiture of owned and operated stations", *Communication Research*, vol.7.

Landau, E. and Davenport, J. S.(1959), "Price anomalies of the mass media", *Journalism Quarterly*, vol.36.

Levin, Harvey J.(1954), "Competition among mass media and the public interest", *public Opinion Quarterly*, 28.

Levin, Harvey J.(1971), "Program duplication, diversity, and effective viewer choices: Some empirical findings", *American Economic Review*, vol.61.

Levy, Mark R.(1981), "Home video recorders and time shifting", *Journalism Quarterly*, vol.58.

Litman, Barry R.(1979), "The television networks, competition and program diversity", *Journal of Broadcasting*, vol.23.

Litman, Barry R.(1983), "US TV networks' response to new technology", *Telecommunication Policy*.

Livaut, Bill(1979), "Audience commodity: On the blindspot 'debate'", *Canadian Journal of Political and Social Theory*, vol.3.

Maisel, Richard(1973), "The decline of the mass media", *Public Opinion Quarterly*, vol.37.

Mauser, F. F.(1967), "A universe-in-motion approach to marketing", in E. Kelley and W. Lazer(eds.), *Managerial Marketing: Perspectives and Viewpoints*, (Homewood, Ill.: Richard D.

Irwin).

McCombs, Maxwell E.(1972), "Mass media in the marketplace", *Journalism Monographs*, vol.24.

McCombs, Maxwell E. and Eyal, Chaim(1980), "Spending on mass media", *Journal of Communication*, vol.30.

McQuail, Dennis(1991), "Mass media in the public interest: Towards a framework of norms for media performance", in James Curran and Michael Gurevitch(eds.), *Mass Media and Society*, (London: Edward Arnold).

Murdock, Graham(1978), "Blindspots about western marxism: A reply to Dallas Smythe", *Canadian Journal of Political and Social Theory*, vol.2.

Musgrave, R. A.(1969), "Provisions for social goods", in J. Margolis and H. Gitton(eds.), *Public Economics*, (London: Macmillan).

Nadel, Marks S.(1992), "A technology transparent theory of the First Amendment and access to communications media", *Federal Communications Law Journal*, vol.43.

Noam, E. M.(1987), "A public and private-choice model of broadcasting", *Public Choice*, vol.55, pp.163-187.

Office of Plans & Policies Working Paper #26(1991), *Broadcast Television in a Multichannel Marketplace*, 6 FCC Rcd. 3996.

Park, R. E.(1973), "New television networks", *Report R-1408-MF*, Rand Corporation.

Park, R. E.(1975), "New television networks", *Bell Journal of Economics*, vol.6.

Parkman, A. M.(1982), "The effect of television station ownership on local news ratings", *Review of Economics and Statistics,* vol.64.

Pearce, Alan(1980), "The economic and political strength of television networks", in Michael Botein and David M. Rice (eds.), *Network Television and the Public Interest,* (Lexington, Mass.: Lexington Books).

Persky, Joel(1977), "Twenty years of prime time", *Television Quarterly,* 14(2)/14(3).

Peterson, Wilbur(1959), "Is daily circulation keeping pace with the nation's growth?", *Journalism Quarterly,* vol.36.

Quinn, J.(1940), "Tropical summary of current literature on human ecology", *American Journal of Sociology,* vol.46.

Riley, John W., Cantwell, Frank V., and Ruttiger, Katherine F.(1949), "Some observations on the social effects of television", *Public Opinion Quarterly,* 13.

Robinson, John P.,(1968), "Human ecology", in David L. Sills(ed.), *International Encyclopedia of Social Sciences,* (N.Y.: Macmillan).

Robinson, John P.,(1981), "Television and leisure time: A new scinario", *Journal of Communication,* vol.31.

Rosse, J. N.(1980), "The decline of direct newspaper competition", *Journal of Communication,* vol.30.

Rothenberg, J.(1962), "Consumer sovereignty and the economics of TV programming", *Studies in Public Communication,* vol.4.

Rowland, Willard D., Jr. and Tracey, Michael(1990), "Worldwide challenges to public broadcasting", *Journal of Communication,* vol.40.

Sahin, Haluk and Robinson, John P.(1982), "Beyond the realm of necessity: Television and the colonization of leisure", in D. Charles Whitney and Ellen Wartella(eds.), *Mass Communication Review Yearbook*, vol.3, (Beverly Hills, CA: Sage).

Samuelson, Paul A.(1954), "The pure theory public expenditures", *The Review of Economics and Statistics*, vol.36.

Samuelson, P.(1958), "Aspects of public expenditure theories", *Review of Economics and Statistics*, vol.40.

Sepstrup, Preben(1989), "Implications of current developments in West European broadcasting", *Media, Culture and Society*, vol.11.

Smythe, Dallas(1977), "Communications: Blindspot of western marxism", *Canadian Journal of Political and Social Theory*, vol.1.

Son, Jinok(1990), "The impact of new electronic media on audience support for mass media", *Ph. D. dissertation*, Univ. of Texas at Austin.

Spence, M. and Owen, B.M.(1977), "Television programming, monopolistic competition, and welfare", *Quarterly Journal of Economics*, vol.91.

Spitzer, M.L.(1991), "Justifying minority preferences in broadcasting", *Southern California Law Review*, vol.64.

Staikov, Z.(1972), "Time-budgets and technological progress", in A. Szalai(ed.), *The Use of Time*, (Hague, Netherlands: Mouton).

Steiner, P.O.(1952), "Program patterns and preferences, and the workability of competition in radio broadcasting", *Quarterly*

318

Journal of Economics, vol.66.

Tankel, Jonathan D. and Williams, Wenmouth, Jr.(1993), "Resource interdependence: Radio economics and the shift from AM to FM", in Alison Alexander et al., *Media Economics: Theory and Practice*, (Hillsdale, NJ: Lawrece Earlbaum Associates, Publishers).

Thomas, Laurie and Litman, Barry R.(1991), "FOX broadcasting company, why now?: An economic study of the rise of the fourth broadcasting 'network'", *Journal of Broadcasting and Electronic Media*, vol.35.

Thompson, J. D. and McEwen, W. J.(1958), "Organizational goal and environment", *American Sociological Review*, vol.23.

Turow, Joseph(1990), "Media industries, media consequencies: Rethinking mass communication", in James A. Anderson(ed.), *Communication Yearbook*, vol.13, (Newbury Park, CA: Sage).

Vany, Arthur S. De, et al(1969), "A property system for market allocation of the electromagnetic spectrum: A legal－economic－engineering study", *Stanford Law Review*, vol.21.

Wakshlagm, Jacob and Adams, William J.(1985), "Trends in program variety and the Prime Time Access Rule", *Journal of Broadcasting & Electronic Media*, 29(1).

Waterman, D.(1987), "Electronic media and the economics of the First Sale Doctrine", in R. Thorne and J. D. Viera(eds.), *Entertainment, Publishing, and the Arts Handbook*, (NY: Clark Boardman).

Webbink, D. W.(1973), "Regulation, profits, and entry in the television broadcasting industry", *Journal of Industrial Economics*, vol.21, pp.167-176.

Werner, Anita(1986), "Mass media expenditures in Norway: The principle of relative constancy revisited", in Margaret McLaughlin(ed.), *Communication Yearbook 9*, (Beverly Hills, Calif.: Sage).

Whittaker, R. H., Levin, S. A., and Root, R. B.(1973), "Niche, habitat and ecoptope", *American Naturalist*, vol.197.

Wildman, S. S. and Owen, B. M.(1985), "Program competition, diversity, and multichannel bundling in the new video industry", in E. M. Noam(ed.), *Video Media Competition: Regulation, Economics, and Technology*, (N. Y.: Columbia University Press).

Wiles, P.(1963), "Pilkington and the theory of value", *The Economic Journal*, vol.73.

Wood, William C.(1986), "Consumer spending on the mass media: The Principle of Relative Constancy reconsidered", *Journal of Communication*, vol.36.

Wood, William C. and O' Hare, L.(1991), "Paying for the video revolution: Consumer spending on the mass media", *Journal of Communication*, vol.41.

Woodbury, John R., Besen, Stanley M. and Fournier, Gary M.(1989), "The determinants of network television program prices: Implicit contracts, regulation, and bargaining power", *The Bell Journal of Economics*.

2. 단행본

Alexander, Alison et al.(1993), *Media Economics: Theory and Practice*, (Hillsdale, NJ: Lawrece Earlbaum Associates, Publishers).

Besen, Stanley M. et al(1984), *Misregulating Television*, (Chicago: University of Chicago Press).

Blumler, Jay G.(1986), *The Role of Public Policy in the New Television Marketplace*, (Washington, DC: Benton Foundation).

Blumler, Jay G. and Nossiter, T. J.(eds., 1991), *Broadcasting Finance in Transition*, (Oxford: Oxford University Press).

Blumler, Jay G.(ed., 1992), *Television and the Public Interest*, (London: Sage).

Botein, Michael and Rice, David M.(eds., 1980), *Network Television and the Public Interest*, (Lexington, Mass.: Lexington Books).

Breyer, Stephen(1982), *Regulation and Its Reform*, (Cambridge, Mass.: Harvard University Press).

Brown, Les(1971), *Television: The Business Behind the Box*, (New York: Harcourt, Brace, Jovanovich).

Buchanan, James M.(1967), *Public Finance in Democratic Process*, (Chapel, Hill).

Caristi, Dom(1992), *Expanding Free Expression in the Marketplace: Broadcasting and the Public Forum*, (New York: Quorum Books).

Carlstein, T.(1982), *Time Resources, Society and Ecology*, (Lund, Sweden: The Royal University of Lund).

Chamberlin, E. H.(1956), *The Theory of Monopolistic Competition*,

(Cambridge, Mass.: Harvard University Press).

Collins, Richard, Garnham, Nicholas, and Locksley, Gareth(1988), *The Economics of Television: The UK Case*, (London: SAGE Publications).

Congdon, Tim et al(1992), *Paying for Broadcasting*, (London: Routledge).

Cowen, Tyler(ed.), *The Theory of Market Failure*, (Fairfax, Virginia: George Mason University Press).

Cuchman, Donald P. & McPhee, Robert D.(eds., 1980), *Message – Attitude – Behavior Relationship*, (Academic Press: N. Y.).

Curran, James and Gurevitch, Michael(eds.), *Mass Media and Society*, (London: Edward Arnold).

Dyson, Kenneth and Humphreys, Peter(eds., 1988), *Broadcasting and New Meida Politics in Western Europe*, (London: Routledge).

Fiske, J.(1989), *Understanding Popular Culture*, (London, Unwin: Hyman).

Geertz, C.(1973), *The Interpretation of Cultures*, (N. Y.: Basic Books).

Gerbner, G, Gross, L., and Melody, W. H.(eds., 1973), *Communications Technology and Social Policy*, (N. Y.: Wiley).

Ginsburg, Douglas H., Botein, Michael H., and Director, Mark D.(eds., 1991), *Regulation of the Electronic Mass Media*, (St. Paul, Minn.: West Publishing Co.).

Goodhardt, G. J., Ehrenberg, A. S. C., and Collins, M. A.(1979), *The Television Audience*, (Aldershot, England: Saxon House).

Greenhut, M. L., Norman, G., and Hung, C. S. (1987), *The Economics of Imperfect Competition: A Spatial Approach*, (Cambridge: Cambridge University Press).

Hughes, Gordon and Vines, David (eds.), *Deregulation and the Future of Commercial Television*, (Glasgow: Aberdeen University Press).

Kelley, E. and Lazer, W. (eds., 1967), *Managerial Marketing: Perspectives and Viewpoints*, (Homewood, Ill.: Richard D. Irwin).

Lefebvre, H. (1971), *Everyday Life in the Modern World*, (N. Y.: Harper and Row).

Levin, H. J. (1980), *Fact and Fantasy in Television Regulation: An Economic Study of Policy Alternatives*, (N. Y.: Russell Sage Foundation).

Levins, R. (1968), *Evolution in Changing Environments*, (Princeton, NJ: Princeton University Press).

Litman, Barry R. (1979), *Vertical Integration in the Broadcasting Industry: A Coalescence of Power*, (East Lansing: Michigan State University Press).

Long, S. L. (1979), *The Development of the Television Network Oligopoly*, (N. Y.: Arno).

Margolis, J. and Gitton, H. (eds., 1969), *Public Economics*, (London: Macmillan).

McQuail, Dennis (1987), *Mass Communication Theory: An Introduction*, (Newbury Park, CA: Sage).

Melody, W. (1973), *Children's Television: The Economics of Exploitation*,

(New Haven: Yale University Press).

Noam, E. M.(ed., 1985), *Video Media Competition: Regulation, Economics, and Technology*, (N. Y.: Columbia University Press).

Noll, R. G., Peck, M. J., and McGowan, J. J.(1973), *Economic Aspects of Television Regulation*, (Washington, DC: Brookings Institution).

North, S. N. D.(1984), *History and Present Condition of the Newspaper and Periodical Press of the United States*, (Washington: Government Printing Office).

Owen, Bruce M.(1975), *Economics and Freedom of Expression: Media Structure and the First Amendment*, (Cambridge, Mass.: Ballinger Publishing).

Owen, Bruce M., Beebe, J. H., and Manning, W. G., Jr.(1974), *Television Economics*, (Lexington, MA: Lexington).

Owen, Bruce M. and Wildman, Steven S.(1992), *Video Economics*, (Cambridge, Mass.: Harvard University Press).

Owers, James, Carveth, Rod, and Alexander, Alison(1993), *Media Economics: Theory and Practice*, (Hillsdale, NJ: Lawrence Earlbaum Associates, Publishers).

Pfeffer, Jeffrey and Salanick, Gerald R.(1978), *The External Control of Organizations: A Resource Denpendence Perspective*, (N. Y.: Harper & Row).

Pianka, E.(1983), *Evolutionary Ecology(3rd ed.)*, (N. Y.: Harper & Row).

Picard, R.(1990), *Media Economics*, (Beverly Hills, CA: Sage).

Powell, Jon T. and Gair, Wally(eds., 1988), *Public Interest and the*

324

    Business of Broadcasting, (New York: Quorum Books).

Reel, A. Frank(1979), *The Networks: How They Stole the Show,* (New York: Charles Scribner's Sons).

Ricklefs, R.(1979), *Ecology,* (N. Y.: Chiron Press).

Robinson, J.(1950), *Human Ecology: A Theory of Community Structure,* (N. Y.: Ronald Press).

Robinson, J.(1977), *How Americans Use Time,* (N. Y.: Praeger).

Schiller, Herbert I.(1969), *Mass Communications and American Empire,* (Boston: Beacon Press).

Schumpeter, Joseph A.(1942), *Capitalism, Socialism amd Democracy,* (N. Y.: Harper).

Steiner, P. O.(1979), *Workable Competition in the Radio Broadcasting Industry,* (N. Y.: Arno).

Stiglitz, Joseph(1988), *Economics of the Public Sector,* (New York: W. W. Norton & Company).

Szalai, A.(ed., 1971), *The Use of Time,* (Hague, Netherlands: Mouton).

Turrow, J.(1984), *Media Industries: The Production of News and Entertainment,* (N. Y.: Longman).

Thorne, R. and Viera, J. D.(eds., 1987), *Entertainment, Publishing, and the Arts Handbook,* (NY: Clark Boardman).

Vogel, Harold L.(1990), *Entertainment Industry Economics,* (New York: Cambridge University Press).

Willey, Malcolm and Rice, Stuart A.(1933), *Communication Agencies and Social Life,* (N. Y.: McGraw-Hill).

<부록-1> 프로그램 분류유목

분류기호	유 목	분류기호	장 르	내 용
1	보 도	11	뉴 스	-종합뉴스, 스트레이트뉴스 -날씨뉴스
		12	시사특집	-뉴스해설, 보도특집 -정책홍보 및 평가 -기획보도 -북한소식
2	교 양	21	다큐멘터리	-시사, 휴먼 -역사, 기행 -문예, 자연, 과학, 종교
		22	토론/대담	-시사토론 및 인물대담 -시청자참여 토론
		23	생활정보	-가사, 육아/자녀교육 -법률, 건강, 미용 -취미, 레저, 스포츠 -생활경제, 환경, 해외 -지방소식 -독서/비디오/영화 안내
		24	순수예술	-고전음악, 국악, 공연예술
		25	학 습	-유치원, 학교교육, 사회교육 -학생퀴즈 -공공캠페인
3	오 락	31	쇼/버라이어티	-가요순위, 영상음악쇼 -음악경연쇼 -연예정보쇼 -토크음악쇼 -버라이어티쇼
		32	코미디	-종합코미디 -시추에이션코미디 -꽁트식코미디 -토크코미디

분류기호	유 목	분류기호	장 르	내 용
3	오 락	33	퀴즈/게임	−흥미를 유발하는 내용 −개인/팀 대결 −패널쇼
		34	스포츠	−실황중계 −녹화/편집 −스포츠뉴스
		35	영 화	−극장용 영화(방화/외화)
		36	만화/인형극	−어린이만화, 인형극
		37	드라마	−일일연속극 −주간연속극 −주간단막극 −미니시리즈 −특집극

<부록-2> Coding Scheme

프로그램명: ___________________________

$\boxed{1-4}$ 프로그램명(ID) ☐ ☐ ☐ ☐

$\boxed{5}$ 채널명(Channel) ☐(① KBS-1 ② KBS-2 ③ MBC ④ SBS)

$\boxed{6\ \text{BLANK}}$

$\boxed{7-9}$ 연도(Year)/월(Month) ☐ ☐ ☐

(월: ① 봄 ② 가을) 예: 1992년도 봄 프로그램→921

$\boxed{10}$ 요일구분(Day1)   ☐ (① 평일 ② 주말 및 휴일)

$\boxed{11}$ 시간대구분(Slot)   ☐

(① 프라임타임(평일/오후 8:00~10:30, 주말/오후 7:00~10:30)

② 오전(평일/오전 11시까지, 주말/정오까지) ③ 이른 저녁(평

일/5:30~7:00) ④ 중간시간(평일/오후 7:00~8:00, 주말/오후

1:00~7:00) ⑤ 늦은 저녁(오후 10:30 이후)

$\boxed{12\ \text{BLANK}}$

$\boxed{13-15}$ 방송시간량(Amount) ☐ ☐ ☐

(分으로 계산/예: 1시간 30분 프로그램→090)

$\boxed{16}$ 신설/계속프로그램 유무(Renew) ☐

(① 신설된 프로그램 ② 前시즌에 방송된 프로그램)

$\boxed{17}$ 프로그램유목(Item)   ☐

$\boxed{18-19}$ 프로그램장르(Genre)   ☐ ☐

$\boxed{20}$ 프로그램의 시청대상(Target) ☐

(① 어린이 ② 10대청소년 ③ 20~30대 ④ 중년(40~50대)

⑤ 노인(50대 이후) ⑥ 주부 ⑦ 지역민 ⑧ 불특정)

· 저자 ·

남궁 협   · 약 력 ·
南宮 協   원광대학교 사범대학 영어교육학과 졸업
            고려대학교 대학원 언론학 석사
            고려대학교 대학원 언론학 박사

            방송위원회 방송편성정책 연구위원회 연구위원
            한국방송공사(KBS) 정책연구실 상임 연구위원
            한국방송통신대학교 방송통신교육연구소 연구원
            통신정책연구원 전파·방송연구실 연구원
            한국언론학회 이사
            한국방송학회 기획이사
            한국언론정보학회 편집위원
            광주전남언론학회 회장
            한국교육방송(EBS) 경영평가위원
            현재 동신대학교 언론광고학과 부교수

            · 주요논저 ·
            「공영방송의 재원과 수신료 정책에 관한 연구」
            「지상파 방송의 디지털화가 방송산업에 미치는 영향에 관한 연구」
            「텔레비전산업의 자원의존과 시장전략」
            「방송통신 융합시대 방송의 새로운 공공성에 관한 일고」
            『방송의 세계화와 문화정체성』(공역)
            『방송론』(공저)
            『디지털시대의 방송편성론』(공저)
            외 다수

텔레비전 산업의 시장경쟁

-1990년대 초 SBS의 출현에 따른 경쟁환경 분석-

· 초판 인쇄	2007년 8월 31일
· 초판 발행	2007년 8월 31일
· 지 은 이	남궁 협
· 펴 낸 이	채종준
· 펴 낸 곳	한국학술정보㈜
	경기도 파주시 교하읍 문발리 526-2
	파주출판문화정보산업단지
	전화 031)908-3181(대표) · 팩스 031)908-3189
	홈페이지 http://www.kstudy.com
	e-mail(출판사업부) publish@kstudy.com
· 등 록	제일산-115호(2000. 6. 19)
· 가 격	22,000원

ISBN   978-89-534-7013-2 93070 (Paper Book)
　　　　978-89-534-7014-9 98070 (e-Book)